高等院校财经类专业系列教材（互联网+应用型）

U0661103

会计综合模拟实训

主　编　王　琳
副主编　韩建军　朱胜利
参　编　方　圆　谷雯倩

扫码申请更多资源

南京大学出版社

前　言

　　会计学是研究会计信息的收集、记录、报告、解释、分析和验证,并有效地管理经济活动的一门管理科学,由阐明会计制度赖以建立的会计理论,以及处理和组织会计实务的会计程序、方法组成。会计学是一门实践性很强的学科,在会计专业人才培养国标中,应用实践是能力培养中一项重要指标,要求学生通过实践环节,提高动手能力,真正培养出符合各行各业建设发展所需要的应用型人才。本书作为会计学专业课程配套的会计实践教学教材,本书作为会计学专业课程配套的会计实践教学教材,以《企业会计准则》《会计基础工作规范》等法律法规为基本依据,将会计的实践操作分线下(手工操作)和线上(信息化操作)分别安排在本书上下两篇内,旨在通过线下线上操作,使学生掌握会计技能,增强实际业务处理能力。

　　本教材在注重培养学生理论知识之外,在实践教学方面注重以下环节:

　　(1) 手工簿记系统的操作,通过给学生提供一套真实原始凭证的复制件和相应的记账凭证、账簿、报表等,让学生手工操作一遍。

　　(2) 借助用友、金蝶等系统,给学生提供一个具体企业经济活动的情景和一定数量的经济业务,然后,让学生自己操作一遍,从最初的记账凭证编制,到最终会计报表的生成,让学生熟悉并巩固会计的具体应用。

　　(3) 模拟经济业务较为多样和典型的企业,按照会计核算程序进行综合练习。使学生熟练掌握建账、填制和审核原始凭证、填制和审核记账凭证、登记各类明细账和总账、编制出会计报表等全过程,完成一个会计循环结束。

　　本教材以实务为主,注重理论联系实际,力求业务模拟的完整性、真实性,突出技能训练,将学习、探究、实训、拓展有机结合,使学生在学习知识的同时,提高自主学习的能力。由于作者水平有限,书中难免存在不足之处,敬请广大读者批评、指正,以便我们进一步提高、完善。

编　者

2020 年 4 月

目 录

上篇 手工操作

下篇 信息化操作

上篇　手工操作

项目一　财会基础技能训练

任务　财会书写

任务目的

通过本次任务练习,使学员了解财会书写的基本规范,掌握财会书写的标准写法,做到书写规范、清晰、美观。

任务指导

1　财会书写的规范要求

财会书写规范是指会计工作人员,在经济业务活动的记录过程中,对接触的数码和文字的一种规范化书写以及书写方法。会计工作离不开书写,没有规范的书写就没有会计工作质量。书写规范也是衡量一个会计工作人员素质高低的标准。一个合格的会计人员,首先书写应当规范,这样才能正确、清晰地书写计算结果。为决策者提供准确、可靠的会计信息,更好地为经济决策服务。

1.1　书写正确

对业务发生过程中的数字和文字,一定要准确、完整地记录下来,这是书写的基本前提。对所发生的经济业务,只有正确地反映出其发生的全过程、内容及结果,书写才有意义。

1.2　书写规范

对有关经济活动的记录书写一定要符合财会法规和会计制度的各项规定,符合对财会人员的规范要求。无论是记账、核算、分析、编制报表,都要书写规范,数字准确,文字适当,分析有理,严格按书写格式书写,文字以国务院公布的简化汉字为标准,数码字按规范要求书写,不能滥用简化字或自造简化字,不能滥用繁体字。

1.3　书写整洁

要求书写字迹端正、清楚,大小均匀、容易辨认,无参差不齐及涂改现象,账目干净、清洁,条理清晰,文字、数码字、表格条理清晰,整齐分明,使人一目了然,无模糊不清的现象。

1.4　书写美观

要求书写除准确、规范、整洁外,还要尽量使结构安排合理,字迹流畅、大方,给人以美感。

除上述书写的规范要求外,从事会计工作的人员一般都要有两枚名章,一枚为方形姓名章,用于原始凭证、记账凭证、会计报表等指定位置的签章;另一枚为小长方形姓名章,用于更正数字,规格为 16 毫米×4 毫米。在凭证、账簿、报表上盖名章时,一般用红色印油。图章要盖端正,字迹要清晰,在各种会计资料上签名时,要签姓名全称。

这里需要注意的是,名章是会计人员从事会计基础工作的工具之一,要妥善保管,防止丢失,不得频繁变更。

2 阿拉伯数字书写规范

阿拉伯数字在财会实务当中被称为数码字,在书写时区别于其他岗位书写要求,必须符合财会手写体的要求。

(1)每个数字要大小匀称,笔画流畅;每个数码独立有形,使人一目了然,不能连笔书写。

(2)书写排列有序且字体要自右上方向左下方倾斜地写,(数字与底线通常呈 60 度的倾斜)。

(3)书写的每个数字要贴紧底线,但上不可顶格。一般每个格内数字占 1/2 或 2/3 的位置,要为更正数字留有余地。

(4)书写会计数码字时,应从左至右,笔画顺序是自上而下,先左后右,防止写倒笔字。

(5)同行的相邻数字之间要空出半个阿拉伯数字的位置,但不可预留间隔(以不能增加数字为好)。在印有数位线的凭证、账簿、报表上,每一格只能写一个数字,不得几个字挤在一个格里,也不得在数字中间留有空格。

(6)除"4""5"以外的数字,必须一笔写成,不能人为地增加数字的笔画。

(7)"6"字要比一般数字向右上方长出 1/4,"7"和"9"字要向左下方(过底线)长出 1/4。

(8)对于易混淆且笔顺相近的数字,在书写时,尽可能地按标准字体书写,区分笔顺,避免混同,以防涂改。例如,"1"不可写得过短,要保持倾斜度,将格子占满,这样可防止改写为"4""6""7""9";书写"6"时要顶满格子,下圆要明显,以防止改写为"8";"7""9"两字的落笔可延伸到底线下面;"6""8""9""0"的圆必须封口。

(9)要保持个人的独特字体和本人的书写特色,使别人难以模仿或涂改。

除此之外,不要把"0 和 6""1 和 7""3 和 8""7 和 9"写混。在阿拉伯数码字的整数部分,可以从小数点起向左按"三位一节"空 1/4 汉字的位置或用分位点","分开,如 23,456.78 或写成 23 456.78。

3 文字书写规范

文字书写是指汉字书写。与经济业务活动相联系的文字书写包括数字的大写和企业名称、会计科目、费用项目、商品类别、计量单位以及摘要、财务分析报表等的书写等。

3.1 文字书写的基本要求

(1)简明扼要准确。用简短的文字把经济业务发生的内容记述清楚,在有格限的情况下,文字数目多少,要以写满但不超出该栏格为限。会计科目要写全称,不写简化,子、细目要准确,符合会计制度的规定,不能用表述不清、记叙不准的语句或文字。

(2)字迹工整清晰。书写时用正楷或行书,不能用草书;不宜过大,一般上下要留空隙,也不宜过少;不能过于稠密,要适当留字距;不能写得大小不一。

3.2 中文大写数字的写法

中文大写数字是用于填写需要防止涂改的销货发票、银行结算凭证、收据等,因此,在书写时不能写错。如果写错,则本张凭证作废,需重新填制凭证。大写数字由数位和数码构成,数位包括个、拾、佰、仟、万、拾万、佰万、仟万、亿等;数码包括零、壹、贰、叁、肆、伍、陆、柒、捌、玖。

(1) 大写金额前要冠以"人民币"字样,"人民币"与金额首位数字间不留空位,数字之间更不能留空位,写数与读数顺序要一致。

(2) 人民币以元为单位,元后无角分的需要写"整"字。如果到角为止,角后也可以写"整"字;如果到分为止,分后不写"整"字。

(3) 金额数字中间连续几个"0"字时,可只写一个"零"字。例如,500.70 元,应写作人民币伍佰元零柒角整。

(4) 数位前必须要有数码,如拾元整应写作壹拾元整。

(5) 切忌用其他字代替,如"零"不能用"另"代替、"角"不能用"毛"代替等。

3.3 摘要的书写

文字书写中一部分是摘要的书写,包括记账凭证摘要、各种账簿摘要。摘要是记录经济业务的简要内容,填写时应用简明扼要的文字反映经济业务概况。

摘要书写的一般要求:

(1) 以原始凭证为依据。

(2) 正确反映经济业务的内容。

(3) 文字少而精,说明主要问题。

(4) 书写字体占格的 1/2 为宜。

(5) 与文字书写要求相同,要工整、清晰、规范。

不同类型的经济业务,在填写摘要栏时,没有统一格式可循;但同一类型的经济业务,在填写摘要时,文字表达是有章可循的。

任务资料

1. 练习书写 0~10 的阿拉伯数字。

2. 练习书写汉字数字中的数码、数位。

3. 请将下列小写金额数字写成大写金额数字。

(1) ￥79 000.23

(2) ￥25 567.14

(3) ￥20 000.07

(4) ￥0.07

(5) ￥7 850.00

(6) ￥1 239.20

4. 请将下列大写金额数字写成小写金额数字。

(1) 人民币伍拾肆万叁仟贰佰壹拾伍元伍角整;

（2）人民币柒仟零叁元整；

（3）人民币陆万伍仟肆佰贰拾壹元肆角叁分；

（4）人民币陆角捌分。

任务要求

按照要求进行书写练习，直至书写规范、美观，得到指导教师认可为止。

任务设计

1. 本任务约需1学时；

2. 练习时可采用如下所示格式，也可用账页进行书写。

项目二 会计凭证的填制与审核

任务一 原始凭证的填制

任务目的

通过本次任务练习,使学员掌握原始凭证填制的基本内容和基本方法。

任务指导

原始凭证又称单据,是在经济业务发生或完成时取得或填制的,用以记录或证明经济业务的发生或完成情况的原始凭据。合法取得和正确填制原始凭证,是保证会计核算资料正确、真实的重要条件。

1 原始凭证的填制要求

根据《中华人民共和国会计法》(以下简称《会计法》)和《会计基础工作规范》(以下简称《规范》)的有关规定,填制、取得原始凭证应符合以下要求。

1.1 反映真实可靠

在填制原始凭证时,应使凭证上所记载的内容同发生业务的实际情况保持一致,即凭证的名称、填制凭证的日期、填制凭证单位名称或者填制人姓名、经办人的签名或者盖章、接受凭证单位名称、经济业务内容、数量、单价、金额都必须根据实际情况填列,保证其真实、可靠,不得填写匡算或估计数;原始凭证作为具有法律效力的证明文件,不允许在原始凭证的填制中有任何歪曲和弄虚作假行为,确保原始凭证所反映的经济业务真实可靠,符合实际情况。

1.2 内容完整齐全

由于各企业业务内容的复杂性和多样性,决定了各企业所使用的原始凭证及其所反映的具体内容千差万别。但是,无论何种原始凭证都必须清晰地反映经济内容、明确经济责任。因此,凡是原始凭证都具有一些共同的基本内容。这些基本内容是原始凭证必须具备的要素。

(1)原始凭证名称;

(2)填制原始凭证的日期;

(3)接受凭证的单位名称;

(4)经济业务的内容(业务的项目、名称及有关附注说明);

(5)经济业务的实物数量、单价、金额等;

(6)填制单位、有关人员的签名或盖章;

（7）凭证附件。

在反映经济业务的相应原始凭证上，按照凭证已有的项目或内容，逐项填列，即应该填写的项目要逐项填写，不可缺漏；年、月、日要按照填制原始凭证的实际日期填写；名称要写全，不能简化；品名或用途要填写明确；有关人员的签章必须齐全。

1.3　明确经济责任

经办业务的单位、经办人员要对原始凭证认真审核并签章，以对凭证的真实性、合法性负责。按规定，从外单位取得的原始凭证，必须盖有填制单位的公章；从个人取得的原始凭证，必须有填制人员的签名或者盖章。自制原始凭证必须有经办部门负责人或其指定人员的签名或盖章。对外开出的原始凭证，必须加盖本单位的公章。该公章应是具有法律效力和规定用途，能够证明单位身份和性质的印签，如业务公章、财务专用章、发票专用章、收款专用章或结算专用章等。

1.4　严格书写规范

原始凭证上的数字和文字，要求字迹清楚，整齐和规范，易于辨认。凡填有大写和小写金额的原始凭证，大写与小写金额必须相符。

（1）阿拉伯金额数字前面应当书写货币币种符号或者货币名称简写和币种符号。币种符号与阿拉伯金额数字之间不得留有空白。凡阿拉伯数字前写有币种符号的，数字后面不用再写货币单位。所有以元为单位（其他货币种类为货币基本单位，下同）的阿拉伯数字，除表示单价等情况外，一律填写到角分；无角分的，角位和分位可写"00"，或者符号"—"；有角无分的，分位可写"0"，但不得用符号"—"代替。

（2）汉字大写数字金额不得用〇、一、二、三、四、五、六、七、八、九、十等简化字代替，不得任意自造简化字。大写金额数字前未印有货币名称的，应当加填货币名称，货币名称与金额数字之间不得留有空白。

1.5　填制及时有效

所有经办业务的部门和人员，在每项经济业务发生或完成后，必须及时填制原始凭证，做到不拖延、不积压，按照规定的程序及时送交会计机构，以保证会计核算工作的正常进行。一般来说，填制或取得的原始凭证送交会计机构的时间最迟不应超过一个会计结算期。

1.6　其他要求

（1）购买实物的原始凭证，必须有验收证明。支付款项的原始凭证，必须有收款单位和收款人的收款证明。

（2）一式几联的原始凭证，应当注明各联的用途，只能以一联作为报销凭证。一式几联发票和收据，必须用双面复写纸（发票和收据本身具有复写纸功能的除外）套写，并连续编号。作废时应当加盖"作废"戳印，连同存根一起保存，不得撕毁。

（3）发生销售退回的，除填制退货发票外，还必须有退货验收证明；退款时，必须取得对方的收款收据或者汇款银行凭证，不得以退货发票代替收据。

（4）职工借款凭据，必须附在记账凭证之后。借款收据是此项借款业务的原始凭证，是办理有关会计手续、进行相应会计核算的依据。收回借款时，应当另开收据或者退还借据副本，不得退还原借款收据。

（5）经上级有关部门批准的经济业务，应当将批准文件作为原始凭证附件。如果批准文件需要单独归档的，应当在凭证上注明批准机关名称、日期和文件字号。

2 常见原始凭证的填制方法

原始凭证种类繁多,来源广泛,形式各异。下面就几种典型原始凭证的填制方法做以介绍。

2.1 支票的填制方法

支票是出票人签发的,委托办理支票存取款业务的银行在见票时无条件支付确定进而给收款人或者持票人的票据,主要包括现金支票和转账支票。支票结算方式是同城结算中应用比较广泛的一种。单位和个人在同一票据交换区域的各种款项结算,均可以使用支票。票样如表2-1所示。

表2-1

中国工商银行 现金支票存根 Ⅷ Ⅲ 0004189	本支票付款期限十天	中国工商银行 **现 金 支 票** Ⅷ Ⅲ 0004189

中国工商银行 **现 金 支 票** Ⅷ Ⅲ 0004189

出票日期(大写) 年 月 日 付款行名称:

收款人: 出票人账号:

人民币(大写) | 亿 | 千 | 百 | 十 | 万 | 千 | 百 | 十 | 元 | 角 | 分

用途_____

上列款项请从

我账户内支付

出票人签章 复核 记账

科 目

对方科目

出票日期 年 月 日

收款人:

金 额:

用 途:

备 注:

单位主管: 会计:

签发支票时,必须使用蓝黑或碳素墨水,按支票簿排定的页数顺序填写,字体不得潦草,也不要使用红色或易褪色的墨水填写,要符合财会书写规范,并注意以下几点:

(1)"出票日期"应填写实际出票日期,不得补填或预填日期;填写日期必须使用汉字大写,并且在填写月、日时,若月、日为个位数的,应在其面前加"零";若月为拾至拾贰的,日为拾壹至拾玖的,应在其前面加"壹",以防涂改。

(2)"收款人"名称栏必须填写清楚,对于现金支票,如是本单位自行提取现金,可填为"本单位"。

(3)大、小写金额必须填写齐全并相符,如有错误不得更改,应另行签发。其他各栏填错,可在改正处加盖预留印鉴,予以证明。另外,在小写金额前应加填货币符号,如人民币用"￥",美元用"＄"等。

(4)"出票人签章"处应按预留印鉴分别签章,即"企业财务专用章"和"法人代表章"或"企业财务主管人章",缺漏签章或签章不符时银行不予受理。

(5)作废的支票不得扯去,应由签发单位自行注销,与存根折在一起加以保管,在结算销户时,连同未用空白支票一并缴还银行。

在实际工作中,支票为一联,将无误的支票按虚线撕开后,现金支票由持票人持正本向银行提取现金,转账支票由持票人持正本向银行办理转账,存根联作为企业记账依据。

收款人凭现金支票正本支取现金时,须在支票背面背书(盖收款人的公章或名章、填写本人身份证号码等),然后持票到签发人的开户银行支取现金,并按照银行的需要交验证件。背书也可按表2-2所示的样式进行。

表2-2

背 书

附加信息	被背书人	被背书人
	背书人签章 年 月 日	背书人签章 年 月 日

2.2 增值税专用发票的填制

增值税专用发票,是一种根据增值税征收管理的需要而设计的,兼记货物或劳务所负担增值税税额的特殊发票。与普通发票不同,增值税专用发票(以下简称专用发票),不仅是记载商品或劳务的销售额的财务收支凭证,而且是兼记销售方销项税额和购货方抵扣税额的主要依据,是购货方据以抵扣税款的证明。增值税专用发票如表2-3所示。

增值税专用发票计算机填为七联,手工填为四联。

第一联:存根联,销货单位留存备查;

第二联:发票联,购货单位记账;

第三联:抵扣联,购货单位作抵扣税款凭证;

第四联:记账联,销货单位记账。

表2-3

增值税专用发票

开票日期: 年 月 日   No 05879354

购货单位	名 称					税务登记号										
	地址、电话					开户银行及账号										

货物或应税劳务名称	规格型号	计量单位	数量	单价	金额										税率	税额								
					千	百	十	万	千	百	十	元	角	分		百	十	万	千	百	十	元	角	分
合计																								
价税合计	仟 佰 拾 万 仟 佰 拾 元 角 分													￥_____									
备注																							
销货单位	名 称					税务登记号										
	地址、电话					开户银行及账号										

销货单位(盖章):   收款人: 复核: 开票人:

第二联:发票联 购货方记账凭证

（1）购货单位"名称"栏，填写购货单位名称的全称，不得简写；"地址""电话"栏填写购货单位的详细地址和电话号码；"纳税人登记号"栏填写由税务机关规定的税务登记号，不得简写；"开户银行及账号"栏填写购货单位的开户银行及账号。

（2）"购货或应税劳务名称"栏，填写销售货物或提供应税劳务的名称和型号。如果销售货物和应税劳务的品种较多，纳税人可以按照不同种类的货物进行汇总开具发票，在这种情况下，应在本栏注明是汇总开具专用发票。

（3）"规格型号"栏，填写货物的规格型号。

（4）"计量单位"栏填写销售货物或提供应税劳务的计量单位。如果是汇总开具专用发票，此栏可以不填写。

（5）"单价"栏填写销售货物或应税劳务不含增值税的价格。如果纳税人将价格和增值税税额合并定价的，应先计算出不含税单价，然后按不含税单价填写本栏。不含税单价计算公式为：

$$不含税单价＝含税单价÷（1＋税率或征收率）$$

单价的尾数，"元"以下一般保留到"分"，特殊情况下，也可以适当增加保留的位数。如果是汇总开具专用发票，此栏可以不填写。

（6）"金额"栏填写销售货物或提供应税劳务的销售额，不包括增值税税额，计算公式为：

$$销售额＝不含税价格×数量$$

"数量"栏乘以"单价"栏的积应等于本栏（金额栏）数。

（7）"税率"栏填写货物或应税劳务所适用的增值税税率。税务征收机关代小规模纳税人开具的专用发票，不论销售的是何种货物或劳务，本栏一律填写征收率3％；一般纳税人销售按照规定可以实行简易办法计算缴纳增值税的货物，本栏填写征收率3％。

（8）"税额"栏填写货物或提供应税劳务的销项税额，销项税额计算公式为：

$$销项税额＝销售额×税率$$

税务征收机关代小规模企业开具增值税专用发票，本栏填写小规模企业此笔经济业务的应纳税额，应纳税额的计算公式为：

$$应纳税额＝销售额×征收率$$

"金额"栏乘以"税率"栏的积应等于本栏。

（9）"合计"栏填写销售项目的销售额（金额）与税额各自的合计数。

（10）"价税合计"栏填写各项货物与应税劳务销售额的税额汇总数的合计大小写金额。

未填写的大写金额单位前划上"⊗"符号。

（11）销售单位的名称、地址电话、纳税人登记号、开户银行及账号等栏目的填写参见购货单位有关栏目项的填写方法。

（12）"备注"栏填写一些需要补充说明的事项。

（13）"收款人"栏填写开具专用发票的具体单位名称。

（14）"开具单位"栏填写办理收款事项的具体单位名称。

2.3 差旅费报销单的填制

差旅费报销单是企业派出的公差人员返回单位报销差旅费时填制的报销凭证。在实际工作中,差旅费报销单作为自制原始凭证,由于各单位的差旅费的有关规定各不相同,因而其格式也有所差异,但其内容不能脱离原始凭证规定的基本要素,如表 2-4 所示。

表 2-4

差旅费报销单

报销部门:　　　　　　　　　　　　年　月　日　　　　　　　附单据　　张

姓　名		职　务			出差事由		
起日	止日	项目	张数	金额	项目	天数	金额
		火车费			途中补助		
		汽车费			住勤补助		
		市内交通费			夜间乘车		
		住宿费			其他		
		邮电费					
		小计			小计		
合　计	（大写） 仟　佰　拾　元　角　分　￥_____						
批准		财务核准		财务审核		部门审核	

（1）差旅费报销单为单联式,由报销人填制,然后交由财会部门作为现金退补的依据。本单后粘附车费、住宿费发票等外来原始凭证。

（2）各种单证由出差人依据车船票、宿费票据等整理、归类填写,将原始凭证附在报销单后面或原始票据分类粘贴在粘贴纸上,附在报销单后。途中发生的差旅补助(如伙食补助、车辆补助等)按差旅费规定的相关标准进行计算、填列。

2.4 领料单的填制

按照原始凭证的填制方法不同分类,领料单可以分为领料单(见表 2-5)、限额领料单(见表 2-6)、领料登记表(见表 2-7)等类型。一般领料单一式四联。

第一联:存根,领料部门留存备查。

第二联:仓库据此登记材料明细账。

第三联:财会部门据此进行材料核算。

第四联:统计部门据此统计材料库存情况。

（1）领料部门按规定填写领料单(请领数量)送交仓库,仓库部门对其领料单进行审核后按实发数量发料,仓库将第二联登记仓库保管账。

（2）仓库将第三联、第四联分别送交财会部门和统计部门,财会部门根据领料单进行材料核算,统计部门根据领料单做材料库存统计。

表 2-5

领料单

年 月 日

领料部门					用　途			
材料			单位	领料数量		计划价格		第二联：记账联
编号	名称	规格		申请	实发	单价	总价	
合计								

主管：　　　　　　　　　　　发料：　　　　　　　　　　　领料：

表 2-6

领料单位：　　　　　　　　　　　　　　　　　　　　　　编号：
用　途：　　　　　　　　　　　　　　　　　　　　　　材料单价：
计划产量：　　　　　　　　　　　　　　　　　　　　　单位消耗定额：

限额领料单

年 月 日

材料名称及规格		计量单位	全月领用限额	全月实领	
				数量	金额
领料日期	请领数	实发数	结余数	领料人	领料单位主管	发料人
合计						

供应部门负责人：　　　　　　　生产计划部门负责人：　　　　　　　仓库保管员：

表 2-7

材料类别：　　　　　　　　　　　　　　　　　　　　　　领料单位：
材料编号：　　　　　　　　　　　　　　　　　　　　　　发料库号：
材料名称：　　　　　　　　　　　　　　　　　　　　　　计量单位：
用　途：　　　　　　　　　　　　　　　　　　　　　　计划限额：

领料登记表

年 月 日

日　期	领料数量		发料人	领料人	备　注
领料日期	当月	累计			
材料计划单价			金额合计		

任务资料

西安德新制造有限公司 2019 年 1 月份发生的有关业务如下:

1. 1 月 2 日,开出现金支票,提取现金 4 000.00 元备用。

2. 1 月 5 日,支付人事部李正经理派干部王强外出公干预借差旅费 200.000 元。

3. 1 月 8 日,向福建景阳开发区福建镇云塑胶有限公司销售聚酯乙烯 L1 型材料 400 千克,单价 80.00 元/千克,共计价款 32 000.00 元,增值税 4 160.00 元。采购单位开户银行账号工行景阳支行 4011251156,税务登记号 35128344689。德新制造有限公司银行账号工行高新支行 26002210063021,税务登记号 36001205483。收到银行入账通知后开出增值税专用发票。

4. 1 月 11 日,王强报销差旅费 1 584.00 元,交回现金 416.00 元。具体情况如下:

出差地点:西安至长沙,交通费 314.00 元。

住宿费:每天 200.00 元,出差 4 天,共计 800.00 元。

伙食补助费:每天 80.00 元,共计 320.00 元。

其他费用:邮寄费 10.00 元,电话费 100.00 元,出租车费 40.00 元。

5. 1 月 20 日,一车间生产申请领用电线 2#,长度 200 米,单价 0.50 元,实发 200 米。按实际成本计价。

6. 1 月 22 日,上月向天津大沽化学有限公司购入的聚酯乙烯-L1 型材料(合同号 11 - 0771)现验收入库,货号 23 - 2。该材料 2 000 千克,单价 50.00 元/千克,计 100 000.00 元,增值税 13 000.00 元,运杂费 1 000.00 元,款项已通过银行存款转账支付。

任务要求

1. 分析上述业务应分别取得哪些原始凭证。
2. 根据上述业务填制下列有关原始凭证。

任务设计

1. 本任务约需 2 学时;
2. 上述业务原始凭证图示如下。

业务1

中国工商银行 现金支票存根		中国工商银行　**现 金 支 票**　Ⅷ Ⅲ 0004189

中国工商银行
现金支票存根

Ⅷ Ⅲ 0004189

科　　目 _____

对方科目 _____

出票日期　　年　月　日

收款人：
金　额：
用　途：
备　注：

单位主管：　　会计：

本支票付款期限十天

中国工商银行　　**现 金 支 票**　　Ⅷ Ⅲ 0004189

出票日期(大写)　　年　月　日　　付款行名称：

收款人：　　　　　　　　　　　　出票人账号：

人民币 （大写）	亿	千	百	十	万	千	百	十	元	角	分

用途_____

上列款项请从

我账户内支付

出票人签章

复核　　　　记账

业务2

借　款　单

年　月　日

借款单位		借款人	
借款事由			
金　　额	人民币		¥_____

借款部门负责人：　　　会计主管：　　　出纳：　　　领款人：

业务3

增值税专用发票

开票日期：　　年　月　日　　　　　　　　　　　　No　05879354

购货单位	名称			税务登记号									
	地址、电话			开户银行及账号									

货物或应税 劳务名称	规格 型号	计量 单位	数量	单价	金额											税率	税额								
					千	百	十	万	千	百	十	元	角	分		百	十	万	千	百	十	元	角	分
合计																								
价税合计	仟　佰　拾　万　仟　佰　拾　元　角　分													¥_____										
备注																								
销货单位	名称			税务登记号									
	地址、电话			开户银行及账号									

销货单位(盖章)：　　　　收款人：　　　　　复核：　　　　　开票人：

第二联：发票联　购货方记账凭证

业务 4-1

差旅费报销单

报销部门： 年 月 日 附单据 张

姓　名		职　务			出差事由		
起日	止日	项目	张数	金额	项目	天数	金额
		火车费			途中补助		
		汽车费			住勤补助		
		市内交通费			夜间乘车		
		住宿费			其他		
		邮电费					
		小计			小计		
合　计	（大写）	仟 佰 拾 元 角 分		￥_____			
批准		财务核准		财务审核		部门审核	

业务 4-2

收　据

年 月 日 第 号

今收到				
人民币(大写)			￥_____	
		现金		
事　　由：		支票第		号
收款单位		财务主管		收款人	

第二联：记账凭证

业务 5

领料单

年 月 日

领料部门				用　途			
材　料			单位	领料数量		计划价格	
编号	名称	规格		申请	实发	单价	总价
合计							

第二联：记账联

主管： 发料： 领料：

业务6

收　料　单

年　月　日

编号:1

| 材　料 | | | 单　位 | 数　量 | | 实际单价 | 材料金额 | 运杂费 | 合　计 |
货号	名称	规格		发货票	实收				
供货单位				结算办法			合同号		

主管:　　　　　质量检验员:　　　　　仓库验收:　　　　　经办人:

任务二　原始凭证的审核

任务目的

通过本次任务练习,使学员掌握原始凭证的基本审核内容。

任务指导

《会计法》明确规定:"会计机构、会计人员必须对原始凭证进行审核,并根据经过审核后的原始凭证编制记账凭证。"因此,原始凭证填制后要经过审核才能生效。

1　原始凭证的审核

为了确保原始凭证的合法性、合理性和真实性,应由有关人员严格审查原始凭证,以便如实反映经济业务发生及完成情况。

1.1　真实性审核

原始凭证作为会计信息的基本信息源,其真实性对会计信息的质量具有至关重要的影响。原始凭证的真实性审核包括对凭证的填制日期、所登记经济业务的内容、有关的数量、单价、金额都必须真实可靠,严肃认真填写,不能填写估计数或匡算数,由经办人员签章,表示对凭证填制的真实性负责,外来的原始凭证还必须加盖填制单位的公章方为有效。

1.2　合法性审核

对原始凭证合法性的审核以国家的方针、政策、法令、制度和计划、合同等为依据,包括审核原始凭证生成程序是否合法;审核原始凭证所反映的经济业务有无违反制度、手续,以及贪污盗窃、虚报冒领、伪造凭证等违法乱纪行为。主要内容包括:一是原始凭证生成程序的合法性,如企业或个人(具有营业执照的个体户)出具的营业凭证,如发票、运费收据、劳力费收据等必须是经税务机关批准印制的。购买实物的原始凭证必须附有验收证明以确认实物已经验收入库。二是审查原始凭证所反映的经济业务有无违反财经制度的规定,有无不按计划、预算办事的行为,资金使用是否符合规定,是否扩大了成本费用、开支范围,财产物资的收发、领退是否按照规定办理手续。

1.3 合理性审核

审核原始凭证所记录的经济业务是否符合企业生产经营活动的需要、是否符合有关的计划和预算等。

1.4 完整性审核

对原始凭证填制是否完整要进行认真审查,要求原始凭证中的各项内容都必须详尽填写,不得漏填或者省略不填,如经济业务的内容摘要、数量、单价、金额日期是否填写完整,经办人的签章是否完备,如发现填写内容不够完整,签章手续不够齐备,都要退回填写完整,补办手续,才能接受。绝不能接受填制不完整的原始凭证。

1.5 正确性审核

原始凭证填写内容必须准确,文字摘要精练,数量、单价、金额计算正确,如阿拉伯数字分开填写,不得连写;小写金额前要标明"￥"字样,中间不能留有空位,金额要标至"分",无角、分的,要以"0"补位;金额大写部分要正确,大写金额前要加"人民币"字样,金额的大写小写必须一致,字迹清楚,易于辨认,不能涂改、刮擦、挖补,更不能用褪色墨水或涂改液改写。

1.6 及时性审核

应当根据业务执行或完成的情况及时填制原始凭证,这对于正确、完整、如实地反映经济业务的内容至关重要。否则,事过境迁,记忆模糊,容易造成错误。

2 原始凭证错误的更正

根据《规范》第49条规定,"原始凭证不得涂改、挖补。发现原始凭证有错误的,应当由开出单位重开或者更正,更正处应当加盖开出单位的公章"。

对企业自行编制的原始凭证或原始凭证汇总表如填写有错,应将错误的文字或数字划一条红线更正,但原来的文字或数字必须仍然可以看清楚,然后将正确的文字或数字在原来的文字或数字上面填写,并加盖更改人印章,表示负责。对现金、银行存款收付的原始凭证,如支票、收据等原始凭证,事先均要编好顺序号,如发现填写错误,不能采用上述划线更正法,而是采用作废注销的方法,在原始凭证上加盖"作废"印章,并将作废联粘附在存根后面保存,不得撕毁。

3 原始凭证的管理

原始凭证不得外借,其他单位如因特殊原因需要使用原始凭证时,经本单位会计机构负责人、会计主管人员批准,可以复制。向外单位提供的原始凭证复制件,应当在专设的登记簿上登记,并由提供人员和收取人员共同签名或者盖章。

4 遗失原始凭证的处理

从外单位取得的原始凭证如有遗失,应当取得原开出单位盖有公章的证明,并注明原来凭证的号码、金额和内容等,由经办单位会计机构负责人、会计主管人员和单位领导人批准后,才能代作原始凭证。

如果确实无法取得证明的,如火车、轮船、飞机票等凭证,由当事人写出详细情况,由经办单位会计机构负责人、会计主管人员和单位领导人批准后,代作原始凭证。

任务资料

西安德新制造有限公司2019年6月份发生的经济业务如下所述:

(1)6月1日,办公室购买一批办公用品一批,共计570.00元。

业务1

陕西省西安市商业零售普通发票

开票日期：**2019年6月1日**   No 05879354

<table>
<tr><td rowspan="2">购货单位(人)</td><td>名称</td><td colspan="3">德新制造有限公司</td><td>地址</td><td colspan="9"></td><td rowspan="8">第二联：发票联</td></tr>
<tr><td rowspan="2">品名规格</td><td rowspan="2">单位</td><td rowspan="2">数量</td><td rowspan="2">单价</td><td colspan="9">金额</td></tr>
<tr><td></td></tr>
<tr><td></td><td></td><td>千</td><td>百</td><td>十</td><td>万</td><td>千</td><td>百</td><td>十</td><td>元</td><td>角</td><td>分</td></tr>
<tr><td>电子计算器</td><td>个</td><td>10</td><td>57.00</td><td></td><td></td><td></td><td></td><td></td><td></td><td></td><td></td><td></td><td></td></tr>
<tr><td></td><td></td><td></td><td></td><td></td><td></td><td></td><td></td><td></td><td></td><td></td><td></td><td></td><td></td></tr>
<tr><td>合计(大写)</td><td colspan="13">⊗千⊗百⊗十⊗万⊗千伍百柒十零元零角零分</td></tr>
<tr><td rowspan="2">销货单位</td><td>名称</td><td colspan="3">秋林商厦</td><td>纳税人识别号</td><td colspan="8"></td></tr>
<tr><td>地址</td><td colspan="4"></td><td>电话</td><td colspan="8"></td></tr>
</table>

销货单位(盖章)：   收款人：   复核：   开票人：

(2)6月12日，收到林海股份有限公司存入的投资款200 000.00元。

业务2

中国工商银行 进账单 (收账通知)

2019年6月12日   第**1**号

<table>
<tr><td rowspan="3">收款人</td><td>全 称</td><td colspan="2">西安德新制造有限公司</td><td rowspan="3">付款人</td><td>全 称</td><td colspan="11">林海股份有限公司</td><td rowspan="6">此联是银行给收款人的收账通知</td></tr>
<tr><td>账 号</td><td colspan="2">26002210063021</td><td>账 号</td><td colspan="11">25781003426397</td></tr>
<tr><td>开户银行</td><td colspan="2">工行高新支行</td><td>开户银行</td><td colspan="11">工行湖口三里办事处</td></tr>
<tr><td colspan="3" rowspan="2">人民币(大写)贰拾万元整</td><td></td><td>千</td><td>百</td><td>十</td><td>万</td><td>千</td><td>百</td><td>十</td><td>元</td><td>角</td><td>分</td></tr>
<tr><td></td><td></td><td></td><td>2</td><td>0</td><td>0</td><td>0</td><td>0</td><td>0</td><td>0</td></tr>
<tr><td>票据种类</td><td colspan="2">转支</td><td colspan="12">收款人开户银行盖章</td></tr>
<tr><td>票据张数</td><td colspan="2">1</td><td colspan="12"></td><td></td></tr>
<tr><td>单位主管：</td><td colspan="2">会计：</td><td colspan="2">复核：</td><td colspan="10">记账：</td><td></td></tr>
</table>

(3)6月15日，开出现金支票，从银行提取3 000.00元备用。

业务3

<table>
<tr><td colspan="2">中国工商银行
现金支票存根
Ⅷ Ⅲ 0004191</td><td rowspan="9">本支票付款期限十天</td><td colspan="3">中国工商银行 现金支票 Ⅷ Ⅲ 0004191</td></tr>
<tr><td>科 目</td><td>银行存款</td><td colspan="3">出票日期(大写) 2019年6月15日   付款行名称：</td></tr>
<tr><td>对方科目</td><td>库存现金</td><td colspan="3">收款人：本单位   出票人账号：</td></tr>
<tr><td>出票日期</td><td>09年6月15日</td><td>人民币
(大写) 叁千元</td><td>亿 千 百 十 万</td><td>千 百 十 元 角 分
3 0 0 0 0 0</td></tr>
<tr><td>收款人：</td><td></td><td colspan="3" rowspan="2">用途_____</td></tr>
<tr><td>金 额：</td><td></td></tr>
<tr><td>用 途：</td><td></td><td colspan="3" rowspan="3">上列款项请从
我账户内支付
出票人签章   [专用章 西安德新制造有限公司财务专用章]</td></tr>
<tr><td>备 注：</td><td></td></tr>
<tr><td></td><td></td></tr>
<tr><td>单位主管：</td><td>会计：</td><td></td><td colspan="3">复核   记账</td></tr>
</table>

（4）6 月 17 日，商业汇票到期，办理入账。

业务 4

收 款 收 据

2019 年 6 月 17 日   第 *19* 号

今收到*新新制造有限公司*支付*销货款*						
人民币（大写）*伍万元整*						￥*50 000.00*
事　　由：*商业汇票到期*			现　金			
			支票第		号	
收款单位	*西安德新制造有限公司*	财务主管	*陈强*	收款人	*李平*	

第二联：记账凭证

（5）6 月 20 日，业务员李杰因公出差，办理预借差旅费 1 500.00 元，所填借据如下：

借　款　单

2019 年 6 月 20 日

借款单位	*销售部*	借款人	*李杰*
借款事由	*联系业务*		
金　额	*人民币壹仟伍佰元整*		￥*1 500.00*

借款部门负责人：*王敏*　　会计主管：*陈强*　　出纳：*吴宇*　　领款人：*王敏*

（6）6 月 25 日，管理科科长持发票报销业务招待费。

业务 5

西安市百姓家酒楼餐饮发票

客户名称：*西安德新制造有限公司*　　　*2019 年 6 月 25 日*　　　No 05879354

项目	单位	数量	单价	金额							备注
				十万	千	百	十	元	角	分	
餐费					1	2	0	0	0	0	
合计（大写）	*壹仟贰佰元整*			￥	1	2	0	0	0	0	

第二联：发票联

单位名称（盖章）：　　　　　　　　　　收款人：*张红*　　　　　　开票人：*王娟*

任务要求

1. 对上述经济业务所示原始凭证进行审核；

2. 指出所存在的问题和处理方法；

3. 本任务约需 1 学时。

任务三　记账凭证的填制

任务目的

通过编制记账凭证,掌握根据原始凭证编制各种记账凭证的方法。熟悉凭证格式及每一种记账凭证的编制方法,提高操作者对经济业务的会计处理能力。

任务指导

1　记账凭证的填制规范

记账凭证是会计人员根据审核无误的原始凭证或原始凭证汇总表,按照经济业务的内容加以归类,并按照记账规则的要求,据以确定会计分录后所填制的会计凭证,它是登记账簿的直接依据。记账凭证按照所反映经济业务内容的不同,分为收款凭证、付款凭证和转账凭证三种。收、付款凭证是用来记录现金和银行存款增加、减少业务的记账凭证。它是根据出纳人员加盖"收讫"或"付讫"戳记后的收、付款原始凭证填制的,据以登记现金或银行存款日记账和有关账簿的依据。转账凭证是用来记录除现金、银行存款收、付业务以外的其他经济业务的记账凭证。它是根据有关转账业务的原始凭证填制的,作为登记有关账簿的依据,如表2-8至表2-10所示。

表2-8

收　款　凭　证

借方科目　　　　　　　　年　月　日　　　　　　　字第　号

摘　要	贷方总分类科目	明细科目	记账符号	金　额										附单据张
				千	百	十	万	千	百	十	元	角	分	
合计														

财务主管　　　　　记账　　　　　出纳　　　　　审核　　　　　制单

表 2 - 9

付 款 凭 证

贷方
科目 　　　　　　　　　　　　　　年　月　日　　　　　　　　　　　　字第　号

摘　要	借方总分类科目	明细科目	记账符号	金　额									
				千	百	十	万	千	百	十	元	角	分
合　计													

附单据　　张

财务主管　　　　　记账　　　　　　出纳　　　　　　审核　　　　　　制单

表 2 - 10

转 账 凭 证

年　月　日　　　　　　　　　　　　字第　号

摘　要	总账科目	明细科目	√	借方金额										√	贷方金额									
				千	百	十	万	千	百	十	元	角	分		千	百	十	万	千	百	十	元	角	分
合　计																								

附单据　　张

财务主管　　　　　记账　　　　　　出纳　　　　　　审核　　　　　　制单

2　记账凭证的内容

作为记账凭证,必须具备下列基本内容:

(1) 记账凭证的名称;

(2) 填制记账凭证的日期;

(3) 经济业务内容摘要;

(4) 会计科目和二级或明细科目名称;

(5) 经济业务发生的金额;

(6) 记账凭证编号;

(7) 所附原始凭证张数或其他附件的保管地点;

（8）填制人员、复核人员、记账人员、会计主管或其指定人员审核盖章。

3 记账凭证的填制程序和填制方法

3.1 记账凭证的填制程序

（1）审核原始凭证所记载的经济业务是否符合国家的有关政策、制度和规定,如需要填制原始凭证汇总表,还要将业务相同的原始凭证加以归类,据以编制原始凭证汇总表。

（2）根据原始凭证或原始凭证汇总表所记载的经济业务,编制会计分录。

（3）按照记账凭证的内容、格式及填制方法,编制记账凭证。

（4）记账凭证编制完毕后,交稽核人员进行审核,然后交有关人员登记会计账簿。

（5）填制凭证人员、审核人员、记账人员以及会计主管人员应予签章;收付款凭证还应由出纳人员签章,以明确经济责任。

3.2 记账凭证的填制方法

1. 记账凭证日期的填写

记账凭证的填制日期,原则上应与发生经济业务的日期一致,即应在发生经济业务的当天编制。但由于凭证传递有一定过程,如银行结算凭证、转账凭证,可按照凭证到达的日期或完成的日期填写。具体操作如下:

（1）现金的收付款凭证,应以出纳人员实际收付款的日期为编制日期。

（2）银行存款的收付款凭证,应按照银行的盖章日期填写,以便与银行对账。如果银行结算凭证因故未到,应在收付款凭证摘要栏说明实际转账日期。

（3）转账凭证应按经济业务发生或完成日期填写,如果原始凭证因故迟交财务部门,应由经办人员在原始凭证背面说明原因及交来日期,记账凭证按实际收到日期填写。

（4）报告期终了,关于调整项目、成本计算、财产清查、结账等事项,在结账期间,均按月终(或年终)日期填写。

（5）记账凭证应按日期顺序编制,前后日期不可颠倒,现金收付款凭证和银行结算凭证应该是先填收款凭证,后填付款凭证。必须是实际出纳日期,不可将不同日期的收付款业务并入当天填写。

2. 会计科目的填写

（1）填写会计科目、子目应按现行会计制度规定填写全称,不得变化或变更名称,不得用科目编号或外文字母代替,不得改变会计科目、子目和核算内容,不得任意增设科目。

（2）填写会计科目分录的顺序为:先填写借方科目,后填写贷方科目。

（3）会计科目应按记账凭证格式顺序填写,科目之间不得留空格,遇有相同会计科目时,也要逐个填写科目全称,不得用"……"代替,使用会计科目图章的,要与横格底线平行端正。

（4）记账凭证科目填写完毕后,如有空行应将金额栏划斜线注销,即从最后一行数字的右下角,划至最底一行的左下角。

3. 摘要的填写

（1）对现金和银行存款的收付事项,应写明收款人、付款人和款项的内容。

（2）对财产、物资收付事项应写明物资的名称和数量、收付单位和经手人姓名。

（3）采购商品要写清品名、进货来源和批次,供货单位不同,应将每一批供货单位的购货填写一行,列明主要购货内容。

（4）销售商品要写明本市销售或销往外地的单位名称。门市现销业务，可每天记一笔总数，购销则应将每个客户单列一行。

（5）往来款项，如应收、应付账款，其他应收、应付款应以每个客户单列一行。

（6）待处理财产损溢应写明损溢内容和经办人。

（7）费用支出，金额大的应单列一行。

（8）调整账目事项应写明需要调整的事项、原账目日期、凭证编号。

（9）财产损失事项应写明发生的部门、责任人、时间和批准单位。

（10）单位内部物资调拨转移应写明品名、调出调入单位。

（11）计提各种税费、准备金要写明计提期间。

4. 金额栏的填写

金额栏的填写应与会计科目及摘要相联系，如一张凭证只涉及一借一贷，可只写一行，不必合计；如一张凭证涉及一借多贷或一贷多借、多借多贷者，必须填写合计金额。

金额栏填写完毕后，如有空行，应将金额栏的空行划线注销，划线时要从最后一行数字的右下角，画至最后一行的左下角。

5. 附件张数的填写

记账凭证一般应根据原始凭证填写，以证明经济业务的实际发生情况。因此，除调整项目外，都应有原始凭证作为附件，粘贴在记账凭证后面。

一笔经济业务，往往需要几份原始凭证，才能证明经济业务的发生或完成情况。例如，购货应以供货单位的发票为主，还要附结算凭证、代垫运杂费凭证、商品验收单、收货单等。有的费用单据，还要有审批手续。所附原始凭证的排列顺序，应与会计科目的顺序一致。有时一张原始凭证所列的费用应由两个以上单位共同负担的情况下，需要填写"原始凭证分割单"，它是保存原始凭证的主管单位开给其他应负担部分费用支出的单位的证明。这种分割单必须具备原始凭证的基本内容，包括凭证名称、填制凭证日期、填制凭证单位名称或填制人姓名、经办人员的签名或盖章、接受单位名称、经济业务内容、数量、单价、金额和费用分摊情况等。

附件张数的计算，一般应以原始凭证的自然张数为准，凡是与记账凭证中的经济业务记录有关的每一张证据，都应作为原始凭证的附件。如果记账凭证中有原始凭证汇总表，应该把所附的原始凭证和原始凭证汇总表的张数一并计入附件张数之内。但对于报销差旅费等零星票券，可以粘在一张纸上，作为一张原始凭证。如果一张原始凭证涉及几张记账凭证的，可以把原始凭证附在一张主要的记账凭证后面，并在其他记账凭证上注明附有该原始凭证的记账凭证编号或者原始凭证复印件。

6. 附件整理方法

记账凭证的所有附件，都应整理整齐，以左上角为标准，用大头针、回形针钉住，或用胶水粘贴，不致脱落。其整理方法如下：

（1）对于格式不同、大小不一的原始凭证，应剪齐、折叠、粘贴。

（2）一笔经济业务过多，可取出单独装订成册，与记账凭证一起保管，在记账凭证上注明"附件几张单独装订"。

（3）有些需要单独保管的重要凭证，如契约、涉外凭证、合同、存出保证金收据等，可将复印件附入记账凭证。

（4）个别经济业务内容和经过比较复杂，如发生经济纠纷，或曾由法院判决、了结的，应抄录收发文件及简要内容为附件。

7. 记账凭证的编号

记账凭证的编号方法有多种，可以按现金收付、银行存款收付和转账业务三类编号，也可以按现金收入、现金支出、银行存款收入、银行存款支出和转账五类进行编号，或者将转账业务按照具体内容再分成几类编号，各单位可视具体情况选择。但不管采用哪一种编号方法，都应及时按月顺序连续编号，不得漏号、重号、错号。具体方法如下：

（1）分号的编写，分号按时间顺序或经济业务性质顺序编号。按时间顺序编号，如五天汇总一次，五天编一个分号；十天汇总一次，十天编一个分号。按经济业务性质编号，如购进、销售、费用各编一个分号。如一笔经济业务编制两张或两张以上的记账凭证，可以采用分数编号法编号。

（2）总号的编制。总号每月编制一次，每张记账凭证只编一个号，从每月一日至月终，按顺序编写。

（3）记账凭证编号时，万一发生漏号，应补填一张漏号的空白记账凭证插入，摘要写明编号，金额划销。万一发生重号，只能作为某一号的副号。

8. 记账凭证的传递

记账凭证编制完毕后，交稽核员审核，然后交会计主管签章，记账员登记账册并签章，会计凭证应及时传递不得积压。

实行电算化的单位，机制记账凭证应当符合记账凭证的一般要求，打印出来的机制凭证要加盖制单人员、审核人员及会计机构负责人、会计和主管人员签章或签字，加以审核以明确责任。

任务资料

西安德安厂 2019 年 7 月份发生以下业务：

1. 7 月 1 日，收到银行入账通知，湖口华星厂投资款 50 000.00 元；

2. 7 月 5 日，开出现金支票，办理人事部主管张华预借差旅费 2 000.00 元。

3. 7 月 5 日，采购聚酯乙烯 L1 型材料 600 千克，收到采购发票，单价 50.00 元/千克，增值税税率 13%，款项暂欠，材料已验收入库，按实际成本计价。

4. 7 月 10 日，经协商，对 5 日采购款开出 3 个月到期的商业承兑汇票。

5. 7 月 10 日，用现金购买办公用品 150.00 元。

6. 7 月 12 日，生产车间领用材料清洗设备。

7. 7 月 15 日，销售产品一批，款项尚未收到。

8. 7 月 18 日，收到银行通知，7 月 15 日的销货款对方单位已汇入本企业账户。

9. 7 月 20 日，张华报销差旅费，合计发生费用 1 850.00 元，返还现金 150.00 元。

10. 7 月 31 日，计体提本月固定资产累计折旧。

任务要求

1. 任务操作者应进入"实战"状态，严格按有关规定进行编制记账凭证，做到内容完整、项目齐全、书写清楚。

2. 要正确选用记账凭证。

操作者首先要对原始凭证进行全面的审核,经审核无误的原始凭证才能据以编制记账凭证。同时,如果本单位采用专用记账凭证格式,操作者应根据引起货币资金增减变动的经济业务的原始凭证,编制有关现金或银行存款或专项存款科目的收款凭证和付款凭证;根据转账业务的原始凭证,编制转账凭证。

3. 编制的记账凭证项目要齐全,手续要完备。

4. 书写要符合规定。

任务设计

1. 本任务约需 3 学时;

2. 上述业务原始凭证如下。

业务1

中国工商银行　进账单 （收账通知）　3

2019年 7月 1日　　　　　　　　　　　　　第 1 号

收款人	全　称	西安德安厂	付款人	全　称	湖口华星厂	此联是银行给收款人的收账通知
	账　户	26010221000105		账号或地址	2578100342	
	开户银行	工行三桥分理处		开户银行	工行湖口三里办事处	

	十万	千	百	十	元	角	分
人民币(大写)伍万元整		￥5	0	0	0	0	0

中国工商银行 未央支行 讫

票据种类	转支	收款人开户银行盖章
票据张数	1	

单位主管:李强　会计:陈平　复核:李强　记账:陈燕

业务2-1

中国工商银行
现金支票存根

VIII III 0004192

科　目	银行存款
对方科目	库存现金
出票日期	2019年 7月 5日
收款人:	张华
金　额:	2 000.00
用　途:	因公出差
备　注:	

单位主管:李强　会计:陈平

中国工商银行　现金支票　　VIII III 0004192

出票日期(大写)贰零壹玖年零柒月零伍日　付款行名称:工商银行高新支行

收款人:张华　　　　　　　　出票人账号:2600221063021

	亿	千	百	十	万	千	百	十	元	角	分
人民币(大写) 贰仟元整						￥2	0	0	0	0	0

用途 因公出差

上列款项请从我账户内支付
出票人签章

西安市德安厂财务专用章

本支票付款期限十天

复核 李强　记账 陈平

业务 2 – 2

借 款 单

2019 年 7 月 5 日

借款单位	人事部	借款人	张华
借款事由	因公出差		
金 额	人民币 贰仟元整		¥2 000.00

借款部门负责人:张华　　　　　会计主管:李强　　　　　出纳:陈燕　　　　　领款人:张华

业务 3 – 1

天津市增值税专用发票

开票日期:2019 年 7 月 3 日　　　　　　　　　　　　　　　　　　No　05879354

购货单位	名称		西安德安厂		税务登记号		3	6	0	0	1	2	0	5	4	8
	地址、电话		西安市高新区 029 - 84546633		开户银行及账号		工行高新支行 26002210063021									

货物或应税劳务名称	规格型号	计量单位	数量	单价	金额								税率	税额							
					十万	千	百	十	元	角	分		万	千	百	十	元	角	分
聚酯乙烯	L1	千克	600	50.00		3	0	0	0	0	0	17		3	9	0	0	0	0
合计					¥	3	0	0	0	0	0	17	¥		3	9	0	0	0	0
价税合计	叁万叁仟玖佰零拾零元零角零分																¥33 900.00			
备注																				
销货单位	名称		天津大沽化学有限公司		税务登记号		3	1	0	2	5	6	6	1	8	4
	地址、电话		天津市塘沽区 760 号		开户银行及账号		工行塘沽长泊分理处 02254211206									

销货单位(盖章):　　　　　收款人:　　　　　复核:　　　　　开票人:李霞

第二联:发票联 购货方记账凭证

业务 3 – 2

西安德安厂收料单

2019 年 7 月 5 日　　　　　　　　　　　　　　　　　　　　　　编号:1

材料			单位	数量		实际单价	材料金额	运杂费	合计
编号	名称	规格		发货票	实收				
006	聚酯乙烯	L1	千克	600	600	50.00	30 000.00	90.00	30 000.00
供货单位	天津大沽化学有限公司			结算办法		未付		合同号	11 - 0771

主管:邓明　　　　　质量检验员:李少华　　　　　仓库验收:王洪　　　　　经办人:邓明

业务4

商业承兑汇票 2

签发日期贰零壹玖年零柒月壹拾日   号码:第2号

<table>
<tr><td rowspan="3">付款人</td><td>全　　称</td><td colspan="4">西安德安厂</td><td rowspan="3">收款人</td><td>全　　称</td><td colspan="9">天津大沽化学有限公司</td></tr>
<tr><td>账号或地址</td><td colspan="4">26002210063021</td><td>账　　号</td><td colspan="9">022542112064</td></tr>
<tr><td>开户银行</td><td colspan="4">工商银行高新支行</td><td>开户银行</td><td colspan="9">工商银行塘沽长治分理处</td></tr>
<tr><td colspan="2">汇票金额</td><td colspan="5">人民币(大写)叁万叁仟玖佰元整</td><td>千</td><td>百</td><td>十</td><td>万</td><td>千</td><td>百</td><td>十</td><td>元</td><td>角</td><td>分</td></tr>
<tr><td colspan="2"></td><td colspan="5"></td><td></td><td></td><td>¥</td><td>3</td><td>3</td><td>9</td><td>0</td><td>0</td><td>0</td><td>0</td></tr>
<tr><td colspan="2">汇票到期日</td><td colspan="5">2019年07月10日</td><td colspan="2">合同号码</td><td colspan="8">1-0771</td></tr>
</table>

本汇票已经本单位承兑,到期日无条件支付票款。此致
收款人

陈平

负责:王民 经办:张延   负责:李瑶 经办:陈平

- ✂

业务5

陕西省西安市商业零售普通发票

开票日期:2019年7月10日   No 05879354

<table>
<tr><td>购货单位(人)</td><td>名称</td><td colspan="3">西安德安厂</td><td>地址</td><td colspan="9">高新1路</td></tr>
<tr><td rowspan="2">品名规格</td><td rowspan="2">单位</td><td rowspan="2">数量</td><td rowspan="2">单价</td><td colspan="11">金额</td></tr>
<tr><td>千</td><td>百</td><td>十</td><td>万</td><td>千</td><td>百</td><td>十</td><td>元</td><td>角</td><td>分</td></tr>
<tr><td>复印机用纸</td><td>箱</td><td>2</td><td>75.00</td><td></td><td></td><td></td><td></td><td></td><td>1</td><td>5</td><td>0</td><td>0</td><td>0</td></tr>
<tr><td>合计(大写)</td><td colspan="3">壹佰伍拾元整</td><td></td><td></td><td></td><td></td><td></td><td>¥</td><td>1</td><td>5</td><td>0</td><td>0</td><td>0</td></tr>
<tr><td rowspan="2">销货单位</td><td>名称</td><td colspan="3">西安家世界超市有限公司</td><td colspan="2">纳税识别号</td><td colspan="7">610104755220386</td></tr>
<tr><td>地址</td><td colspan="3">太华路141号</td><td colspan="2">电话</td><td colspan="7">029-86715484</td></tr>
</table>

销货单位(盖章):   收款人: 复核: 开票人:王丹

- ✂

业务6

西安德安厂领料单

2019年7月12日

<table>
<tr><td colspan="2">领料部门</td><td colspan="3">波纹管车间</td><td colspan="2">用途</td><td colspan="2">清洗设备</td></tr>
<tr><td colspan="3">材　料</td><td rowspan="2">单位</td><td colspan="2">领料数量</td><td colspan="2">计划价格</td></tr>
<tr><td>编号</td><td>名称</td><td>规格</td><td>申请</td><td>实发</td><td>单价</td><td>总价</td></tr>
<tr><td>006</td><td>汽油</td><td>90#</td><td>升</td><td>贰拾</td><td>20</td><td>4.5</td><td>90.00</td></tr>
<tr><td></td><td></td><td></td><td></td><td></td><td></td><td></td><td></td></tr>
</table>

主管:邓明   发料:王洪   领料:李磊

- ✂

业务7

西安市增值税专用发票

开票日期：2019 年 7 月 13 日　　　　　　　　　　　　　　　No　05879354

购货单位	名称		福建镇云塑胶有限公司			税务登记号		3	5	1	2	8	2	4	4	6	8
	地址、电话		福建景阳开发区			开户银行及账号		工行景阳支行4011251156									

货物或应税劳务名称	规格型号	计量单位	数量	单价	金额								税率	税额						
					十万	千	百	十	元	角	分		万	千	百	十	元	角	分
波纹管	M1	米	3 120	4.6875		2	4	0	0	0	0	13		3	1	2	0	0	0
密封圈	L2	只	10 000	0.8158			8	1	5	8	4	13		1	0	6	0	5	7
合计						3	2	1	5	8	2	13		4	1	8	0	5	7
价税合计	叁万陆仟叁佰叁拾捌元捌角壹分												￥36 338.81						
备注																			

销货单位	名称	西安德安厂	税务登记号	3	6	0	0	1	2	0	5	4	8
	地址、电话	西安市三桥 029-84546633	开户银行及账号	工行三桥分理处 26002210063021								

销货单位(盖章)：　　　　收款人：　　　　复核：　　　　开票人：许晴

业务8

中国工商银行　信汇凭证　（收账通知）　4

委托日期贰零壹玖年零柒月壹拾捌日　　　　　　　　　号码：第 3 号

付款人	全称	福建镇云塑胶有限公司			收款人	全称	西安德安厂	
	账号或地址	4011251156				账号	26002210063021	
	汇出地点	福建景阳开发区	汇出行名称	工商银行景阳支行		汇入地点	陕西西安高新区	汇入行名称　工商银行高新支行

托收金额	人民币(大写)叁万陆仟叁佰叁拾捌元捌角壹分	千	百	十	万	千	百	十	元	角	分
				￥	3	6	3	3	8	8	1

汇款用途：购货款　　　　　留行待取预留和收款人印鉴

上列款项已代进账，如有错误，请持此联来行面治 中国工商银行景阳支行 转讫 汇入行盖章 2019 年 7 月 18 日	上列款项已照收无误 陈燕 收款人签章 2019 年 7 月 18 日	科目(借) 对方科目(贷) 汇入行解汇日期 2019 年 7 月 18 日

复核 李强　出纳 陈燕　记账 陈平

业务 9－1

差旅费报销单

报销部门：人事部　　　　　　　　　　2019 年 7 月 20 日　　　　　　　　　　附单据 4 张

姓　名	张华	职务	主管	出差事由	公差		
起日	止日	起讫地点	项目	张数	金额	项目	天数	金额
7.5	7.15	西安—上海	火车费	2	550.00	途中补助	4	200.00	50.00
			汽车费			住勤补助	6	180.00	20.00
			市内交通费	1	20.00	夜间乘车			
			住宿费	1	900.00	其　他			
			邮电费						
			小　计		1 470.00	小　计		380.00	
合　计		（大写）壹仟捌佰伍拾零元零角零分						￥1 850.00	
批准	王刚	财务核准	陈平	财务审核	李强	部门审核	李强		

- ✂

业务 9－2

收　据

2019 年 7 月 20 日　　　　　　　　　　　　　　　　　　　　　第 21 号

今收到张华				
人民币（大写）壹佰伍拾元整		￥150.00	现金	√
	现金收讫		支票第	号
事　由：预借差旅费返还				
收款单位	财务部	财务主管	李强	收款人	陈燕

第二联：记账凭证

- ✂

业务 9－3

上海市住宿专用发票

开票日期：2019 年 7 月 13 日　　　　　　　　　　　　　　　　No 0365987

摘要	住宿起止日期		天数	单价	金额						
					千	百	十	元	角	分
住宿	7.7	7.13	6	150.00		9	0	0	0	0
合计（大写）		玖佰元整			￥	9	0	0	0	0

单位：上海市红星旅社　　　　　　　　　　　　　　　　　　收款员：吴纳

- ✂

业务 9－4

Y005766 西安（售）

西安——上海 **K10**

2019 年 7 月 3 日 21：50 开 9 车 15 号下铺

全价 275 元 新空调硬座直达快卧

限乘当日当次车

在 3 日内到达有效

业务 9－5

Y003311 上海（售）

上海——西安 **K9**

2019 年 7 月 7 日 22：50 开 5 车 10 号下铺

全价 275 元 新空调硬座直达快卧

限乘当日当次车

在 3 日内到达有效

业务 9－6

西安市出租汽车专用发票

发票代码：
26101071703

发票号码：47382756

监督电话：88624509

经营单位编号：00003

电话：82102200

证号：0609212

车号：陕 A－U0022

日期：2019 年 7 月 03 日

上车：20：17

下车：20：37

单价：1.60

里程：12.5 公里

等候：00：04：30

金额：20.00 元

业务 10

固定资产折旧计算表

2019 年 7 月份

使用部门	固定资产原值(元)			折旧率%	上月折旧总额	本月增加折旧	本月减少折旧	本月应提折旧
	上月初	上月增加	上月减少					
生产车间	6 272 800.00	—	—	0.8	50 183.40	—	—	50 183.40
厂部	97 620.00	—	—	0.7	6 833.40	—	—	6 833.40
合计	6 370 420.00	—	—	—	57 016.80	—	—	57 016.80

财务主管:李强　　　　会计:陈平　　　　审核:李强　　　　制表:陈平

任务四　记账凭证的审核

所有填好的记账凭证都必须经过其他会计人员认真审核并签章。加强对记账凭证的审核,是保证会计核算工作质量的重要环节,只有经过审核无误的记账凭证才能作为登记账簿的依据。

任务目的

通过审核记账凭证,掌握审核记账凭证的要求和方法,加深对记账凭证正确性和合规性的理解。

任务指导

为了保证会计信息的质量,在记账之前应由有关稽核人员对记账凭证进行严格的审核。其审核的主要内容如下。

(1) 内容是否真实。审核记账凭证是否有原始凭证为依据,所附原始凭证的内容与记账凭证的内容是否一致,记账凭证汇总表的内容与其所依据的记账凭证的内容是否一致等。

(2) 项目是否齐全。审核记账凭证各项目的填写是否齐全,如日期、凭证编号、摘要、会计科目、金额、附原始凭证张数及有关人员签章等。如有手续不完备的应补办完整,方可入账。

(3) 科目是否正确。审核记账凭证的应借、应贷科目是否正确,是否有明确的账户对应关系,所使用的会计科目是否符合有关会计制度的规定等。

(4) 金额是否正确。审核记账凭证所记录的金额与原始凭证的有关金额是否一致,记账凭证汇总表的金额与记账凭证的金额合计是否相符,原始凭证中的数量、单价、金额计算是否正确等。

任务资料

根据记账凭证填制中的资料进行。

任务要求

1. 要求全面审核记账凭证,包括审核记账凭证内容的真实性、合法性以及填制手续的完备性、合规性。

2. 操作者应了解经济业务的内容及应用的会计科目的有关规定,熟悉每一个会计科目的准确用法,以判断业务处理是否正确。

任务设计

1. 本任务约需 1 学时;

2. 业务记账凭证参照"训练四"任务内容。

任务五　会计凭证的装订与保管

任务目的

通过训练,使学生掌握会计凭证的装订方法。

任务指导

凭证记账后,应及时装订。会计凭证一般每月装订一次。装订好的凭证一般是按月保管归档。

1　会计凭证装订前的整理工作

会计凭证的整理主要是指对凭证进行排序、粘贴和折叠。具体步骤如下:

(1) 分类整理,按顺序排列,检查日数、编号是否齐全。

(2) 按凭证汇总日期归集(如按上、中、下旬汇总归集),确定装订成册的本数。

(3) 摘除凭证内的金属物(如订书钉、大头针、回形针)。对大的张页或附件要折叠成同记账凭证大小,且要避开装订线,以便翻阅,保持数字完整。

(4) 整理检查凭证顺序号,如有颠倒要重新排列,发现缺号要查明原因。再检查附件有否漏缺,领料单、入库单、工资、奖金发放单是否随附齐全。

(5) 记账凭证上有关人员(如财务主管、复核、记账、制单等)的印章是否齐全。

2　会计凭证的装订

装订,就是将一扎一扎的会计凭证装订成册,从而方便保管和利用,装订凭证厚度一般

1.5 厘米。

2.1 会计凭证装订方法

（1）将凭证封面和封底裁开，分别附在凭证前面和后面，再拿一张质地相同的纸放在封面上角。做护角线。

（2）在凭证的左上角画一边长为 5 厘米的等腰三角形，用夹子夹住，用装订机在底线上分布均匀地打两个眼儿。

（3）用大针引线绳穿过两个眼儿。如果没有针，可以将回行针顺直，然后将两端折成同一个方向，将线绳从中穿过并夹紧，即可把线引过来。

（4）在凭证的背面打结，把凭证两端也系上。

（5）将户角向左上侧折，并将一侧剪开至凭证的左上角，然后抹上胶水。

（6）向后折叠，并将侧面和背面的线绳扣粘上。

（7）待晾干后，在凭证皮的脊背上面写上"某年某月第几册共几册"的字样。装订人在装订线封签处签名或盖章。

2.2 会计凭证装订后的注意事项

（1）每本封面上填写好凭证种类、起止号码、凭证张数、会计主管人员和装订人员签章；

（2）在封面上编好卷号，按编号顺序入柜，并要在显露处标明凭证种类编号，以便于调阅。

任务资料

已经填制的记账凭证及所附原始凭证。

任务要求

对上述会计凭证按照规范的方法进行装订。

任务设计

1. 任务时间约需 1 学时。

2. 本项任务需会计凭证。

项目三　记账任务

任务一　账簿的设置与登记

任务目的

通过任务，掌握各种经济业务会计分录的编制、总分类账和明细分类账以及现金日记账和银行存款日记账的开设和登记，学会试算平衡表的编制。

任务指导

账簿是会计数据的储存转换器，也是实现内部控制、明确经济责任的重要工具。要使账簿能够及时、有效地提供有用的会计信息，明确相关的经济责任，发挥内部控制制度的效用，就必须加强账簿的启用、日常登记、错账更正、对账、结账、交接等环节。正确填写或登记从账簿封面、扉页到账页的全部内容，及时进行对账、结账等工作。在更换记账人员时，要按要求办理相关的交接手续，并在相关账簿的扉页上详尽记录交接内容，履行交接手续。"账簿启用及交接表"的格式见表 3-1。

表 3-1　　　　　　　　　　**账簿启用及交接表**

账簿启用表					
单位名称		负责人	职别		盖章
账簿名称	账　第　册		姓名		
账簿号码	第　号	主办会计人员	职别		
账簿页码	本账簿共计　页		姓名		
启用日期	年　月　日		盖章		

经管本账簿人员一览表								
职别	姓名	接管				移交			印花税票粘贴处
		年	月	日	盖章	年	月	日	盖章	

账簿的设置包括确定账簿种类、数量，设计账簿的内容和格式。设置账簿既要有严密性和完整性，又要有适用性和可操作性，因此账簿设置既要避免重复烦琐，又要防止过于简化。一般常用的账簿有现金日记账、银行存款日记账、总分类账、明细分类账及其他辅助性账簿。

1　分类账的设置与登记

总分类账簿简称总账，是按照会计制度中规定的一级会计科目开设的。它既能全面、总括地反映全部经济业务，又能为编制会计报表提供依据，任何会计主体都要设置总分类账。总分类账一般采用订本账，只进行货币量度的核算，多使用三栏式，在账页中设置借方、贷方和余额三个金额栏，其账页格式及内容见表3-2。

明细分类账简称明细账。明细账是根据某个总账科目所属的二级科目或细目开设的账簿，用来分类、连续地记录有关资产、负债、所有者权益及收入、费用和利润的详细情况，提供会计核算的明细资料，也是编制会计报表的资料依据。各会计主体在设置总分类账的基础上，还要依据经营管理的需要，按总分类科目所属明细科目设置若干必要的明细分类账。明细分类账根据管理和提供会计信息的需要可以设置三栏式、多栏式和数量金额式三种格式。

1.1　分类账的格式

（1）三栏式明细分类账的账页格式与三栏式总分类账相同，只设借方、贷方和余额三个金额栏。这种账页格式主要适用于只需要进行金额核算，不需要进行数量核算的经济业务，如"应收票据""应付账款"等债权、债务结算账户。三栏式明细账的账页格式及内容见表3-3。

（2）数量金额式明细账的账页格式是在收入、发出、结存三大栏下再分别设数量、单价和金额栏。这种账页格式主要适用于那些既要进行价值核算，又要进行数量核算的经济业务，如"原材料""库存商品""低值易耗品"等各种财产物资的账户。其账页格式及内容见表3-4。

（3）多栏式明细分类账是在一张账页上按有关明细科目或项目设若干专栏，集中记录某一总账科目所属明细科目的核算资料。这种账页格式是根据经济业务特点和提供会计信息的需要设置的，主要适用于损益类等经济业务的明细核算，如"生产成本""制造费用""销售费用""管理费用""财务费用""主营业务收入""营业外支出"等账户。其账页的格式见表3-5。

经济业务发生后，根据记账凭证，在有关的总分类账中登记，同时在该总分类账所属的各有关明细分类账中登记。二者登记账簿的原始依据相同，所反映的经济业务内容也相同，但详细程度不同。总账对其所属明细账起着统驭和控制作用；明细账对总账起补充和说明作用。但是，最终总分类账户的金额与记入其所属的各明细分类账的金额相同。

平行登记的结果必然是：明细账期初金额之和、本期发生额之和及期末金额之和与总账的相应指标相等。会计实务中，可以编制明细账的本期发生额和余额表（试算平衡表），见表3-6，并与总账进行相互核对，以检查账簿记录的正确性。

表 3－2

总 分 类 账

总第＿＿＿页
分第＿＿＿页
会计科目或编号＿＿＿＿

年		记账凭证		摘　要	借　方												贷　方												借或贷	余　额												√
月	日	字	号		亿	千	百	十	万	千	百	十	元	角	分	√	亿	千	百	十	万	千	百	十	元	角	分	√		亿	千	百	十	万	千	百	十	元	角	分	√

明细分类账

表3-3

明细科目: _____

户 名: _____

总第 _____ 页
分第 _____ 页

年		记账凭证		摘要	借　方											贷　方											借或贷	余　额										
月	日	字	号		亿	千	百	十	万	千	百	十	元	角	分	√	亿	千	百	十	万	千	百	十	元	角	分	√		亿	千	百	十	万	千	百	十	元	角	分	√

表 3 - 4

明细分类账

总第＿＿＿页　　分第＿＿＿页　　编号＿＿＿

品名＿＿＿＿　规格＿＿＿＿　单位＿＿＿＿　产地＿＿＿＿　部类＿＿＿＿

最高存量	
最低存量	

月	日	进价	调拨价	批发价	零售价

年		凭证		摘要	借　方			贷　方			余　方			✓
月	日	字	号		数量	单价	金额 亿千百十万千百十元角分	数量	单价	金额 亿千百十万千百十元角分	数量	均价	金额 亿千百十万千百十元角分	

表 3 - 5　（注：次页为此表右半部分）

明细科目：_____
　户　名：_____

年		记账凭证	摘要	借　方	贷　方	借或贷	余　额	（　）方	金
月	日	字号		千百十万千百十元角分	千百十万千百十元角分		千百十万千百十元角分	千百十万千百十元角分	千百十万千百十元角分

明 细 分 类 账

借方								贷方								余额								分析								分							

表 3-6

试算平衡表

年 月 日

单位:元

会计科目	期初余额		本期发生额		期末余额	
	借方	贷方	借方	贷方	借方	贷方

1.2 登记账簿时的注意事项

(1) 编页时不得跳页、缺号。

(2) 按照编定的页次逐页、逐行连续登记,不得跳页、跳行登记。如果出现跳页、跳行登记,不得任意涂改,更不得随意撕毁账页,应将空页、空行用红线划对角线注销,加盖"作废"字样,并由记账人员签名或盖章。

(3) 记账时必须用钢笔(蓝黑墨水或碳素墨水)书写,不准用铅笔或圆珠笔。所写文字和数字要紧靠行格底线,不得充满整行,要规整、易于辨认。

(4) 登账时,必须以审核无误的会计凭证为依据,并将凭证反映的有关内容登记完整,同时在记账凭证上注明过账符号"√",表示已登记入账,以免重记或漏记。

(5) 总分类账和明细分类账根据需要结出余额,凡余额栏前有余额方向栏的,必须用"借""贷""平"等字样注明余额方向。每一账页登记完毕,应加计本页发生额总数,并结出余额,将发生额总数和余额填在本页最后一行,并在摘要栏注明"转下页"字样。然后,将发生额总数和余额再填入下张账页的第一行,并在摘要栏注明"承前页"字样。

(6) 若有登账错误,不得涂改、挖补、刮擦,也不准重新抄写,应该区别错误的原因,分别用正确的错账更正方法更正。

(7) 在新年度开始时,应将账簿上年年终的余额转记到新年度开设的新账的第一页的第一行,并在摘要栏注明"上年结转"字样。

2 日记账的设置与登记

2.1 日记账的格式

(1) 现金日记账是由出纳人员根据审核无误的现金收款凭证和付款凭证及银行存款有关付款凭证,逐日、逐笔、序时登记的账簿。任何一个单位,只要存在库存现金的收、付业务,就必须设置现金日记账。现金日记账按库存现金币种设置,采用订本账,账页一般是三栏式,也可用多栏式。其账页的格式见表 3-7。

(2) 银行存款日记账是由出纳人员根据审核无误的银行存款收、付款凭证和现金有关付款凭证,逐日、逐笔、序时登记的账簿。凡是在银行开设账户办理结算业务的单位,都应设置银行存款日记账。银行存款日记账按不同开户银行和存款币种设置,采用订本式账簿,账页格式一般采用三栏式,也可用多栏式。其账页的格式见表 3-8。

表 3 - 7

现 金 日 记 账

年		记账凭证		对方科目	摘 要	现金支票号码	借 方										√	贷 方										√	余 额										√
月	日	字	号				亿	千	百	十	万	千	百	十	元	角	分		亿	千	百	十	万	千	百	十	元	角	分		亿	千	百	十	万	千	百	十	元	角	分	

银 行 存 款 日 记 账

表 3－8

年		记账凭证		对方科目	摘要	支票		借　方										√	贷　方										√	余　额										√
月	日	字	号			种类	号码	亿	千	百	十	万	千	百	十	元	角	分	亿	千	百	十	万	千	百	十	元	角	分	亿	千	百	十	万	千	百	十	元	角	分

2.2 登记日记账的注意事项

登记现金日记账：

（1）必须根据审核无误的现金收付款凭证登记。对于从银行提取现金的经济业务，应根据银行付款凭证登记。

（2）所记载的内容（如日期、编号、摘要、金额等）必须与会计凭证一致。

（3）登记日记账要做到日清月结，每天结出当日收入和付出发生额合计（当日只有一笔业务可以不结），每天结出余额，并且与库存现金核对相符。

登记银行存款日记账：

（1）必须根据审核无误的银行存款收付款凭证登记。对于将现金存入银行的业务，应根据现金付款凭证登记。

（2）所记载的经济业务内容必须同会计凭证一致。

（3）每月结出余额，定期与银行对账单核对。

任务资料

＃＃股份有限公司 2019 年 12 月总分类账和明细分类账的期初余额如下：

（1）2019 年 11 月 30 日总账各账户余额（见表 3-9）。

表 3-9

2019 年 11 月 30 日总账各账户余额

总账账户	明细账户	借方金额		贷方金额		账页格式
		总账金额	明细账金额	总账金额	明细账金额	
现金		700				三栏式
银行存款		120 000				三栏式
应收票据		40 000				三栏式
应收账款		150 000				三栏式
原材料	甲材料 乙材料 丙材料	300 000	100 000 50 000 150 000			三栏式 数量金额式 数量金额式 数量金额式
生产成本		180 000				多栏式
库存商品		200 000				三栏式
其他应收款		2 000				三栏式
固定资产	生产用固定资产 非生产用固定资产	400 000	300 000 100 000			三栏式 固定资产明细账 固定资产明细账
累计折旧				81 800		三栏式

总账账户	明细账户	借方金额		贷方金额		账页格式
		总账金额	明细账金额	总账金额	明细账金额	
长期股权投资		100 000				三栏式
应付票据				95 000		三栏式
应付账款				44 000		三栏式
坏账准备				200		三栏式
应付工资				200		三栏式
应付福利费				3 000		三栏式
应交税金				1 500		三栏式
实收资本				930 000		三栏式
资本公积				80 000		三栏式
盈余公积				150 000		三栏式
本年利润				184 000		三栏式
利润分配		77 000				三栏式
制造费用		16 940		16 940		三栏式
管理费用		13 580		13 580		三栏式
销售费用		500		500		三栏式
财务费用		400		400		三栏式
合　计		1 601 120		1 601 120		三栏式

(2) 2019 年 12 月 1 日原材料明细账户余额(见表 3-10)。

表 3-10

2019 年 12 月 1 日原材料明细账户余额

项目 名　称	数　量(公斤)	单　价	金　额
甲材料	1 000	100	100 000
乙材料	2 000	60	120 000
丙材料	100	80	8 000
合　计			

（3）生产成本明细账项目（见表3-11）。

表3-11   **生产成本明细账项目**

项 目	直接材料	直接人工	制造费用	合 计

（4）制造费用明细账项目（见表3-12）。

表3-12   **制造费用明细账项目**

项 目	工 资	职工福利费	折旧费	水电费	其 他

（5）管理费用明细账项目（见表3-13）。

表3-13   **管理费用明细账项目**

项 目	工 资	职工福利费	折旧费	水电费	办公费	其 他

任务要求

1. 根据所给实验资料建立总分类账户、明细分类账户和日记账户。
2. 根据有关收付款凭证逐日逐笔登记现金日记账和银行存款日记账。
3. 根据有关记账凭证逐笔登记总分类账及所属明细分类账。

任务设计

1. 本任务约需3学时；
2. 任务需三栏式、多栏式、数量金额式明细分类账。账页格式如附表所示。
3. 附表：
（1）总分类账（见表3-2）。
（2）借方、贷方、余额三栏式明细账（见表3-3）。
（3）数量金额式明细账（见表3-4）。
（4）多栏式明细账（见表3-5）。
（5）现金日记账（见表3-7）。
（6）银行存款日记账（见表3-8）。

任务二 对账、结账和错账更正

任务目的

通过实训,要求掌握账证核对、账账核对、账实核对的不同情况;学会月末或年末结账;全面掌握划线更正法、红字更正法、补充登记法的内容及适用范围,熟练进行错账查找并更正。

任务指导

1 错账更正方法

1.1 划线更正法

划线更正法是用红线把错误记录划掉,表示注销,然后把正确内容写在错账上方,并加盖责任人印章的一种方法。

划线更正法适用于期末结账前发现账簿记录中文字或数字有错误而记账凭证无误。更正方法是:先在错误的文字和数字上划一条单红线注销,并使原来的字迹仍可辨认;然后在划线上方空白处用蓝字或黑字填写上正确的文字和数字,并由记账人员在更正处签章。但应注意,更正错误数字时,应将整笔数字划掉,不能只划掉其中一个或几个写错的数字。例如,将数字 68 590.00 错写为 78 590.00,不能将 7 划掉改为 6,应当将 78 590.00 全部划掉,更正为 68 590.00。

1.2 红字更正法

红字更正法是指用红字金额冲销原有错误科目和金额的记账凭证,并据以更正账簿记录的一种方法,又称红字冲销法、红字订正法、红字冲账法等。

红字更正法适用于期末结账前发现由于记账凭证上的会计科目错误或金额多计而造成的账簿记录错误。更正方法是:先用红字金额填制一张内容与原来错误记录的记账凭证相同的记账凭证,在"摘要"栏注明"冲销×月×日×号凭证"字样,并据以用红字金额过账,以冲销原错误记录;然后再用蓝字或黑字金额填制一张正确的记账凭证,在"摘要"栏注明"订正×月×日×号凭证"字样。

1.3 补充登记法

补充登记法是按应计金额和错记金额之差用蓝字填写一张与原记账凭证内容相同的记账凭证,并据以更正账簿记录的一种方法。

补充登记法适用于期末结账前发现记账凭证中会计科目无误,但实计金额小于应计金额,并据以过账。更正的方法是:将少计金额用蓝字或黑字填制一张与原错误记账凭证内容完全相同的记账凭证,在"摘要"栏内注明"补记第×号凭证少计数",并据以过账。

2 对账的内容

对账就是在结账前将账簿记录和会计凭证核对,各种账簿之间的数字核对,账簿记录和实物及货币资金的实存数核对,纠正记账错误,以保证账簿记录正确无误,为编制会计报表提供真实可靠的会计核算资料。每个企业、事业行政单位都要建立定期的对账制度。

对账的主要内容一般应包括以下几个方面。

2.1 账证核对

账证核对是将各种账簿记录与有关会计凭证进行核对,也就是核对账簿记录与原始凭证、记账凭证的时间、凭证字号、内容、金额是否一致,记账方向是否相符。这种核对主要是在日常填制凭证和记账过程中进行的,使错账及时被发现并更正。账证相符是保证账账、账实相符的基础。

2.2 账账核对

账账核对是将各种账簿之间的有关数字进行核对,包括总账有关账户的借方期末余额合计数与贷方期末余额合计数核对,总账与明细账核对,总账与日记账核对,会计部门有关财产物资明细账与物资保管部门的有关明细账进行核对。

2.3 账实核对

账实核对是指各种财产物资的账面余额与实存数核对,包括现金日记账账面余额与实际现金库存数相核对,银行存款日记账账面余额与银行对账单进行核对,各种财产物资明细账账面余额与财产物资实际库存数相核对,各种应收、应付款明细账账面余额与有关债权、债务单位或个人核对等。

3 结账的方法

结账就是当期(本月、本季、本年)的记账凭证登记完毕之后,按照制度规定和管理要求,结计出各个账户的本期发生额(月度发生额、季度发生额、年度发生额)和期末余额。

由于账簿的种类和账页的格式不同,结账的具体方法也有所不同。为了便于理解和掌握,可将其大致归纳为以下几种。

3.1 日结

现金、银行存款日记账需要逐日结出余额。结账时,在本日最后一笔经济业务下面结计出本日发生额,并在"摘要"栏注明"本日合计"即可。

3.2 月结

结账时,在本月最后一笔经济业务下面通栏划单红线,结出本月发生额合计和月末余额;在"摘要"栏内注明"本月合计"字样,在"借或贷"栏内写明"借"与"贷"字样,在下面通栏划单红线。如无余额,应在"借或贷"栏内写上"平"字样,"余额"栏内写"—0—",以示该账户没有余额。

3.3 季结

季末将计算出的本季度三个月的发生额合计数写在月结数的下一行,在"摘要"栏内注明"本季合计"字样,并在下面通栏划单红线。

3.4 年结

在第四季度季结的下一行,在"摘要"栏内注明"本年合计"或"本年发生额及余额",同时结出借、贷方发生额及期末余额。然后,在这一行下面划通栏双红线,以示封账。

3.5 结转新账

结转新账时,如有余额,可直接将余额转到新账账户的第一行余额栏内,日期填写1月1日,同时"摘要"栏内注明"上年结转"字样。

实训资料

2019年12月19日,以转账支票支付管理部门购买办公文具费用900元。(所附原始凭证包括转账支票存根和统一普通商业零售发票各1张)

假设会计人员编制记账凭证及登记有关账簿有以下几种情况,分别指出每种情况存在的问题,并用恰当的更正方法进行更正。

（1）第一种情况。

付 款 凭 证

贷方 **银行存款**
科目   **2019年 12月 19日**   付字第 **29**号

摘 要	借方总分类科目	明细科目	记账符号	千	百	十	万	千	百	十	元	角	分	
付办公文具	**管理费用**							9	0	0	0	0	0	附单据 **1** 张
合计							¥	9	0	0	0	0	0	

财务主管 **李强**   记账 **陈平**   出纳 **陈燕**   审核 **李强**   制单 **陈平**

总 分 类 账

会计科目名称及编号   **银行存款**

年		凭证编号	摘 要	借方							贷方							借或贷	余 额						
				十	万	千	百	十	元	角	分	十	万	千	百	十	元	角	分		十	万	千	百
10	1		**期初余额**	5	0	0	0	0	0	0										借	5	0	0	0	0	0	0
12	19	银付29号	**办公品**									9	0	0	0	0	0	借	4	1	0	0	0	0	0

总 分 类 账

会计科目名称及编号   **管理费用**

年		凭证编号	摘 要	借方							贷方							借或贷	余 额						
				十	万	千	百	十	元	角	分	十	万	千	百	十	元	角	分		十	万	千	百
10	1		**期初余额**		1	8	0	0	0	0										借		1	8	0	0	0	0
12	19	银付29号	**办公品**			9	0	0	0	0										借		2	7	0	0	0	0

（2）第二种情况。

付　款　凭　证

贷方 **银行存款**
科目　　　　　　　　　　　　　　　**2019 年 12 月 19 日**　　　　　　　　　付字第 **29** 号

摘　要	借方总分类科目	明细科目	记账符号	金　额								
				千	百	十	万	千	百	十	元	角	分
付办公文具	管理费用								9	0	0	0	0
合计								￥	9	0	0	0	0

附单据 **1** 张

财务主管 **李强**　　　　记账 **陈平**　　　　出纳 **陈燕**　　　　审核 **李强**　　　　制单 **陈平**

总　分　类　账

会计科目名称及编号　　　**银行存款**

年		凭证编号	摘　要	借　方								贷　方								借或贷	余　额							
				十	万	千	百	十	元	角	分	十	万	千	百	十	元	角	分		十	万	千	百	十	元	角	分
10	1		期初余额		5	0	0	0	0	0	0									借		5	0	0	0	0	0	0
12	19	银付29号	办公品										9	0	0	0	0	0	借		4	1	0	0	0	0	0

总　分　类　账

会计科目名称及编号　　　**管理费用**

年		凭证编号	摘　要	借　方								贷　方								借或贷	余　额							
				十	万	千	百	十	元	角	分	十	万	千	百	十	元	角	分		十	万	千	百	十	元	角	分
10	1		期初余额		1	8	0	0	0	0	0									借		1	8	0	0	0	0	0
12	19	银付29号	办公品			9	0	0	0	0	0									借		2	7	0	0	0	0	0

（3）第三种情况。

付 款 凭 证

贷方 科目 **银行存款**

2019年 12月 19日

付字第 *29* 号

摘 要	借方总分类科目	明细科目	记账符号	金 额										
				千	百	十	万	千	百	十	元	角	分
付办公文具	**管理费用**								9	0	0	0	
合计								¥	9	0	0	0	

附单据 *1* 张

财务主管 *李强*　　　记账 *陈平*　　　出纳 *陈燕*　　　审核 *李强*　　　制单 *陈平*

总 分 类 账

会计科目名称及编号　　**银行存款**

年		凭证编号	摘 要	借 方								贷 方								借或贷	余 额							
				十	万	千	百	十	元	角	分	十	万	千	百	十	元	角	分		十	万	千	百	十	元	角	分
10	1		期初余额	5	0	0	0	0	0	0										借	5	0	0	0	0	0	0	
12	19	银付29号	办公品												9	0	0	0		借	4	9	9	1	0	0	0	

总 分 类 账

会计科目名称及编号　　**管理费用**

年		凭证编号	摘 要	借 方								贷 方								借或贷	余 额							
				十	万	千	百	十	元	角	分	十	万	千	百	十	元	角	分		十	万	千	百	十	元	角	分
10	1		期初余额	1	8	0	0	0	0	0										借	1	8	0	0	0	0	0	
12	19	银付29号	办公品				9	0	0	0										借	1	8	0	9	0	0	0	

（4）第四种情况。

付 款 凭 证

贷方 **银行存款**
科目 　　　　　　　　　**2019 年 12 月 19 日**　　　　　　　　付字第 **29** 号

摘 要	借方总分类科目	明细科目	记账符号	金 额											
				千	百	十	万	千	百	十	元	角	分	
付办公文具	待摊费用								9	0	0	0		附单据 **1** 张
合计								¥	9	0	0	0		

财务主管 **李强**　　　　记账 **陈平**　　　　出纳 **陈燕**　　　　审核 **李强**　　　　制单 **陈平**

总 分 类 账

会计科目名称及编号　　**银行存款**

年		凭证编号	摘要	借方									贷方									借或贷	余额								
				十	万	千	百	十	元	角	分	十	万	千	百	十	元	角	分		十	万	千	百	十	元	角	分
10	1		期初余额	5	0	0	0	0	0	0										借	5	0	0	0	0	0	0
12	19	银付29号	办公品											9	0	0	0	0	0	借	4	1	0	0	0	0	0

总 分 类 账

会计科目名称及编号　　**待摊费用**

年		凭证编号	摘要	借方								贷方								借或贷	余额							
				十	万	千	百	十	元	角	分	十	万	千	百	十	元	角	分		十	万	千	百	十	元	角	分
10	1		期初余额		1	8	0	0	0	0										借		1	8	0	0	0	0
12	19	银付29号	办公品			9	0	0	0											借		1	8	9	0	0	0

实训要求

1. 审核记账凭证,并进行账证核对,检查账簿记录是否正确。

2. 对经济业务的原始凭证与记账凭证、记账凭证与账簿记录进行核对,找出存在的问题,采用适当的方法进行更正。

项目四　会计报表的编制

任务　会计报表的编制

基于基础会计学课程的教学要求,本部分只练习资产负债表和利润表的编制。

任务目的

通过实训,使学员掌握资产负债表和利润表的结构、内容和编制方法。

任务指导

1　报表的结构和内容

1.1　资产负债表的结构和内容

资产负债表是反映企业在某一特定日期的全部资产、负债和所有者权益情况的报表。编制资产负债表的理论依据是"资产＝负债＋所有者权益"这一基本会计等式。

资产负债表的结构有账户式和报告式,我国现用的是账户式。

资产负债表包括表首、基本部分和附注三个方面,该表的主体是它的基本部分,按资产、负债和所有者权益三类项目排列。各项目的排列顺序是:资产按流动性强弱排列,负债按偿还期长短排列,所有者权益按永久性程度高低排列。一般企业资产负债表的格式如表 4-1 所示。

1.2　利润表的结构和内容

利润表是反映企业在一定期间内利润(或亏损)情况的报表。编制利润表的理论依据是"收入－费用＝利润"这一会计等式。

利润表的结构有单步式和多步式,我国现用的是多步式。

利润表的内容包括表首、基本部分和补充资料三个方面,基本部分分为四个层次,分别是营业利润、利润总额、净利润和每股收益。利润表的格式如表 4-2 所示。

2　报表项目的填制要求

2.1　资产负债表项目的填制

资产负债表中"年初余额"栏内各项数字,应根据上年年末资产负债表"期末余额"栏内所列数字填列。如果上年度资产负债表规定的各个项目的名称和内容同本年度不相一致,应对上年度资产负债表各项目的名称和数字按本年度的规定进行调整,填入本表"年初余额"栏内。

表 4 - 1   **资产负债表**

会企 01 表

编制单位：   ___年___月___日   单位:元

资　产	期末余额	年初余额	负债和所有者权益 （或股东权益）	期末余额	年初余额
流动资产：			流动负债：		
货币资金			短期借款		
交易性金融资产			交易性金融负债		
应收票据			应付票据		
应收账款			应付账款		
预付款项			预收款项		
应收利息			应付职工薪酬		
应收股利			应交税费		
其他应收款			应付利息		
存货			应付股利		
一年内到期的非流动资产			其他应付款		
其他流动资产			一年内到期的非流动负债		
流动资产合计			其他流动负债		
非流动资产：			流动负债合计		
可供出售金融资产			非流动负债：		
持有至到期投资			长期借款		
长期应收款			应付债券		
长期股权投资			长期应付款		
投资性房地产			专项应付款		
固定资产			预计负债		
在建工程			递延所得税负债		
工程物资			其他非流动负债		
固定资产清理			非流动负债合计		
生产性生物资产			负债合计		
油气资产			所有者权益(或股东权益)：		
无形资产			实收资本(或股本)		
开发支出			资本公积		
商誉			减:库存股		
长期待摊费用			盈余公积		
递延所得税资产			未分配利润		
其他非流动资产			所有者权益(或股东权益)合计		
非流动资产合计					
资产总计			负债和所有者权益 (或股东权益)合计		

表 4 - 2

利 润 表

会企 02 表

编制单位：　　　　　　　　　　　　　年　　　月

单位:元

项　　目	本期金额	上期金额
一、营业收入		
减:营业成本		
营业税金及附加		
销售费用		
管理费用		
财务费用		
资产减值损失		
加:公允价值变动收益(损失以"－"号填列)		
投资收益(损失以"－"号填列)		
其中:对联营企业和合营企业的投资收益		
二、营业利润(亏损以"－"号填列)		
加:营业外收入		
减:营业外支出		
其中:非流动资产处置损失		
三、利润总额(亏损总额以"－"号填列)		
减:所得税费用		
四、净利润(净亏损以"－"号填列)		
五、每股收益		
(一)基本每股收益		
(二)稀释每股收益		

　　资产负债表"期末余额"栏内各项指标的填列方法,主要有直接填列法和分析计算填列法两种。直接填列法是将总分类账或明细分类账的期末余额直接填列在报表中的相应项目内。报表中的绝大多数项目都采用这种填列方法。分析计算填列法是对账户记录进行分析、调整计算后,填列在报表的有关项目中。具体编制方法如下。

　　1. 根据相关总分类账户的期末余额直接填列的项目

　　根据相关总分类账户的期末余额直接填列的项目包括应收票据、应收股利、应收利息、交易性金融资产、交易性金融负债、工程物资、固定资产清理、递延所得税资产、短期借款、应付票据、应付职工薪酬、应付股利、应交税费、其他应付款、预计负债、长期借款、持有至到期投资、专项应付款、递延所得税负债、实收资本、资本公积、盈余公积等项目。

2. 根据相关账户期末余额分析计算填列的项目

（1）根据相关总分类账户期末余额合并或调整后填制的项目。

"货币资金"项目，应根据"现金""银行存款""其他货币资金"账户的期末余额合计数填列。

"存货"项目，应根据"材料采购"（或"在途物资"）、"原材料""低值易耗品""自制半成品""库存商品""包装物""委托加工物资""分期收款发出商品""受托代销商品""生产成本""材料成本差异"等科目的期末余额合计减去"受托代销商品款""商品进销差价"和"存货跌价准备"科目期末余额后的金额填列。

（2）根据总分类账户期末余额减去备抵项目后的净额填制的项目。

"其他应收款"项目，应根据"其他应收款"账户的期末余额减去"坏账准备"账户中有关其他应收款计提的坏账准备期末余额后的金额填列。

"长期股权投资"项目，应根据"长期股权投资"账户的期末余额减去"长期股权投资减值准备"账户的期末余额后的金额填列。

"持有至到期投资"项目，应根据"持有至到期投资"账户的期末余额减去"持有至到期投资减值准备"账户的期末余额和一年内到期的债权投资的期末余额后的金额填列。

"固定资产"项目，应根据"固定资产"账户的期末余额减去"累计折旧"账户和"固定资产减值准备"账户期末余额后的金额填列。

"在建工程"项目，应根据"在建工程"账户的期末余额减去"在建工程减值准备"账户期末余额后的金额填列。

"无形资产"项目，应根据"无形资产"账户的期末余额减去"累计摊销"和"无形资产减值准备"账户期末余额后的金额填列。

"长期待摊费用"项目，应根据"长期待摊费用"账户的期末余额减去一年内摊销的数额后的金额填列。

"长期应付款"项目，应根据"长期应付款"账户的期末余额减去"未确认融资费用"账户期末余额后的金额填列。长期应付款中将于一年内到期的部分，在"一年内到期的非流动负债"项目反映。

"未分配利润"项目，应根据"本年利润"账户和"利润分配"账户的余额计算填列。在年末，"本年利润"账户的余额尚未结转到"利润分配"账户时，用"本年利润"账户的贷方余额减去"利润分配"账户的借方余额，就是"未分配利润"项目的金额。未弥补的亏损，以"—"号填列。

（3）根据结算账户有关明细账户期末余额调整填制的项目。

"应收账款"项目，应根据"应收账款"账户所属各明细账户期末借方余额和"预收账款"账户所属各明细账户的期末借方余额合计，减去"坏账准备"账户中有关应收账款计提的坏账准备期末余额后的金额填列。如"应收账款"账户所属明细账户期末有贷方余额，应在"预收账款"项目内填列。

"预付账款"项目，应根据"预付账款"账户所属各明细账户的期末借方余额和"应付账款"账户所属各明细账户的期末借方余额合计填列。如"预付账款"账户所属明细账户期末出现贷方余额，应在"应付账款"项目中填列。

"应付账款"项目，应根据"应付账款"账户所属各明细账户的期末贷方余额和"预付账款"账户所属各明细账户的期末贷方余额合计填列。如"应付账款"账户所属明细账户期末出现借方余额,应在"预付账款"项目中填列。

"预收账款"项目,应根据"预收账款"账户所属各明细账户的期末贷方余额和"应收账款"账户所属各明细账户的期末贷方余额合计填列。如"预收账款"账户所属明细账户期末出现借方余额,应在"应收账款"项目中填列。

2.2　利润表的项目填制

1. 利润表"上期金额"栏的填列

利润表中"上期金额"栏反映各项目的上期实际发生数,应根据上期利润表中"本期金额"栏内所列数字填列。在编制年度报表时,填列上年全年累计实际发生额,并将"上期金额"栏改为"上年金额"栏。如果上年度利润表规定的各个项目的名称和内容同本年度不相一致,应对上年度利润表各项目的名称和数字按本年度的规定进行调整,填入本表"上年金额"栏内。

2. 利润表"本期金额"栏的填列

利润表中"本期金额"栏反映各项目的本期实际发生数,在编制年度报表时,填列本年全年累计实际发生额,并将"本期金额"栏改为"本年金额"栏。利润表中"本期金额"栏主要是根据有关损益类账户转入"本年利润"账户的发生额进行分析计算填列,填列方法如下:

(1)根据有关账户的发生额分析填列的项目。

"营业收入"项目,应根据"主营业务收入"和"其他业务收入"账户发生额填制。

"营业成本"项目,应根据"主营业务成本"和"其他业务支出"账户发生额填制。

"营业税金及附加"项目,应根据"营业税金及附加"账户发生额填制。

"销售费用""管理费用""财务费用"项目,应分别根据"销售费用""管理费用""财务费用"账户发生额填制。

"资产减值损失"项目,应根据"资产减值损失"账户发生额填制。

"公允价值变动收益"项目,应根据"公允价值变动损益"账户发生额填制。如为净损失,以"-"号填列。"投资收益"项目,应根据"投资收益"账户发生额填制。如为净损失,以"-"号填列。

"所得税费用"项目,应根据"所得税费用"账户发生额填制。

(2)根据表内项目、有关账户计算填列的项目。

"营业利润"项目,应根据"营业收入"项目的数额减去"营业成本""营业税金及附加""销售费用""管理费用""财务费用""资产减值损失"项目的数额,加上"投资收益""公允价值变动收益"项目的数额的结果填制。

"利润总额"项目,应根据"营业利润"项目的数额加上"营业外收入"项目的数额,减去"营业外支出"项目的数额的结果填制。

"净利润"项目,应根据"利润总额"项目的数额减去"所得税费用"项目的数额的结果填制。

"基本每股收益"项目,反映企业普通股股东持有每一股份所能享有企业的利润或承担企业的亏损。基本每股收益计算公式如下:

$$基本每股收益 = \frac{当期净利润}{发行在外普通股加权平均数}$$

"稀释每股收益"项目,反映企业存在具有稀释性潜在普通股的情况下,以基本每股收益的计算为基础,考虑稀释性潜在普通股影响的每股收益。

实训资料

1.虹光彩电厂2019年12月份损益类账户发生额及1—11月份累计发生额如表4-3所示。

表4-3 **虹光彩电厂2019年12月损益类账户发生额及1—11月累计发生额**

账户名称	1—11月累计发生额		12月发生额	
	借方	贷方	借方	贷方
主营业务收入		1 700 000		184 000
主营业务成本	1 120 000		116 000	
销售费用	36 000		3 000	
营业税金及附加	84 000		8 000	
管理费用	38 000		3 600	
财务费用	12 000		1 600	
其他业务收入		70 000		8 400
其他业务支出	32 000		3 200	
投资收益		6 000		680
营业外收入		17 200		2 400
营业外支出	5 600		1 000	
资产减值损失	1 650		183	
公允价值变动损益		900		100
所得税费用	153 400.50		16 469.01	

2.虹光彩电厂2019年12月31日各总分类账户余额及年初余额如表4-4所示。

表4-4 **虹光彩电厂2019年12月31日总账账户年末余额及年初余额**

账户名称	年初余额		年末余额	
	借方	贷方	借方	贷方
现金	4 960		5 200	
银行存款	287 000		330 000	
其他货币资金	220 000		200 000	
交易性金融资产	10 000		24 000	
应收票据	9 600		16 000	
应收账款	72 000		104 000	

账户名称	年初余额		年末余额	
	借方	贷方	借方	贷方
坏账准备		7 000		9 200
预付账款	3 520		3 600	
其他应收款	8 400		11 600	
生产成本	196 800		224 000	
在途物资	2 400		10 000	
原材料	292 000		316 000	
周转材料	3 300		4 800	
库存商品	64 000		76 000	
长期股权投资	12 600		20 000	
固定资产	876 000		930 000	
累计折旧		164 000		170 000
无形资产	53 500		54 000	
短期借款		90 000		96 000
应付票据		8 000		12 000
应付账款		60 000		64 000
其他应付款		9 200		10 400
预收账款		12 800		12 000
应付职工薪酬		150 000		152 000
应交税费		30 400		32 200
应付股利		20 400		30 000
长期借款		166 000		180 000
实收资本		1 103 280		1 219 400
资本公积		167 000		192 000
盈余公积		90 000		94 000
利润分配		38 000		56 000
合 计	2 116 080	2 116 080	2 329 200	2 329 200

3. 虹光彩电厂 2019 年 12 月 31 日明细分类账户年末余额。

应收账款明细账余额为：

应收账款——黄河厂借方余额 124 000 元

应收账款——无线电厂贷方余额 20 000 元

预付账款明细账余额为：

预付账款——新华印刷厂借方余额 4 600 元

预付账款——龙华汽车厂贷方余额 1 000 元

应付账款明细账余额为：

应付账款——星火公司贷方余额 104 000 元

应付账款——康佳公司借方余额 40 000 元

预收账款明细账余额为：

预收账款——光明印刷厂借方余额 4 000 元

预收账款——东方汽车厂贷方余额 16 000 元

实训要求

1. 整理、审核编制资产负债表和利润表的资料来源（见"实训资料"）。

2. 根据实训资料按规定方法填写表中各项目，编制资产负债表底表、利润表底表。

3. 对资产负债表底表和利润表底表进行审查后，编制虹光彩电厂 2019 年度正式的资产负债表、利润表。（"上年金额"略）

实训设计

1. 实训时间约需 2 学时。

2. 本项实训需资产负债表、利润表各 2 张。

项目五 综合实训模拟任务

任务 全流程业务模拟

任务目的

本综合模拟训练安排在会计核算程序讲完后操作。根据模拟企业西安兴华股份有限公司 12 月份发生的经济业务,按照记账凭证会计核算程序组织会计核算。通过本次模拟训练,使学员能够全面系统地了解会计核算的程序和步骤,熟练掌握会计实务的处理,以及会计核算系列专门方法的具体应用,进一步理解会计核算方法之间的内在关系和相互联系,提高学员对会计基础理论的综合运用能力。

任务指导

1 开设账户

根据该企业 2019 年 12 月 1 日各总分类账和有关明细账余额,开设各总分类账和明细分类账户。

2 填制原始凭证和记账凭证

根据该企业 2019 年 12 月份发生的经济业务,分别填制有关原始凭证和记账凭证。

3 登记账簿

根据已填制的收款凭证、付款凭证和转账凭证,逐笔登记总分类账和有关明细分类账。

4 结账

在经济业务全部登记入账的基础上,审核无误后结出各总分类账户和明细分类账户的本期发生额及期末余额。

5 编制试算平衡表

根据已结出的总分类账户本期发生额及期末余额,编制试算平衡表,检查账务记录是否出错。

6 编制会计报表

根据资产、负债、所有者权益类账户的期末余额编制资产负债表;根据损益类账户的本期发生额编制利润表。

7 会计凭证的装订

将本月填制的所有记账凭证,按照要求进行装订,并加封封面保存。

实训资料

1. 模拟实训主体情况。

企业名称:西安兴华股份有限公司

法人代表:王晨

注册地址:西安高新区

邮政编码:710069

联系电话:029-84697888

开户银行:中国工商银行西安高新支行

银行账号:29001587653304

执行税率:13%

税务登记号:210233000795526

主要产品:甲、乙、丙

机构设置及人员岗位分工:

财务部:主管:李强

　　　　会计(复核):张文

　　　　会计(记账或制表):孙杰

　　　　出纳:陈燕

仓库:负责人:陈明

　　　保管员:张建

　　　质检员:王鹏

人事部:主管:邢敏

　　　　干事:李娜

销售部:主管:和平

　　　　开票人:王江海

2. 该公司2019年12月初有关资料。

(1) 各总账账户的期初余额资料(见表5-1)。

表5-1 **2019年12月份总账账户期初余额表**

账户名称	借方金额	账户名称	贷方金额
库存现金	2 500	短期借款	800 000
银行存款	868 000	应付账款	280 000
原材料	342 000	应付职工薪酬	3 000
库存商品	617 300	其他应付款	2 500

账户名称	借方金额	账户名称	贷方金额
应收账款	460 000	应交税费	15 200
其他应收款	17 800	本年利润	380 000
待摊费用	5 000	实收资本	2 000 000
生产成本	120 000	资本公积	300 000
固定资产	2 050 000	盈余公积	200 000
在建工程	112 100	利润分配	254000
累计折旧	−360 000		
合计	4 234 700	合计	4 234 700

（2）各有关明细账户的期初余额资料（见表5-2）。

表5-2

应收账款	深圳南方	100 000				
	天津大沽	232 000				
	西安华泰	128 000				
应付账款	杭州永光	120 000				
	新信商贸	160 000				
应交税费	应交城市维护建设税及教育费附加	3 200				
	应交增值税	12 000				
生产成本	甲产品	32 000	材料费	人工费	制造费用	其他直接支出
			25 000	4 700	2 000	3 00
	乙产品	46 000	材料费	人工费	制造费用	其他直接支出
			34 000	6 600	4 000	1 400
	丙产品	42 000	材料费	人工费	制造费用	其他直接支出
			31 200	5 400	3 000	2 400
其他应收款	王军	5 000				
	张民	3 500				
	李杰	3 800				
	中华财险	5 500				
库存商品	甲产品	255 000	300件,每件850.00元			
	乙产品	252 500	500件,每件505.00元			
	丙产品	109 800	800件,每件137.25元			

	A 材料	151 000	2 000 千克,每千克 75.50 元
原材料	B 材料	122 760	1 800 千克,每千克 68.20 元
	C 材料	68 240	800 千克,每千克 85.30 元

3. 该公司 12 月份发生的有关经济业务如下:

(1) 12 月 1 日,开出现金支票,提取现金 2 000.00 元备用。

(2) 12 月 1 日,到秋林公司购买办公用品复写纸 5 本,每本 35.00 元。

(3) 12 月 2 日,开出现金支票,办理人事部主管邢敏因公出差预借差旅费 2 000.00 元。

(4) 12 月 3 日,向济南康达公司购入 A 材料一批,单价 72.50 元/千克,500 千克,增值税税率 13%,款项尚未支付。

(5) 12 月 3 日,收到深圳南方建设公司前欠销货款共计 100 000.00 元。

(6) 12 月 4 日,通过银行,转账支付上月应交税费,其中应交城市维护建设税及教育费附加 3 200.00 元,应交增值税 12 000.00 元。

(7) 12 月 5 日,向山东济南康达建设有限公司开出 3 个月到期的商业承兑汇票。

(8) 12 月 5 日,A 材料验收合格入库。

(9) 12 月 5 日,从吉林长春一汽购入奥迪车一辆,含税价 248 600.00 元,款项已汇出,汽车已交付使用。

(10) 12 月 8 日,收到西安华兴公司的投资款 100 000.00 元。

(11) 12 月 8 日,邢敏报销差旅费 1 850.00 元,交回现金 150.00 元。具体情况如下:

出差地点:西安至上海,火车交通费 295.00 元;返程同价。

住宿费:每天 200.00 元,出差 4 天,共计 800.00 元。

伙食补助费:每天 80.00 元,共计 320.00 元。

其他费用:电话费 100.00 元,出租车费 40.00 元。

(12) 12 月 8 日,从西安德新制造有限公司采购 B 材料一批,200 千克,单价 70.00 元/千克。开出转账支票,材料已经验收入库。

(13) 12 月 8 日,支付 B 材料的市内运输费 300.00 元。

(14) 12 月 9 日,开出欠据,欠下临时工王红得大楼清扫费 280.00 元。

(15) 12 月 9 日,就前欠杭州永光建设有限公司的采购款 120 000.00 元,到银行办理电汇手续。

(16) 12 月 9 日,支付银行电汇手续费 80.00 元。

(17) 12 月 10 日,开出转账支票,支付在环美大厦 5 楼 B 座的商务间房租 24 000.00 元,租期 1 年。

(18) 12 月 10 日,人事部主管邢敏报销业务招待费 2 800.00 元。

(19) 12 月 11 日,销售给大连红星商贸公司甲产品 200 件,售价 1 200.00 元/件,增值税税率 13%;乙产品 400 件,售价 700.00 元/件,增值税税率 13%,货已发出,办理托收承付手续。

(20) 12 月 11 日,开出现金支票,提取现金 450 000.00 元准备发放工资。

(21) 12 月 11 日,以现金发放工资。

(22) 12 月 12 日,在资产清查中发现设备机床 BH-23 型一台盘盈,评估价值 23 000.00 元。

（23）12月12日，收到银行通知，西安华泰商贸公司前欠销货款132 000.00元已转入银行账户。

（24）12月15日，向山东青岛新城区鲁能建设有限公司销售C材料800千克，售价95.80元/千克，增值税税率13%，代垫运杂费850.00元。运杂费开出转账支票，销售款尚未收到，材料已发出。

（25）12月15日，到嘉汇书城购买图书资料合计342.80元。

（26）12月16日，收到鲁能建设有限公司开出的3个月到期的商业承兑汇票。

（27）12月17日，在资产清查中发现C材料盘亏2千克，经决定由仓库保管员赔偿。

（28）12月17日，王军归还原个人欠款5 000.00元。

（29）12月18日，将5 000.00元现金存入银行。

（30）12月19日，支付本月车间库房租赁费3 065.00元。

（31）12月19日，分摊本月财产保险费1 200.00元，其中厂部摊销60%，车间摊销40%。

（32）12月22日，开出现金支票，支付朝阳广告制作工作室广告费1 200.00元。

（33）12月23日，向天津大沽有限责任公司销售丙商品600件，售价250.00元/件，增值税税率13%，货已发出。

（34）12月24日，收到银行通知，本月支付银行借款利息4 670.00元。

（35）12月25日，领用原材料A材料37 750元。

（36）12月26日，收到银行通知，本月银行存款利息结息5 213.00元。

（37）12月29日，收到银行通知，支付水费2 260.00元，其中增值税203.00元。85%计入车间，15%计入厂部。

（38）12月29日，收到银行通知，支付电费21 300.00元，其中增值税2 450.00元。电费80%计入车间，20%计入厂部。

（39）12月29日，预付明年全年报刊费500.00元。

（40）12月30日，分配本月工资费用，生产工人工资204 200元，其中甲产品负担62 480元，乙产品负担72 300元，丙产品负担69 420元；车间管理人员工资87 800元；厂部管理人员工资158 000元。

（41）12月30日，按照工资总额的14%计提福利费。

（42）12月30日，计提本月固定资产折旧1 708.00元。

（43）12月30日，归还中国工商银行短期借款本息合计200 000.00元。

（44）12月30日，按应收账款余额的5%计提坏账准备。

（45）12月31日，分配结转制造费用。

（46）12月31日，本月甲、乙、丙产品全部完工验收入库，结转本月完工产品成本。

（47）12月31日，结转本月已销产品成本（按照完工产品单位成本计算）。

（48）12月31日，计算本月应付的销售税金及附加。

（49）12月31日，结转本期损益类账户。

实训设计

1. 本实训约需3学时；
2. 上述业务原始凭证如下。

业务1

中国工商银行 现金支票存根	
VIII III 0004192	
科 目	银行存款
对方科目	库存现金
出票日期	2019年 12月 1日
收款人:	本单位
金 额:	2 000.00
用 途:	备用金
备 注:	
单位主管:李强 会计:孙志	

中国工商银行　现金支票　VIII III　0004192

出票日期(大写)贰零壹玖年壹拾贰月零壹日　付款行名称:中国工商银行 西安高新支行

收款人:西安兴华股份有限公司　出票人账号:29001587653304

人民币 (大写)	贰仟元整	亿	千	百	十	万	千	百	十	元	角	分
						¥	2	0	0	0	0	0

用途　备用金

上列款项请从
我账户内支付
出票人签章

本支票付款期限十天

复核 张文　记账 孙志

业务2

陕西省西安市商业零售普通发票

开票日期:2019年 12月 01日　　　　　　　No 05879354

购货单位(人)	名称	西安兴华股份有限公司	地址		西安高新区						
品名规格	单位	数量	单价	金额							
				千	百	十	万	千	百	十	元	角	分
复写纸	本	5	35.00						1	7	5	0	0
合计(大写)	壹佰柒拾伍元整								¥	1	7	5	0	0
销货单位	名称	秋林公司		纳税人识别号		610104755220385						
	地址	太华路140号		电话		029-86715485						

销货单位(盖章):　　收款人:王明　　复核:李栋　　开票人:赵明

第二联:发票联

业务3-1

中国工商银行 现金支票存根 Ⅷ Ⅲ 0004193	
科　目　**银行存款**	
对方科目　**其他应收款**	
出票日期 **2019** 年 **12** 月 **2** 日	
收款人：**王敏**	
金　额：**2 000.00**	
用　途：**差旅费**	
备　注：	
单位主管：**李强**　会计：**孙杰**	

中国工商银行　现金支票　Ⅷ Ⅲ 0004193

出票日期(大写) **贰零壹玖**年**壹拾贰**月**零贰**日　付款行名称：**中国工商银行**
西安高新支行

收款人：**邢敏**　　出票人账号：**2900158765330**

人民币 (大写)	**贰仟元整**	亿	千	百	十	万	千	百	十	元	角	分
						￥	2	0	0	0	0	0

用途　**差旅费**

上列款项请从
我账户内支付
出票人签章

复核　**张文**　　记账　**孙杰**

本支票付款期限十天

业务3-2

借　款　单

2019 年 12 月 2 日

借款单位	**人事部**	借款人	**邢敏**
借款事由	**因公出差**		
金　额	**人民币贰仟元整**	￥	**2 000.00**

借款部门负责人：**邢敏**　　会计主管：**李强**　　出纳：**陈燕**　　领款人：**邢敏**

业务4

济南市增值税专用发票

开票日期：**2019** 年 **12** 月 **3** 日　　发票联　　　　　No 05879354

购货单位	名称	西安兴华股份有限公司		税务登记号		2 1 0 2 3 3 0 0 0 7 9 5 5 2 6											
	地址、电话	西安市高新区 029-84697888		开户银行 及账号		工行高新支行 2900158765330											

货物或应税 劳务名称	规格 型号	计量 单位	数量	单价	金额								税率 %	税额						
					十	万	千	百	十	元	角	分		万	千	百	十	元	角	分
A材料	L1	千克	500	72.50		3	6	2	5	0	0	0	13		4	7	1	2	5	0
合计						￥	6	2	5	0	0	0	13	￥	4	7	1	2	5	0
价税合计	**肆万零柒佰陆拾贰元伍角零分**												￥40 962.50							
备注																				

销货单位	名称	济南康达公司	税务登记号	3 1 0 2 5 6 6 1 8 2
	地址、电话	济南市天桥区70号	开户银行及账号	工行天桥章阳分理处 022542112062

销货单位(盖章)：　　收款人：**李羽**　　复核：**王红**　　开票人：**赵娜**

第二联：发票联　购货方记账凭证

业务5

中国工商银行　信汇凭证　（收账通知）　4

委托日期贰零壹玖年壹拾贰月零叁日　　　　　　　　　号码：第3号

付款人	全称	深圳南方建设公司		收款人	全称	西安兴华股份有限公司		
	账号或地址	4011251156			账号	29001587653304		
	汇出地点	深圳东莞	汇出行名称	工商银行东莞支行		汇入地点	陕西西安高新区	汇入行名称	工商银行高新支行

托收金额	人民币（大写）壹拾万元整	千	百	十	万	千	百	十	元	角	分
			¥	1	0	0	0	0	0	0	0

汇款用途：购货款　　　　　　　留行待取预留和收款人印鉴

上列款项已代进账，如有错误，请持此联来行面洽　盖章

中国工商银行高新支行 转讫

2019 年 12 月 3 日

上列款项已照收无误

陈燕

收款人签章

2019 年 12 月 3 日

科目（借）

对方科目（贷）

汇入行解汇日期

2019 年 12 月 3 日

复核 张文　出纳 陈燕　记账 孙志

此联是收款人的收账通知或代取款收据

业务6-1

中华人民共和国税收通用缴款书

缴字（甲）：

国　隶属关系：

经济类型：

NO：2059004

收入机关：　　　　填发日期：2019 年 12 月 4 日

预算科目	款（税种）	增值税		缴款单位人	代码	210233000795526	
	项				全称	西安兴华股份有限公司	
	级次				开户银行	中国工商银行西安高新支行	
	收款国库				账号	29001587653304	

税款所属时期 2019 年 11 月 1 日～30 日　　　　税款限缴日期 2019 年 12 月 5 日

品目名称	课税数量	计税金额或销售收入	税率或单位税额	已缴或扣除项	实缴税额
增值税					12 000.00

金额合计　人民币（大写）壹万贰仟元整　　　¥12 000.00

中国工商银行高新支行 转讫

缴款单位（人）（盖章）　经办人（盖章）

税务机关（盖章）　持票人（盖章）

上列款项已收妥并划转收款单位账户

国库（银行）盖章 2019 年 12 月 4 日

备注：

第一联：（收据）国库（银行）收款盖章后退缴单位（人）作完税凭证

缴款单位电话：　　　逾期不缴按税法规定加收滞纳金　　　缴款单位所属行业

业务 6-2

中华人民共和国税收通用缴款书

缴字(甲):

国　隶属关系:　　　　　　　　　　　　NO:2059003

经济类型:

收入机关:　　　　　填发日期:2019 年 12 月 4 日

预算科目	款(税种)	城建税、教育费附加	缴款单位人	代码	210233000795526
	项			全称	西安兴华股份有限公司
	级次			开户银行	中国工商银行西安高新支行
	收款国库			账号	29001587653304

税款所属时期 2019 年 11 月 1 日～30 日　　　　税款限缴日期 2019 年 12 月 5 日

品目名称	课税数量	计税金额或销售收入	税率或单位税额	已缴或扣除项	实缴税额
城建税					2 000.00
教育费附加					1 200.00
金额合计	人民币(大写)叁仟贰佰元整				¥3 200.00

缴款单位(人)(盖章)
经办人(章)

税务机关(盖章)
持票人(章)

上列款项已收妥并划转收款单位账户
国库(银行)盖章 2019 年 12 月 4 日

备注:

中国工商银行高新支行转讫

缴款单位电话:　　　逾期不缴按税法规定加收滞纳金　　　缴款单位所属行业

第一联:(收据)国库(银行)收款盖章后退缴款单位(人)作完税凭证

业务 6-3

中国工商银行 转账支票存根 VIII III 0004188 科　目　银行存款 对方科目　应交税费 出票日期 2019 年 12 月 4 日 收款人:西安市国税局 金　额:15 200.00 用　途:交城建税、教育费附加和增值税 备　注: 单位主管:李强　会计:孙志	本支票付款期限十天

中国工商银行　转账支票　VIII III 0004188

出票日期(大写)贰零壹玖年壹拾贰月零肆日　付款行名称:中国工商银行西安高新支行

收款人:西安市国家税务局　　　出票人账号:29001587653304

人民币 (大写)	壹万伍仟贰佰元整	亿	千	百	十	万	千	百	十	元	角	分
						1	5	2	0	0	0	0

用途:交城建税、教育费附加和增值税

上列款项请从
我账户内支付
出票人签章

西安兴华公司财务专用章

复核　张文　　　记账　孙志

业务7

商业承兑汇票　2

签发日期贰零壹玖年壹拾贰月零伍日　　　　　　　　　　　　号码：第2号

付款人	全称	西安兴华股份有限公司	收款人	全称	山东济南康达建设有限公司
	账号或地址	西安高新区		账号	022542112062
	开户银行	中国工商银行西安高新支行		开户银行	工行天桥章阳分理处

汇票金额	人民币(大写)肆万零玖佰陆拾贰元伍角整	千	百	十	万	千	百	十	元	角	分
				¥	4	0	9	6	2	5	0

汇票到期日	2020年3月5日	合同号码	11-0781

本汇票已经本单位承兑,到期日
无条件支付票款。此致
收款人

负责：张莹　经办：陈号

负责：李强　经办：孙杰

业务8

西安兴华股份有限公司收料单

2019年12月5日　　　　　　　　　　　　　　　　　　　编号：1

材料			单位	数量		实际单价	材料金额	运杂费	合计
编号	名称	规格		发货票	实收				
02	A材料		千克	500	500	72.50	36 250.00	0	36 250.00

供货单位	济南康达公司	结算办法	商业承兑汇票	合同号	11-0781

主管：陈明　　　质量检验员：王鹏　　　仓库验收：张建　　　经办人：

业务9-1

中国工商银行　电汇凭证　（回单）1

☑普通　□加急　　　　　　委托日期 2019年12月5日

付款人	全称	西安兴华股份有限公司	收款人	全称	吉林长春一汽
	账号	29001587653304		账号	022542112067
	汇出地点	陕西省西安市		汇入地点	吉林省长春市
	汇出行名称	中国工商银行西安高新支行	汇入行名称		中国工商银行长春绿园区支行

金额	人民币(大写)贰拾肆万捌仟陆佰元整	千	百	十	万	千	百	十	元	角	分
			¥	2	4	8	6	0	0	0	0

中国工商银
行高新支行
转讫

	支付密码	
	附加信息及用途：	
汇出行签章	复核：张文	记账：孙杰

业务 9-2

长春市增值税专用发票

（国统一发票监制　国家发票监制）

开票日期：**2019年12月5日**　　　　　　　　　　　　　　No　05879356

购货单位	名称				西安兴华股份有限公司									税务登记号			2 1 0 2 3 3 0 0 0 7 9 5 5 2 6										
	地址、电话				西安市高新区 029-84697888									开户银行及账号			工行高新支行 29001587653304										

货物或应税劳务名称	规格型号	计量单位	数量	单价	金额									税率 %	税额						
					十	万	千	百	十	元	角	分		万	千	百	十	元	角	分
奥迪车	21型	辆	1	22000.00	2	2	0	0	0	0	0	0	13	2	8	6	0	0	0	0
合计					2	2	0	0	0	0	0	0	13	2	8	6	0	0	0	0

价税合计	贰拾肆万捌仟陆佰零拾零元零角零分	￥248 600.00
备注		

销货单位	名称	吉林长春一汽	税务登记号	3 1 0 2 5 6 6 1 8 4
	地址、电话	长春市绿园区76号	开户银行及账号	工行长春绿园区支行 02254112067

销货单位(盖章)：　　　　收款人：李宁　　　　复核：张力　　　　开票人：王虎

（第二联：发票联　购货方记账凭证）

- ✂

业务 10

中国工商银行　进账单　（收账通知）　**3**

2019年12月8日　　第1号

收款人	全称	西安兴华股份有限公司	付款人	全称	西安华兴公司
	账户	29001587653304		账号或地址	2578100342
	开户银行	工行西安高新支行		开户银行	工行西安枣园办事处

人民币(大写)　壹拾万元整	百 十 万 千 百 十 元 角 分	
	￥ 1 0 0 0 0 0 0 0	

票据种类	转支	收款人开户银行盖章
票据张数	1	

单位主管：李强　　会计：孙杰　　复核：张文　　记账：

（中国工商银行高新支行　收讫）

此联是银行给收款人的收账通知

业务 11-1

收　据

2019 年 12 月 8 日　　　　　　　　第 21 号

今收到邢敏		
人民币（大写）壹佰伍拾元整	现金收讫	￥150.00
		现金 ✓
事由：退回结余差旅费		支票第　　　号
收款单位	财务主管 李强	收款人 陈燕

业务 11-2

差旅费报销单

报销部门：人事部　　　　　　2019 年 12 月 8 日　　　　　附单据 5 张

姓　名	邢敏	职务	人事部主管	出差事由		因公出差	
起日	止日		项目	张数	金额	项目	天数	金　额
12.4	12.7		火车交通费	2	590.00	途中补助	4	320.00
			汽车交通费	1	40.00	住勤补助		
12.4	12.7		市内交通费			夜间乘车		
12.4	12.7		住宿费	1	800.00	其　他		
12.4	12.7		邮电费	1	100.00			
			小　计		1 530.00	小　计		320.00
合　计		（大写）壹仟捌佰伍拾零元零角零分				￥1 850.00		
批准		财务核准		财务审核 张文		部门审核		

业务 11-3

Y005766　　　　　　　西安（售）

西安——上海　　　　K10

2019 年 12 月 3 日 21:50 开 9 车 15 号下铺

全价 295 元　　新空调硬座直达快卧

限乘当日当次车

在 3 日内到达有效

业务 11－4

```
┌─────────────────────────────────────────────────┐
│ Y003311                              上海(售)       │
│                                                   │
│ 上海——西安                           K9            │
│                                                   │
│ 2019 年 12 月 7 日 22:50 开 5 车 10 号下铺          │
│                                                   │
│ 全价 295 元        新空调硬座直达快卧                 │
│                                                   │
│ 限乘当日当次车                                      │
│                                                   │
│ 在 3 日内到达有效                                    │
└─────────────────────────────────────────────────┘
```

业务 11－4

上海市住宿专用发票

开票日期:2019 年 12 月 7 日　　　　　　　　　　　　　　　　　　No 0365987

摘要	住宿起止日期	天数	单价	金额										
				千	百	十	万	千	百	十	元	角	分
住宿	12.4 起 12.7	4	200.00						8	0	0	0	0
合计(大写)		捌佰元整						¥	8	0	0	0	0

单位:上海市红星旅社　　　　　　　　　　　　　　　　　　收款员:吴纳

业务 11－5

陕西省电信有限公司收费专用发票

发票代码:261000740181
发票号码:A05649181

日期:2019 年 12 月 08 日

业务号码 13991273554	付费账户:82780328
客户名称 邢敏	
	通话费 100.00
合计金额(大写)壹佰元整	(小写)¥100.00

收款单位盖章:　　　　　　　　受理员:李曼　　　　　　　　收款人:王利

业务 11－6

```
西安市出租汽车专用发票
发票代码

2610107170B2
发票号码:37382756
监督电话:88024509
经营单位编号:00003
电话:82102200
证号:0609212
车号:陕A－U0022
日期:2019 年 12 月 03 日
上车:20:17
下车:21:00
单价:2.25 元
里程:17.67 公里
等候:00:04.33
金额:40.00 元
```

业务 12－1

西安兴华股份有限公司收料单

2019 年 12 月 8 日

编号:2

材料			单位	数量		实际单价	材料金额	运杂费	合计
编号	名称	规格		发货票	实收				
03	B材料		千克	200	200	70.00	14 000.00	300.00	14 300.00
供货单位	西安德新制造有限公司			结算办法		支票		合同号	11－0783

主管:陈明   质量检验员:王鹏   仓库验收:张建   经办人:

业务 12-2

西安市增值税专用发票

开票日期：**2019年12月8日**　　　　　　发票联　　　　　　No　05879354

购货单位	名称	西安兴华股份有限公司	税务总税务登记号	2 1 0 2 3 3 0 0 0 7 9 5 5 2 6
	地址、电话	西安市高新区 029-84697888	开户银行及账号	工行高新支行 2900158765330

货物或应税劳务名称	规格型号	计量单位	数量	单价	金额								税率 %	税额							
					十	万	千	百	十	元	角	分		万	千	百	十	元	角	分
B材料	L1	件	200	70.00		1	4	0	0	0	0		13		1	8	2	0	0	0
合计					¥	1	4	0	0	0	0		13	¥	1	8	2	0	0	0

价税合计	壹万伍仟捌佰贰拾零元零角零分	¥ 15 820.00
备注		

销货单位	名称	西安德新制造有限公司	税务登记号	3 1 0 2 5 6 6 1 8 4
	地址、电话	西安市高新区760号	开户银行及账号	工行高新支行 022542112064

销货单位(盖章)：　　　收款人：李华　　　复核：王美　　　开票人：赵南

第二联：发票联　购货方记账凭证

业务 12-3

中国工商银行 转账支票存根	中国工商银行　转账支票　Ⅷ Ⅲ 0004189
Ⅷ Ⅲ 0004189	出票日期(大写)贰零壹玖年壹拾贰月零捌日　付款行名称：中国工商银行 西安高新支行

中国工商银行 转账支票存根

Ⅷ Ⅲ 0004189

科　目　**银行存款**

对方科目　**原材料**

出票日期 **2019年12月8日**

收款人：**西安德新制造有限公司**

金　额：**15 820.00元**

用　途：**采购材料**

备　注：

单位主管：李强　会计：孙志

本支票付款期限十天

中国工商银行　转账支票　Ⅷ Ⅲ 0004189

出票日期(大写)贰零壹玖年壹拾贰月零捌日　付款行名称：中国工商银行 西安高新支行

收款人：西安德新制造有限公司　　　出票人账号：2900158765330

人民币（大写）	壹万伍仟捌佰贰拾元整	亿	千	百	十	万	千	百	十	元	角	分
					¥	1	5	8	2	0	0	0

用途 采购材料

上列款项请从我账户内支付

出票人签章

复核 张文　　　记账 孙志

业务13

陕西货物运输业统一发票

发票联

发票代码：221050510447

发票号码：10005623

开票日期：**2019 年 12 月 8 日**

机打代码 机打号码 机器编码	（略）	税控码	（略）
收货人及纳税人 识别号	西安兴华股份有限公司 210233000795526	承运人及纳税人 识别号	西安通达运输公司 （略）
发货人及纳 税人识别号	西安德新制造有限公司 （略）	主管税务机关 及代码	（略）
货物名称	货物名称 计费公里 数量 单位运价 金额 B材料 300.00	其他项目金额	
运费小计	￥300.00	其他费用小计	
合计人民币（大写）	叁佰元整		（小写）￥300.00

第二联 发票联 付款方记账凭证

业务14

欠 据

2019 年 12 月 9 日

今欠：王红得大楼清扫费 280.00 元	
人民币（大写）：贰佰捌拾元整	￥280.00
事由：	

财务主管：李强　　　复核：张文　　　记账：孙志　　　出纳：陈燕

业务15

中国工商银行　电汇凭证　（回单）　1

☑普通　　□加急

委托日期 **2019 年 12 月 9 日**

付款人	全　称	西安兴华股份有限公司	收款人	全　称	杭州永光建设公司
	账　号	29001587653304		账　号	26002210063021
	汇出地点	陕西省西安市		汇入地点	浙江省杭州市
汇出行名称		中国工商银行西安高新支行	汇入行名称		中国工商银行杭州凤凰支行

金额	人民币（大写）壹拾贰万元整	千	百	十	万	千	百	十	元	角	分
			￥	1	2	0	0	0	0	0	0

	支付密码	
汇出行签章	附加信息及用途：	
	复核：张文　　　记账：孙志	

业务 16

中国工商银行　　　　　　　　收费凭条

INDUSTRIAL AND COMMERCIAL BANK OF CHINA

2019 年 *12* 月 *09* 日

付款人名称	西安兴华股份有限公司			付款人账号		29001587653304								上述款项请从我账户中支付。
服务项目（凭证种类）	数量	工本费	手续费		小　计									
					十万	千	百	十	元	角	分		
电汇			80				8	0	0	0			
													预留印鉴：
合　计													
币种（大写）　捌拾元整								￥	8	0	0	0	

以下在购买凭证时填写

领购人姓名	陈燕	领购人证件类型　身份证
		领购人证件号码　610177197603230429

事后监督：　　　　　　　　　　　　　　　　　　　　　　　　　记账：高凯

- ✂

业务 17-1

| 中国工商银行
转账支票存根
Ⅷ Ⅲ 0004187

科　　目　银行存款
对方科目　管理费用
出票日期 2019 年 12 月 10 日

收款人：环美大厦
金　额：24 000.00 元
用　途：交租金
备　注：

单位主管：李强　会计：孙杰 | 本支票付款期限十天 | 中国工商银行　转账支票　　Ⅷ Ⅲ 0004190

出票日期（大写）　贰零壹玖年壹拾贰月壹拾日　付款行名称：中国工商银行
　　　　　　　　　　　　　　　　　　　　　　　西安高新支行
收款人：　　　　　　　　　　出票人账号：29001587653304 |

中国工商银行　转账支票　　Ⅷ Ⅲ 0004190

出票日期（大写）　贰零壹玖年壹拾贰月壹拾日　　付款行名称：中国工商银行　西安高新支行

收款人：　　　　　　　　　　　　　　出票人账号：29001587653304

人民币 （大写）　贰万肆仟元整	亿	千	百	十	万	千	百	十	元	角	分
				￥	2	4	0	0	0	0	0

用途 交租金

上列款项请从我账户内支付

出票人签章

复核 张文　　记账 孙杰

- ✂

业务 17-2　　　　　　陕西省西安市房屋出租专用发票

代码 221463673218

国家发票联

2019 年 12 月 10 日

No 20000723

承租人	西安兴华股份有限公司	地　　址	环美大厦马楼家物业管理公司
承租合同期限	壹年	租用性质	办公
所属期限	2019 年 1 月至 2019 年 12 月		
租金标准	年￥24 000.00	月￥24 000.00	
合计金额	贰万肆仟零佰零拾零元零角零分￥24 000.00		

第二联　付款方记账凭证

业务 18-1　　　　　　陕西省西安市服务业定额发票

国家发票联

地税监

查询电话：(021)12366-5

发票代码 355020341932
发票号码 0865378

顾客名称：

人民币金额　贰仟元

收款：
(盖章)
(顾客报销凭证)

使用范围：饮食业、娱乐业及其他服务业

收款单位

20　年　月　日

业务 18-2　　　　　　陕西省西安市服务业定额发票

国家发票联

地税监

查询电话：(021) 12366-5

发票代码 355020347312
发票号码 0865821

顾客名称：

人民币金额　伍佰元

收款：
(盖章)
(顾客报销凭证)

使用范围：饮食业、娱乐业及其他服务业

收款单位

20　年　月　日

业务 18 - 3

陕西省西安市服务业定额发票

查询电话：(021) 12366 - 5

地税监

发票代码 355020347312
发票号码 0865821

顾客名称：

　　人民币金额　　贰佰元

收款：
(盖章)
(顾客报销凭证)

收款单位

20　　年　月　日

　　使用范围：饮食业、娱乐业及其他服务业

业务 18 - 4

陕西省西安市服务业定额发票

查询电话：(021) 12366 - 5

地税监

发票代码 355020347312
发票号码 0865821

顾客名称：

　　人民币金额　　壹佰元

收款：
(盖章)
(顾客报销凭证)

收款单位

20　　年　月　日

　　使用范围：饮食业、娱乐业及其他服务业

业务 19 - 1

西安市增值税专用发票

开票日期：2019 年 12 月 11 日　　　　　　　　　　　No　05876231

购货单位	名称	大连红星商贸公司				税务登记号	2	5	2	5	7	6	9	0	0	8
	地址、电话	大连海滨路 89 号				开户银行及账号			27321552317600							

货物或应税劳务名称	规格型号	计量单位	数量	单价	金额									税率(%)	税额						
					十万	万	千	百	十	元	角	分		万	千	百	十	元	角	分
甲产品		件	200	1200	2	4	0	0	0	0	0	0	13	3	1	2	0	0	0	0
乙产品		件	400	700	2	8	0	0	0	0	0	0	13	3	6	4	0	0	0	0
合计					5	2	0	0	0	0	0	0	13	6	7	6	0	0	0	0
价税合计	伍拾捌万柒仟陆佰零捌圆元零角零分													￥587 600.00						
备注																				
销货单位	名称	西安兴华股份有限公司				税务登记号	2	1	0	2	3	3	0	0	0	7	9	5	5	2	6
	地址、电话	西安市高新区 029 - 84697888				开户银行及账号			29001587653304							

销货单位(盖章)：　　　　收款人：　　　　复核：张文　　　　开票人：孙志

第四联　销售单位记账联

业务 19 - 2

商品出库单

2019 年 12 月 11 日

购货单位	大连红星商贸公司		提货单号			发票号		
货号	名称	型号规格	单位	数量		进货成本		提货方式
				发票	实付	单价	金额	
	甲产品		件		200			
	乙产品		件		400			
备注								

仓库负责人：陈明　　　　保管员：张建　　　　提货人：

业务 19-3

托收承付凭证(回　单)　1　托收号码：

委托日期　2019 年 12 月 11 日

付款人	全　称	大连红星商贸公司	收款人	全　称	西安兴华股份有限公司		
	账号或地址	27321552317600		账　号	29001587653304		
	开户银行	工商大连海滨路支行		开户银行	工商西安高新支行	行号	

托收金额	人民币(大写)伍拾捌万柒仟陆佰零拾零元零角零分	千	百	十	万	千	百	十	元	角	分
			￥	5	8	7	6	0	0	0	0

附　件	商品发运情况	合同名称号码
附寄单证张数或册数		
备注：	款项收妥日期 年　月　日	中国工商银行高新支行转讫 收款人开户银行盖章　12 月 11 日

此联是收款人开户银行给收款人的回单通知

业务 20

中国工商银行 现金支票存根 ⅧⅢ 0004194 科　目　银行存款 对方科目　库存现金 出票日期 2019 年 12 月 11 日 收款人：兴华公司 金　额：450 000.00元 用　途：支付工资 备　注： 单位主管：李强　会计：孙杰	本支票付款期限十天

中国工商银行　现金支票　ⅧⅢ 0004194

出票日期(大写)贰零壹玖年壹拾贰月壹拾壹日　付款行名称：中国工商银行西安高新支行

收款人：　　　　　　　　　　　出票人账号：29001587653304

人民币 (大写)	肆拾伍万元整	千	百	十	万	千	百	十	元	角	分
			￥	4	5	0	0	0	0	0	0

用途：支付工资

上列款项请从我账户内支付　出票人签章　西安兴华股份有限公司财务专用章

复核 张文　记账 孙杰

业务 21

工资结算汇总表

2019 年 *12* 月 *11* 日

单位:元

人员	工资				加班		补贴	应付工资	本月增加		本月扣除				实发工资
	工时	岗位工资	能效工资	效益工资	工时	工资	工龄	交通		医疗		宿舍	公积金	个调税	会费	
										职工	家属					
生产工人: 甲产品 乙产品 丙产品																
										(略)						
车间管理人员																
行政管理人员																
合计																450 000.00

主管:*李强*　　　　　　　审核:*张文*　　　　　　　制表:*孙杰*

业务 22

固定资产盘盈盘亏报告表

部门:　　　　　　　　*2019* 年 *12* 月 *12* 日

固定资产编号	固定资产名称	盘盈			盘亏			毁损			原因
		数量	重置价值	估计已提折旧	数量	原价	已提折旧	数量	原价	已提折旧	
BH-23	*机床*	*1*	*23 000.00*								
合计			*23 000.00*								
处理意见	使用部门		清查小组			审批部门					
						同意　　刘怡					

业务 23

中国工商银行　进账单　（收账通知）　3

2019 年 12 月 12 日　第 1 号

收款人	全称	西安兴华股份有限公司	付款人	全称	西安华泰商贸公司									
	账户	29001587653304		账号或地址	25781003429361									
	开户银行	工行西安高新支行		开户银行	工行兴庆路办事处									
人民币（大写）壹拾叁万贰仟元整						百	十	万	千	百	十	元	角	分
							¥	1	3	2	0	0	0	0
票据种类		转支		收款人开户银行盖章										
票据张数		1												
单位主管：钱颖　会计：　复核：　记账：赵梅														

（中国工商银行高新支行 转讫）

此联是银行给收款人的收账通知

业务 24－1

西安市增值税专用发票

（全国统一发票监制　国家税务总局监制）

开票日期：2019 年 12 月 15 日　　　　　　　　　　　No 05379312

购货单位	名称	鲁能建设有限公司		税务登记号		6	4	0	2	3	3	0	2	0	7	9	1	1	3	9
	地址、电话	山东青岛新城区 0532-84685381		开户银行及账号		工行新城支行 22001345216511														

货物或应税劳务名称	规格型号	计量单位	数量	单价	金额								税率（%）	税额						
					十	万	千	百	十	元	角	分		万	千	百	十	元	角	分
C 材料	Q1	千克	800	95.80		7	6	6	4	0	0	0	13		9	9	6	3	2	0
合计					¥	7	6	6	4	0	0	0	13		9	9	6	3	2	0
价税合计	捌万陆仟陆佰零叁元贰角分								¥ 86 603.20											
备注																				
销货单位	名称	西安兴华股份有限公司		税务登记号		2	1	0	2	3	3	0	0	0	7	9	5	5	2	6
	地址、电话	西安市高新区 029-84697888		开户银行及账号		工行高新支行 29001587653304														

销货单位（盖章）：　　　收款人：　　　复核：张文　　　开票人：孙志

（西安兴华股份有限公司 财务专用章）

第四联：记账联　销货方记账凭证

业务 24-2

领 料 单

2019 年 12 月 15 日

领料部门				用途			
材　料			单位	领料数量		计划价格	
编号	名称	规格		申请	实发	单价	总价
1	C 材料		千克		800	68.20	54 560.00
合计							54 560.00

主管：陈明　　　　　　　　　　发料：张建　　　　　　　　　　领料：

第二联：记账联

业务 24-3

中国工商银行
转账支票存根

Ⅷ Ⅲ 0006342

科　目　银行存款
对方科目　应收账款
出票日期 2019 年 12 月 15 日

收款人：齐鲁货运
金　额：850.00 元
用　途：运杂费
备　注：

单位主管：李强　会计：孙走

本支票付款期限十天

中国工商银行　**转账支票**　　　Ⅷ Ⅲ 0006342

出票日期(大写)　*贰零壹玖年壹拾贰月壹拾伍日*　付款行名称：中国工商银行
西安高新支行

收款人：齐鲁货运公司　　　　出票人账号：29001587653304

人民币(大写)	捌佰伍拾元整	亿	千	百	十	万	千	百	十	元	角	分
							¥	8	5	0	0	0

用途　支付运杂费

上列款项请从
我账户内支付
出票人签章

西安兴华
股份有限
公司财务
专用章

复核 张文　　　　　记账 孙走

业务 24 - 4

山东货物运输业统一发票

发票代码:221050510423
发票号码:10005624

开票日期:**2019** 年 **12** 月 **15** 日

机打代码 机打号码 机器编码	（略）	税控码	（略）
收货人及纳税人识别号	**山东鲁能建设有限公司** **640233020791139**	承运人及纳税人识别号	**齐鲁运输公司** （略）
发货人及纳税人识别号	**西安兴华股份有限公司** **210233000795526**	主管税务机关及代码	
货物名称	货物名称 计费公里 数量 单位运价 金额 **C 材料**　　　　　　　　　　**850.00**	其他项目金额 备注:	
运费小计	**￥850.00**	其他费用小计	
合计人民币（大写）	**捌佰伍拾元整**		（小写）**￥850.00**

第二联　发票联　付款方记账凭证

业务 25

西安市新华书店普通发票

陕国税西字(07)商业三联
2019 年 **12** 月 **15** 日

发票代码:161010721330
发票号码:00743422

购货单位(人)	名称	**西安兴华股份有限公司**	地址	**西安高新区**							
品名规格			单位	数量	单价	金额					
						万	千	百	十	元	角	分
书								3	4	2	8	0
						￥		3	4	2	8	0
折扣	实价	合计(大写)		⊗万⊗仟叁佰肆拾贰元捌角零分								
销货单位	名称	**嘉汇书城**	纳税人识别号	**61000123456874**								
	地址	**西安市解放路**	电话	**029 - 85642137**								

开票　**刘英**　　　　　　　复核　　　　　　　销货单位(章)

第二联　发票联　付款方记账凭证

业务 26

商业承兑汇票 2

签发日期 **2019 年 12 月 16 日**   号码：第 2 号

付款人	全 称	鲁能建设有限公司	收款人	全 称	西安兴华股份有限公司
	账号或地址	22001345216511		账 号	29001587653304
	开户银行	工行新城支行		开户银行	工行高新支行

汇票金额	人民币(大写)玖万贰仟伍佰壹拾捌元捌角零分	千 百 十 万 千 百 十 元 角 分
		¥ 9 2 5 1 8 8 0

汇票到期日　2020 年 3 月 16 日

本汇票已经本单位承兑,到期日
无条件支付票款, 此致
付款人

孙 杰

王 平

负责：李强　　经办：孙志　　　　　　　负责：张林　　经办：王平

✂

业务 27

实存账存对比表

单位名称：　　　　　　　　　　　　　　　　　　　　　　　　　　　　**2019 年 12 月 17 日**

序号	名称	规格型号	计量单位	单价	实存		账存		实存与账存对比				备注
									盘盈		盘亏		
					数量	金额	数量	金额	数量	金额	数量	金额	
1	C材料		千克	85.3	548	46 744.4	550	46 915			2	170.6	保管不善
	金额合计					46 744.4		46 915				170.6	

盘点人签章：张健　　　　　　　　　　　　　　　　　　　　　会计签章：孙志

✂

业务 28

收 据

2019 年 12 月 17 日   第 1 号

今收到	王平			
人民币(大写)伍仟元整		¥5 000.00	现金	✓
	现金收讫		支票第	号
事由：	归还借款			
收款单位	西安兴华股份有限公司	财务主管 李强	收款人	陈燕

第二联：记账凭证

✂

业务 29

中国工商银行　现金存款单 （回单） ①

收款日期：贰零壹玖年壹拾贰月壹拾捌日

交款单位	全称	西安兴华股份有限公司	账号	2900158763304						
	开户银行	中国工商银行西安高新支行	款项来源	库存						
人民币（大写）		伍仟元整			千	百	十	元	角	分
				￥	5	0	0	0	0	0
现金收讫		出纳复核员：陈燕 出纳复核员：张文								

中国工商银行高新支行 收讫

业务 30－1

中国工商银行 现金支票存根 Ⅷ Ⅲ 0004195
科　目　银行存款
对方科目　管理费用
出票日期 2019 年 12 月 19 日
收款人：朝阳广告制作工作室
金　额：3 065.00
用　途：广告费
备　注：
单位主管：李强　会计：张文

中国工商银行　转账支票　Ⅷ Ⅲ 0004191

出票日期(大写)贰零壹玖年壹拾贰月壹拾玖日　付款行名称：工行高新支行

收款人：西安德安厂　出票人账号：2900158763304

人民币 （大写）	叁仟零陆拾伍元整	亿	千	百	十	万	千	百	十	元	角	分
							￥	3	0	6	5	0	0

用途：支付租金

本支票付款期限十天

上列款项请从我账户内支付

出票人签章

西安兴华股份有限公司财务专用章

复核 张文　　记帐 孙志

业务 30－2

陕西省西安市房屋出租专用发票

代码 221463673218

No 20000723

陕西　发票联　国家税务总局监制

2019 年 12 月 10 日

承租人	西安兴华股份有限公司	地址	高新4路50号
承租合同期限	壹月	租用性质	存放材料
所属期限	2019 年 12 月至 2019 年 12 月		
租金标准	年￥3 065.00	月￥3 065.00	
合计金额	叁仟零佰陆拾伍元零角零分￥3 065.00		

西安德安厂　财务专用章

业务31

预付费用分配表

2019 年 12 月 19 日

项目 车间、部门	保险费				
	实际支出	分摊期	本期分摊		
生产车间			480.00		
企业管理部门			720.00		
合计					

主管:李强　　　　　　　审核:张文　　　　　　　制表:孙志

- ✄

业务 32－1

陕西省西安市广告业专用发票

客户名称:西安兴华股份有限公司　　收款日期:2019 年 12 月 22 日　　　　陕税(01)第 2 版(3)

项 目	单位	数量	单价	金额									
				千	百	十	万	千	百	十	元	角	分
							¥	1	2	0	0	0	0
合计(大写)	壹仟贰佰元整						¥	1	2	0	0	0	0

收款单位(盖章):朝阳广告制作工作室　　　　　　开票人:张军

- ✄

业务 32－2

中国工商银行 现金支票存根 Ⅷ Ⅲ 0004195 科　目　库存现金 对方科目　销售费用 出票日期 2019 年 12 月 22 日 收款人:朝阳广告制作工作室 金　额:1200.00 用　途:广告费 备　注: 单位主管:李强　会计:张文	本支票付款期限十天

中国工商银行　**现金支票**　　Ⅷ Ⅲ 0004195

出票日期(大写)贰零壹玖年壹拾贰月贰拾贰日　付款行名称:工行高新支行
收款人:朝阳广告制作工作室　　出票人账号:2900158765304

人民币 (大写)	壹仟贰佰元整	亿	千	百	十	万	千	百	十	元	角	分
							¥	1	2	0	0	0	0

用途　支付广告费

上列款项请从我账户内支付
出票人签章

复核 张文　　记帐 孙志

业务 33－1

西安市增值税专用发票

开票日期：**2019 年 12 月 23 日**

No 05376231

购货单位	名称	天津大沽有限责任公司		税务登记号			1 2 5 2 3 3 0 1 0 7 9 2 2 8 9								
	地址、电话	天津北城路 29 号		开户银行及账号			27732458647600								
货物或应税劳务名称	规格型号	计量单位	数量	单价	金额								税率(%)	税额	

货物或应税劳务名称	规格型号	计量单位	数量	单价	百	十	万	千	百	十	元	角	分	税率(%)	万	千	百	十	元	角	分
丙产品		件	600	250		1	5	0	0	0	0	0	0	13	1	9	5	0	0	0	0
合计						¥	1	5	0	0	0	0	0	13	1	9	5	0	0	0	0

价税合计	壹拾陆万玖仟伍佰零拾零元零角零分	¥169 500.00
备注		

销货单位	名称	西安兴华股份有限公司	税务登记号	2 1 0 2 3 3 0 0 0 7 9 5 5 2 6
	地址、电话	西安市高新区 029-81697888	开户银行及账号	工行高新支行 2900158765304

销货单位(盖章)： 收款人： 复核： 开票人：**王江海**

第四联：记账联 销货方记账凭证

业务 33－2

商 品 出 库 单

2019 年 12 月 29 日

购货单位	大连红星商贸公司		提货单号			发票号		
货号	名称	型号规格	单位	数量		进货成本		提货方式
				发票	实付	单价	金额	
	丙产品		件		600			
备注								

仓库负责人：**陈明** 保管员：**张建** 提货人：

业务34

中国工商银行(贷款)利息转账专用传票

科目：   2019 年 12 月 24 日   No 05879353

收入利息单位	单位名称	工商银行	支付利息单位	单位名称	西安兴华股份有限公司									
	账 号			账号	29001587653304									
利息金额	人民币（大写）	肆仟陆佰柒拾元整				百	十	万	千	百	十	元	角	分
								¥	4	6	7	0	0	0
计息存、贷款户账号		286－54024－028		上列利息金额已如数收付你单位结算帐户 中国工商银行高新支行 转讫 开户银行盖章										
计算利息起讫时间		11月24日起 12月24日止												
计息基数														
备注		借款利息												

单位主管 李强   总会计   会计 张文   复核   记账 孙杰   制单

业务35

领 料 单

2019 年 12 月 25 日

领料部门				生产车间		用途	生产用	
材 料			单位	领料数量		计划价格		
编号	名称	规格		申请	实发	单价	总价	
	A 材料		千克	500	500	75.5	37 750.00	
合计							37 750.00	

主管：陈明   发料：张健   领料：王庆

业务36

中国工商银行(存款)利息转账专用传票

科目：　　　　　　　　　　　　　2019 年 12 月 26 日　　　　　　　　　　No　05879354

收入利息单位	单位名称	西安兴华股份有限公司	支付利息单位	单位名称									
	账　号	29001587653304		账　号									
利息金额	人民币(大写)	伍仟贰佰壹拾叁元整			百	十	万	千	百	十	元	角	分
							￥	5	2	1	3	0	0
计息存、贷款户账号		286-54024-030	上列利息金额已如数收付你单位结算账户										
计算利息起讫时间		11月26日起 12月26日止	中国工商银行高新支行 转 讫 开户银行盖章										
计息基数													
备注		存款利息											

单位主管　李强　　　总会计　　　会计　张文　　　复核　　　记账　孙杰　　　制单

第一联：放存款息代收款通知联 存款息息代支款通知通知联

业务37-1

西安市自来水公司水费发票联

单位名称	西安兴华股份有限公司		
单位地址	西安高新区		
开户行	中国工商银行西安高新支行	账号	29001587653304
指针	6598	项目	金额
水量	3000	自来水费	￥2 260.00
人口	0	附加水费	0
户数	0	合计	￥2 260.00
金额(大写)	贰仟贰佰陆元整		

自来水公司　　　　　　　　　　电话：88662211　　　　　　　　查收员：李阳

业务 37－2　　　　　　　　**托 收 承 付 凭 证**（承付支款通知）　　**5**

托收号码:22

第 4 号　　　　　　委托日期 2019 年 12 月 29 日　　　　付款期限 2019 年 12 月 31 日

付款人	全称	西安兴华股份有限公司	收款人	全称	市自来水公司
	账号或地址	西安高新区		账号	789000－32
	开户银行	中国工商银行西安高新支行		开户银行	建设银行

托收金额	人民币(大写)**贰仟贰佰陆元整**		千	百	十	万	千	百	十	元	角	分
						￥	2	2	6	0	0	0

款项内容	水费	委托收款凭证名称	水费收据	附寄单证张数	1

备注:电划

付款人注意:
1. 根据结算办法,上列托收款项,如在承付期限内未拒付时,即视同全部同意承付。以此联代付款通知。
2. 如需提前付款或多付款时,应另写书面通知送银行办理。
3. 如系全部或部分拒付,应在付款期限内另填拒付理由书送银行办理。

（印章：中国工商银行高新支行 转讫）

--✂

业务 38－1

西安市供电局电费收据　　　No　670988

人民币(大写)**贰万壹仟叁佰元整**　　￥21 300.00

上款系:收 12 月电费(其中包括税金 2 450.00 元)

收款单位:西安市供电局

单位公章　　　　　　　　　　　　　　　　　收款人:刘齐

（印章：西安市供电局 收费专用章）

--✂

业务 38 - 2

托收承付凭证（承付支款通知）　5

托收号码：23

第 5 号　　　　　　　委托日期 2019 年 12 月 29 日　　　　付款期限 2019 年 12 月 31 日

付款人	全称	西安兴华股份有限公司	收款人	全称	市供电局
	账号或地址	西安高新区		账号	34598702
	开户银行	中国工商银行西安高新支行		开户银行	建设银行

托收金额	人民币（大写）贰万壹仟叁佰元整	千	百	十	万	千	百	十	元	角	分
			¥	2	1	3	0	0	0	0	

款项内容	电费	委托收款凭证名称	电费收据	单证张数	1

备注：款项内含增值税 2 450.00 元

付款人注意：
1. 根据结算办法，上列托收款项，如在承付期限内未拒付时，即视同全部同意承付。以此联代付款通知。
2. 如需提前付款或多付款时，应另写书面通知送银行办理。
3. 如系全部或部分拒付，应在付款期限内另填拒付理由书送银行办理。

（中国工商银行高新支行转讫）

- ✂

业务 39 - 1

中国工商银行 转账支票存根 Ⅷ Ⅲ 0004187	本支票付款期限十天	中国工商银行　转账支票　　Ⅷ Ⅲ 0004192

中国工商银行　转账支票　　Ⅷ Ⅲ 0004192

科　目　银行存款
对方科目　待摊费用
出票日期 2019 年 12 月 29 日

收款人：邮政局
金　额：500.00
用　途：预付报刊费
备　注：

出票日期（大写）贰零壹玖年壹拾贰月贰拾玖日　付款行名称：工行高新支行
收款人：　　　　　　　　　　　　出票人账号：2900158765304

人民币 （大写）	伍佰元整	亿	千	百	十	万	千	百	十	元	角	分
							¥	5	0	0	0	0

用途 _____

上列款项请从
我账户内支付
出票人签章

（西安兴华股份有限公司财务专用章）

单位主管：李强　　会计：孙杰

复核 张文　　记账 孙杰

业务 39－2

中国邮政公司报刊费收据

户名：西安兴华股份有限公司　　2019 年 12 月 29 日

刊名	刊号	起止订期	订阅分数	单价	金额
《人民日报》等		2019.01.01～06.30	10	50.00	500.00
金额（大写）人民币：伍佰元整					
盖章：				2019 年 12 月 16 日	

开票人：陈孝行　　　　　　　　　　　　　　　　　　收款人：李娜

业务 40

工资费用分配汇总表

2019 年 12 月 30 日　　　　　　　　　　　　　　　单位：元

应借科目	应贷科目：应付职工薪酬			
	生产工人	车间管理人员	厂部管理人员	合计
生产成本——甲产品	62 480			
——乙产品	72 300			
——丙产品	69 420			
制造费用		87 800		
管理费用			158 000	
合计	204 200	87 800	158 000	450 000

主管：李强　　　　　　　审核：张文　　　　　　　制表：孙杰

业务 41

职工福利费计算表

2019 年 12 月 31 日　　　　　　　　　　　　　金额单位：元

分配部门		计提依据（工资总额）	计算标准（%）	计提福利费金额
生产工人	甲产品	62 480		8 747.2
	乙产品	72 300		10 122
	丙产品	69 420	14	9 718.8
车间管理人员		87 800		12 292
行政管理人员		158 000		22 120
合计		450 000		63 000

主管：李强　　　　　　　审核：张文　　　　　　　制表：孙杰

业务 42

固定资产折旧计算表

2019 年 12 月份

使用部门	固定资产原值(元)			折旧率 (%)	上月折旧 总额	本月增加 折旧	本月减少 折旧	本月应提 折旧
	上月初	上月增加	上月减少					
	(略)							
合计								1 708.00

主管:*李强*   审核:*张文*   制表:*孙志*

-->✂

业务 43

中国工商银行   还款凭证

INDUSTRIAL AND COMMERCIAL BANK OF CHINA

2019 年 12 月 30 日   № 0020220

银行打印																		

客户填写	付款人	姓 名	*西安兴华股份有限公司*		收款人	姓 名	*中国工商银行西安高新支行*												
		还款帐号	*29001587653304*			还款帐号	*(略)*												
		开户行	*中国工商银行西安高新支行*			开户行	*(略)*												
	贷款帐号					贷款种类													
	合同编号					借据序号													
	还款方式		按金额□ 按期数□			还款期数													
	还款金额		人民币(大写)*贰拾万元整*					千 百 十 万 千 百 十 元 角 分 ¥ 2 0 0 0 0 0 0 0										
	还款类型		提前还款□✓ 归还逾期□ 归还当期利息□ 违约金□																
	其中:提前还款		一次性还清□ 提前部分还款□ 贷款转出结清□ 归还当期本息□✓																
	提前还款后选择		还款期内仍继续扣款□ 还款期内不再扣款□ 缩短还款期□✓																
	备注:					客户签字:*(略)*													

-->✂

业务44

坏账准备计算表

2019 年 12 月 30 日

金额单位:元

"坏账准备"账户期初余额	本期增加	本期减少	本期提取	"坏账准备"账户期末余额
0	3 035.70		3 035.70	3 035.70
"应收账款"账户期末余额	提取坏账准备比例(%)	可提取	备注	
1 011 900.00	5	3 035.70	其他应收款不提取	

主管:李强　　　　　　　　　　审核:张文　　　　　　　　　　制表:孙志

- >8

业务45

制造费用分配表

2019 年 12 月 31 日

金额单位:元

产品名称	分配标准(工时)	分配率(%)	分配金额
甲产品	240	30	36 779.40
乙产品	300	37.5	45 974.25
丙产品	260	32.5	39 844.35
合计	800	100	122 598.00

主管:李强　　　　　　　　　　审核:张文　　　　　　　　　　制表:孙志

- >8

业务46-1

产品成本计算单

2019 年 12 月

金额单位:元

成本项目	甲产品		乙产品		丙产品	
	总成本(190件)	单位成本	总成本(360件)	单位成本	总成本(1 220件)	单位成本
直接材料	44 000		43 550		40 400	
直接工资	75 927.2		89 022		84 538.8	
其他直接支出	300		1 400		1 400	
制造费用	36 779.40		49 974.25		39 844.35	
合计	157 006.60	845.78	183 946.25	503.96	166 183.15	130.91

主管:李强　　　　　　　　　　审核:张文　　　　　　　　　　制表:孙志

- >8

业务 46 - 2

完工产品入库单

物资类别:成品　　　　　　　　　2019 年 12 月 31 日　　　　　　　　　编号:

交货单位或部门:		生产车间		生产单号码			验收入库
名称及规格	计量单位	数量		实际成本			
		应交	实收	单价	金额	杂费	合计
甲产品	件	188	188	845.78	159 006.60		159 006.60
乙产品	件	365	365	503.96	183 946.25		183 946.25
丙产品	件	1 300	1 300	130.91	170 183.15		170 183.15
合计							513 136.00
检验结果	合格						
备注							

记帐:孙杰　　　　　验收:王鹏　　　　　仓库:陈明　　　　　交货:张建

业务 47

销售商品成本计算表

2019 年 12 月

金额单位:元

发票日期	发票号码	购货单位	销售成本		发票日期	发票号码	购货单位	销售成本
(略)	(略)	(略)	甲产品　　乙产品　　丙产品	169 156.00 201 584.00 78 546.00				
合计			449 286.00					

主管:李强　　　　　审核:张文　　　　　制表:孙杰

业务 48

城市维护建设税及教育费附加计算表

2019 年 12 月 31 日

金额单位:元

项目	计税金额	税率(%)	应交金额
城市维护建设税	118 386.3	7	8287.04
教育费附加	118 386.3	3	3 551.59
合计			11 838.63

主管:李强　　　　　审核:张文　　　　　制表:孙杰

业务 49

损益类账户发生额表

2019 年 12 月

金额单位：元

账户名称	借方发生额	贷方发生额	净发生额
主营业务收入		670 000	670 000
其他业务收入		76 640	76 640
营业外收入		23 000	23 000
主营业务成本	449 286.00		（449 286.00）
其他业务成本	54 560.00		（54 560.00）
营业税金及附加	11 838.63		（11 838.63）
管理费用	216 314.80		（216 314.80）
销售费用	1 200.00		（1 200.00）
财务费用	4 750.00	5 213	463
资产减值损失	3 35.7		
营业外支出	280.00		
合计	741 265.13	774 853.00	33 587.87

主管：李强　　　　　　审核：张文　　　　　　制表：孙杰

实训要求

1. 建账。
2. 填制自制原始凭证和记账凭证
3. 登记相关日记账、明细分类账以及总分类账。
4. 对账和结账，并编制试算平衡表。
5. 编制资产负债表和利润表。

实训设计

1. 实训时间约需 4 学时。

2. 本项实训所需记账凭证、现金日记账、银行存款日记账、总账、明细分类账页以及会计报表以实际为主。

3. 上述经济业务所列原始凭证如上所示。（注：自制原始凭证需先进行审核）

下篇 信息化操作

项目一 会计电算化信息系统的管理

- ◆ 了解 U8 V10.1 系统管理操作界面和主要功能。
- ◆ 掌握账套基本作用及建立企业账套的方法。
- ◆ 掌握用户权限权限设置。
- ◆ 掌握账套引入与输出方法。

任务一 系统管理概述

系统管理是用友 U8 中一个非常特殊的组成部分。它的主要功能是对各个产品进行统一操作管理和数据维护,具体包括账套管理、年度账管理、操作员及权限的集中管理、系统数据及运行安全管理等方面。只有系统管理员和账套主管才能登录系统管理。

用友财务软件规定最多可以建立 999 个套账,账套编号从 001 到 999。不同的账套数据之间彼此独立,没有丝毫关联。一般来说,可以为每一个独立核算的单位建立一个账套,也可以同时为多个企业(或企业内多个独立核算的部门)分别建账。账套是由年度账组成的。每个账套中一般存放不同年度的会计数据,为方便管理,不同年度的数据存放在不同的数据表中,即为年度账。

任务二 系统管理功能

1. 账套管理

账套管理一般包括账套的建立、修改、删除、引入和输出等。引入和输出即通常所指的数据的恢复和备份。

(1)建立账套。

只有系统管理员可以建立账套,建账过程在建账向导引导下完成;新建账套号不能和已建账套号重复,账套名称可以是核算单位的简称;单位信息中,"单位名称"是必须录入的,且应为企业的全称。必须录入的信息以蓝色字体标识,将随时显示在当前操作的财务软件界面上。账套启用会计期为启用财务软件开始处理会计业务的日期,启用会计期不能在系统日期之后。

账套号是账套的唯一标识,可以自行设置 3 位数字,但不允许与已存账套的账套号重复,账套号设置后将不允许修改;账套名称是账套的另外一种标识方法,它将与账套号一起显示在系统正在运行的屏幕上,账套名称可以自行设置,并可以由账套主管在修改账套功能中进行修改;建立账套时系统会将启用会计期自动默认为系统日期,应注意根据所给资料修改,否则将会影响到企业的系统初始化及日常业务处理等内容的操作。

（2）引入账套。

引入账套功能是指将系统外某账套数据引入本系统之中。对于集团公司来说,可以将子公司账套数据定期引入母公司系统中,以便进行有关账套数据分析和合并工作。

（3）账套输出。

账套输出功能是将所选的账套数据做一个备份,以避免计算机故障或系统损坏而造成的数据丢失损失。账套输出时,输出两个文件:UfErpAct.Lst 为账套信息文件,UFDATA.BAK 是账套数据文件。

2. 年度账管理

把企业数据按年度划分,称为年度账。年度账管理是指一个账套包含了企业所有数据,年度账不同于账套。用户不仅可以建立多个账套,每个账套中还可以存放不同年度的年度账,这样对不同核算单位、不同时期数据,就很方便地操作。年度账管理包括年度账的建立、清空、引入、输出和结转上年数据等。

3. 用户权限管理

权限是指赋予操作员对软件某项功能的使用权。通过对操作分工和权限管理,一方面可以避免与业务无关的人员进入系统,另一方面可以对系统所含各个模块的操作进行协调,以保证各负其责,流程顺畅。操作员管理包括操作员增加、修改、删除等操作。操作员管理权限包括操作员权限的增加、修改、删除等操作。

（1）角色与用户。

角色是指在企业管理中拥有某一类职能的组织。这个角色组织可以是实际的部门,也可以是由拥有同一类职能的人构成的虚拟组织。"角色"是软件为加强企业内部控制而设置的。设置角色便于根据职能统一进行权限的划分,方便授权。例如,实际工作中最常见的会计和出纳两个角色,设置角色之后,就可以定义角色权限,当用户归属某一角色后,就相应地拥有该角色的权限。

用户是指有权限登录系统、对系统进行操作的人员（使用财务软件的具体人员）。每次注册登录系统,都要进行用户身份合法性检查。只有设置了具体用户之后,才能进行相关的操作。用户和角色设置可以不分先后,但权限设置应该先设定角色,然后分配权限,最后进行用户设置。设置用户时,需选择归属哪一个角色,则其自动具有该角色的权限,包括功能权限和数据权限。

（2）系统管理员与账套主管。

系统管理的使用对象为企业信息管理人员,包括系统管理员 Admin、管理员用户和账套主管。系统管理员 Admin、demo、system 等英文标识是软件开发时已经被设定好的,不可以修改和删除,而账套主管和管理员用户要由系统管理员 Admin 设定。只有系统管理员才能设置或取消账套主管,增加角色和用户(操作员),而账套主管只有权对所辖账套进行操作员的权限设置。

　　系统允许以两种身份注册进入系统管理。一种是以系统管理员身份,另一种是以账套主管的身份。系统管理员负责整个系统的总体控制和数据维护工作,可以管理该系统中所有账套。以系统管理员身份注册进入,可以建立账套、引入和输出账套,设置角色和用户,指定账套主管,设置和修改用户密码及其权限等。账套主管负责所选账套的维护工作,主要包括对所选账套参数进行修改,对年度账的管理(包括年度账的建立、清空、引入、输出和结转上年数据),以及该账套操作员权限的设置。

　　设置权限时应注意分别选中"账套"及相应的"用户"。账套主管拥有该账套的所有权限,因此无须为账套主管另外赋权,一个账套可以有多个账套主管。

4. 系统维护

系统维护包括数据备份、数据恢复、数据导入、数据导出等内容。

(1) 数据备份。

数据备份是指为防止系统出现操作失误或系统故障导致数据丢失,而将全部或部分数据集合从应用主机的硬盘复制到其他的存储介质的过程。随着技术的不断发展,数据的海量增加,不少的企业开始采用网络备份。

(2) 数据恢复。

数据恢复是指将备份到软盘上的数据恢复到计算机硬盘上,它与数据备份是一个相反的过程。在下列情况下应使用数据恢复功能:当硬盘数据被破坏时;当需要查询以往年份的历史数据,而这些数据已从硬盘清除时;当需要从一台计算机转移到另一台计算机运行会计软件时,可在新的计算机上先安装会计软件,再将原会计数据恢复到新计算机的硬盘上。

(3) 数据导入。

用友 ERP-U8 可以实现数据的批量录入,用户只需用事先准备好的数据文件进行导入而不必像原来那样重复地在界面输入和保存。在批量导入期间,用户完全可以去做其他事情,只要最后来查看导入日志就可以知道数据导入的详细情况,如果有出错的数据未能保存到数据库,可以根据日志错误信息修改该数据进行二次导入。这样就可以节省大量手工录入的时间。

(4) 数据导出。

数据导出是计算机对各类输入数据进行加工处理后,将结果以用户所要求的形式输出。与数据备份作用一样,为防止数据丢失,将数据文件保存到磁盘介质或其他介质中。

任务三　系统管理操作流程

对于系统管理的操作,新用户和老用户的操作过程有所区别。如果以系统管理员Admin 身份登录系统管理平台,可建立账套;以系统管理员身份登录系统管理进行备份,输出的是某一账套的全部数据。如果以账套主管身份登录,可以进行账套修改,如果进行账套备份,输出的只是账套主管本人所主管的某一账套库。

任务四　系统管理实训

实训准备

计算机系统日期设置为"2019 年 1 月 1 日"。以系统管理员 Admin 身份进入,密码为空。

实训内容及要求

* 建立账套(暂不进行系统启用设置)　　* 增加操作员并设置权限
* 设置系统自动备份计划　　　　　　　* 修改账套(修改为有"外币核算"账套)
* 账套输出(备份)和引入(恢复)

要求掌握建立账套,设置用户及权限。熟练进行账套备份与引入操作。

实训资料

1. 建立账套资料

表 1－1　　　　　西安市宝特钢制品有限公司基本信息

账套号	001(可按班级编号＋个人编号)	启用会计期间	2019－01－01
账套名称	西安市宝特钢制品有限公司	企业税号	61011249798002X
单位地址	陕西省西安市丈八路 10 号	启用模块	暂不启用系统
法人代表	李立	分类选择	对客户、供应商、存货分类
邮编	710086	编码 方案	编码级次分别为会计科目:4222; 部门:122;客户和供应商:234;存 货:222;其余采用系统默认
行业性质	2007 年新会计制度科目		
企业类型	工业		
账套主管	建立账套时暂为内置操作员 demo	数据精度	系统默认

2. 用户及权限资料

表 1－2　　　　　西安市宝特钢制品有限公司操作员信息资料

操作员编号	姓 名	口 令	角 色	部 门	权 限
001	陈浩	1	账套主管	财务部	账套主管的全部权限
002	张明	2	财务会计	财务部	总账权限
003	李娜	3	出纳	财务部	出纳全部权限、总账中出纳签字
004	刘飞	4	采购主管	供应部	具有公共单据、采购管理系统权限
005	李小艳	5	销售主管	销售部	具有公共单据、销售管理系统权限

3. 账套自动备份信息

表1-3　　　　**西安市宝特钢制品有限公司账套自动备份信息**

项　目	内　容	项　目	内　容
计划编码	001	开始时间	12:00:00
计划名称	宝特钢制账套备份	有效触发	3 小时
备份类型	账套备份	保留天数	4 天
发生频率	每天	备份路径	F:\宝特钢制账套备份
发生天数	1(默认,不可更改)		

操作指导

1. 建立账套

(1)进入用友 ERP-U8 V10.1 管理系统(见图1-1),然后按顺序填写对话框内容。

(2)建立账套。选择"账套",单击"建立",出现如图1-2所界面。在"创建账套"对话框,按照表1-1输入企业账套相关信息。

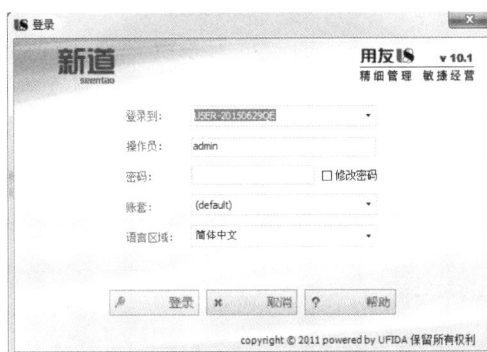

图1-1　注册登录

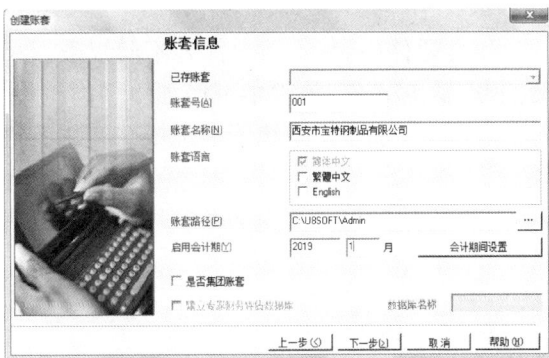

图1-2　创建账套

账套名称:一般使用该账套的单位名称,以标明该账套所属会计主体。账套名称将在输出凭证、账簿、报表等业务资料时使用。可以简写,但应避免混淆不清。

启用会计期:一般新建账套为年初。输入的账套启用日期一经确定,则不可更改。

(3)单击"下一步",弹出"单位信息"对话框,按照表1-1资料,输入单位基本信息。

(4)单击"下一步"弹出"核算类型"对话框,如图1-3所示。

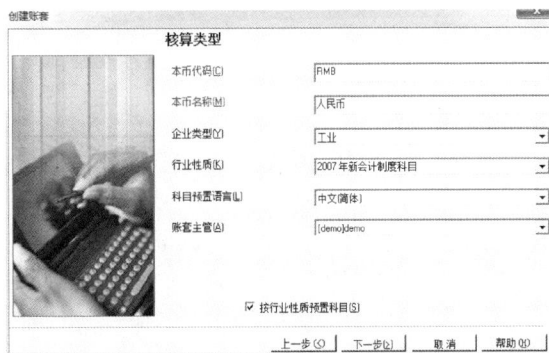

图1-3　核算类型

企业类型:U8 V10.1软件提供工业、商业、医药流程三种类型。

行业性质:从下拉列表框中选择本单位所属行业性质。在此选择2007年新会计制度会计科目。

按行业性质预设科目:如果希望系统按所选行业预设一般会计科目体系,则在选择框点击"√"。

图1-4　编码方案

(5)下一步",弹出"基础信息"对话框。

(6)单击"完成",若要创建账套,则单击"是"按钮。

(7)约1～2分钟后建账完毕,弹出"编码方案"对话框,如图1-4所示。根据表1-1提供的资料,分级设置内容包括科目编码4222、部门编码、客户分类、供应商分类等(详见表1-1)。未说明的其他编码采用默认值。

(8)单击"确定",弹出"数据精度"对话框,一般企业均采用默认值2。

(9)单击"确定",完成账套创建工作,弹出询问用户是否立即启用系统窗口,单击"否",暂不启用系统。

启用何种系统要提前规划,且只能启用已安装系统中的子系统。

2. 增加角色、用户及操作员权限设置

用友软件中,每个用户都有不同权限。Admin和demo分别表示为系统管理员和账套主管,除此之外,软件中可增加更多岗位设置(角色),如总账会计、出纳等,这些操作员的账号、权限需要系统管理员或账套主管进行分配管理。具体依据表1-2资料进行设置。

(1)根据表1-2资料,单击"用户",弹出"用户管理"对话框,如图1-5所示。

图1-5　用户管理

(2)单击"增加"按钮,弹出"操作员详细情况"窗口,输入编号、姓名、口令等项目,然后按照各栏要求填写相应内容。编号是操作员唯一的标志,不同用户编号不能相同。编号由数字或数字与字母组合而成。认证方式:通常使用"用户＋口令"方式进行认证。口令,即用户密码,是用户进行登录时的初始密码,必须牢记。

(3)设置以上参数后,单击"增加"按钮,即逐一添加操作员信息。

(4)将操作员添加完成后,单击"取消"退出,返回到"用户管理"窗口,就可看到所添加操作员的信息,如图1-6所示。

图 1-6　用户管理

（5）在"用户管理"窗口中，单击"权限"，选择打开单击其中的"权限"，如图 1-7 所示。

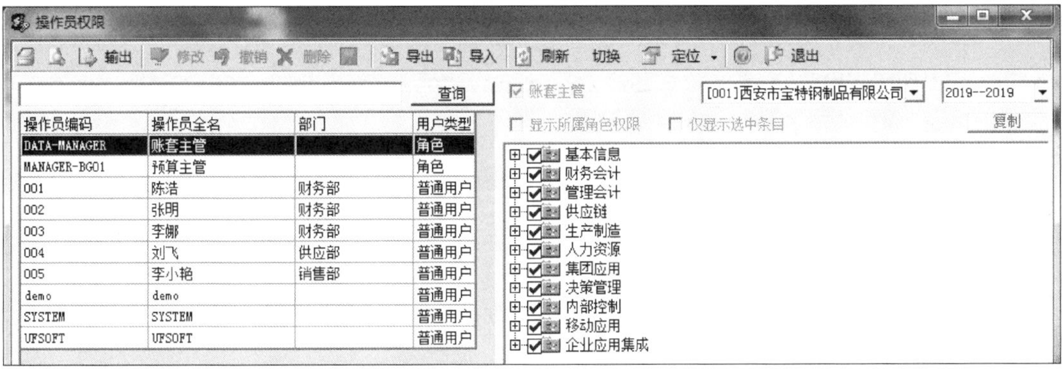

图 1-7　操作员权限设置

修改权限：将光标放在操作员 002 上，单击"修改"，在右侧方框勾选赋予对应的权限。选择完毕，单击"保存"。同样方法，可将操作员 003、004、005 赋予权限。

3. 账套备份与引入

用友备份提供了两种方式：一种是设置自动备份计划进行备份，另一种是账套输出。

（1）设置系统自动备份计划进行备份（由于教学条件限制，无需操作此步骤，演示即可。）。

在系统管理中，单击"系统"下的"设置备份计划"。弹出"备份计划设置"对话框，单击"增加"，录入备份计划编号、备份计划名称、发生频率等信息，如图 1-8 所示。

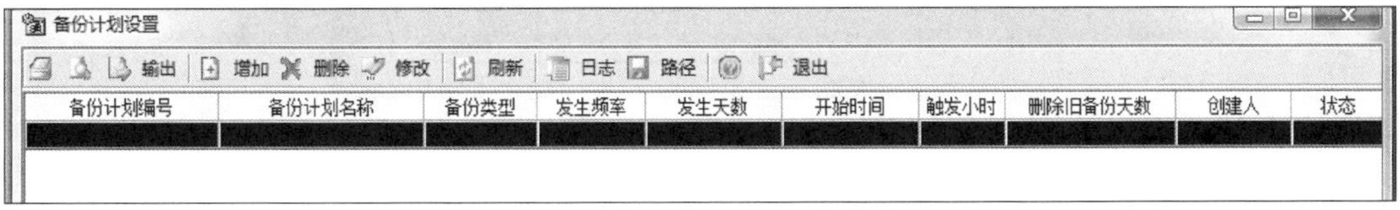

图 1-8　备份计划设置

文件名：可与备份账套号一致。

发生频率：可按提示选择"每天""每周"等，开始时间可定时。

如图1-9所示,按表1-3提供的信息输入相应内容,选中"请选择账套和年度"中需备份的账套前的复选框,单击"增加",系统弹出对话框,根据情况选择路径,单击"确定"按钮返回。保存备份计划设置,单击"退出"。

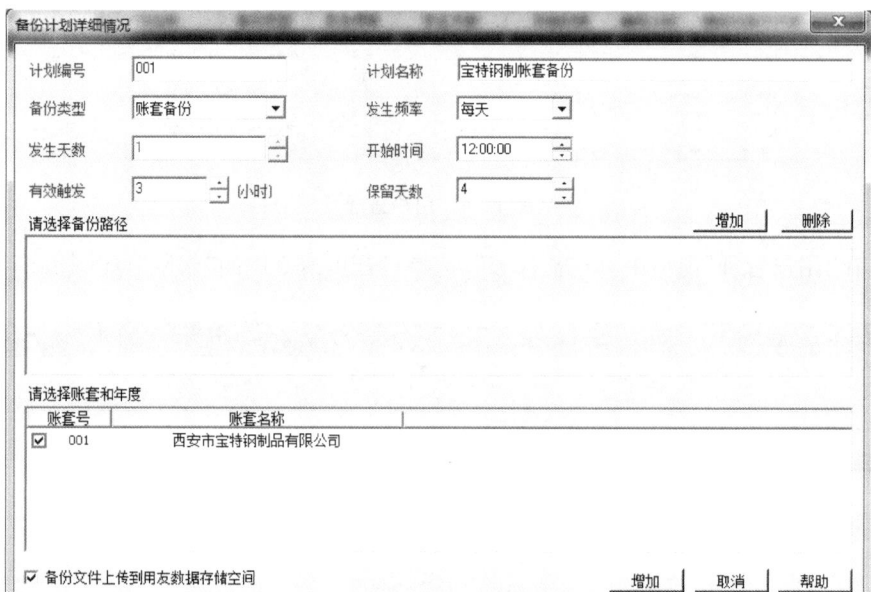

图1-9 备份计划详细情况

(2) 账套输出。

在"系统管理"窗口中,单击"账套"下的"输出",在弹出"账套输出"如图1-10所示对话框中,单击"账套号",在其下拉列表框中选择目标账套号,单击"确认"按钮。系统开始生成备份文件。文件生成后,系统提示选择保存路径后,即可完成账套备份。完成后,系统弹出"输出成功"信息提示,单击"确定"按钮返回。账套输出后,可在指定文件夹查看到两个文件,UfErpAct.Lst(即LST文件)和UFDATA.BAK(即BAK文件)。

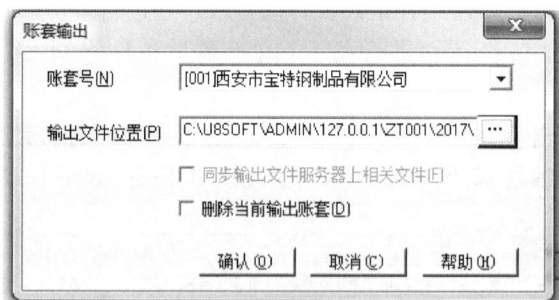

图1-10 账套输出

(3) 账套恢复或引入年度账。

须以Admin身份登录系统后,单击"账套"下的"引入",进入账套引入功能。在"选择账套备份文件"窗口,找到备份文件夹中的文件"UfErpAct.Lst",单击"确定",然后在选择账套引入目录窗口中选择引入账套存放路径,单击"确定",提示"账套引入成功",即可把之前已备份的数据恢复到系统中。

4. 账套修改

修改账套的工作只能由账套主管在系统管理中完成，系统管理员无权修改。以账套主管身份进入系统，单击"账套"下的"修改"，打开"修改账套"对话框，如图 1 - 11 所示。

选中需要修改的选项的复选框，单击"完成"按钮，系统弹出"确认需要修改账套了么"提示框，单击"是"；不需修改的，单击"下一步"或"取消"按钮，直至系统弹出"修改账套成功"信息提示，单击"确定"后确定修改成功。

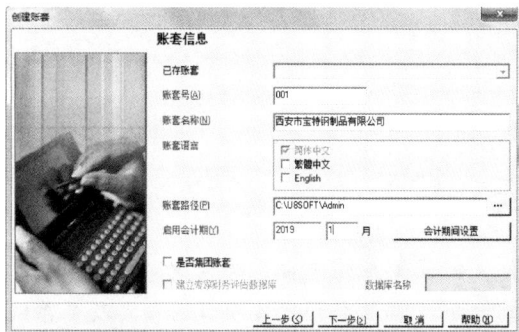

图 1 - 11　账套修改

项目二　企业应用平台设置

学习目标

◆ 了解应用平台系统构成、功能。
◆ 了解基础档案各项目的含义及在系统中的作用。
◆ 了解基础设置的一般流程。
◆ 掌握基础档案建立的方法。

任务一　企业应用平台

企业应用平台是用友 U8 V10.1 软件的集成应用平台,为了满足不同用户的基本操作习惯及基本操作设置的不同要求,支持不同客户端设置不同参数。该平台由多个视图组成,其预置视图包括业务导航、系统消息、监控列表、企业流程图、审批进程图、审批进程表、审批视图、监控视图等。其中,最常用的有业务导航图,主要由系统服务、基础设置、业务工作等多个业务导航区组成。通过企业应用平台,完成与系统应用相关的主要项目包括:① 设置,主要是基本信息、基础档案、数据权限和单据的设置;② 业务,用友业务由财务会计、内部控制、企业应用集成、U8 应用中心功能组成,此处也是用户访问用友软件各功能模块的唯一通道。③ 工具。该平台提供了常用的系统配置工具,如总账工具、科目转换、财务函数转换等。

企业应用平台的作用:用友企业应用平台实现了功能集成的应用平台,为各子系统提供了一个公共交流平台,系统的基础档案信息均集中在企业应用平台中进行维护,实现了基础信息的统一管理;通过企业应用平台,不同操作人可以通过单一的访问入口访问企业的各种信息,进行权限范围内的操作,实现了信息的及时沟通,数据资源得到了有效利用;企业应用平台也为企业员工、合作伙伴提供了访问系统的唯一通道;用户可以设计个性化工作流程,提高工作效率,同时实现与日常办公的协同进行。

任务二　基础设置

基础设置是企业应用平台为各子系统提供共享的基础信息,这些信息是系统运行的基石,因而在建账之初,企业应根据实际情况,做好基础设置。基础设置主要内容有基本信息设置、基础档案设置、业务参数设置、个人参数设置、单据设置及档案设置,如图 2-1 所示。

图 2-1　基础设置流程

1. 基本信息

基本信息包括会计期间、系统启用、编码方案、数据精度。(基本信息前面已做说明,此处不再重复)随着业务需求变化,账套主管可以对这些基本信息项目进行修改。

2. 基础档案

基础档案资料包含的项目较多,它是会计业务处理的基础。基础档案设置包括机构人员、部门档案、客商信息、存货、财务、收付结算、业务、对照表和其他设置八个部分。基础档案设置是企业应用平台设置中一项很重要的内容,也是会计电算化运行的基础。

3. 业务参数

业务参数包括财务会计和内部审计设置。其中财务会计中的总账系统参数可在部分设置;用友 U8 V10.1 内部审计提供了操作日志启用选项、财务会计、供应链管理、基础设置等多个环节控制,职责清晰、权限不相容,强化了财务控制制度。

4. 个人参数

用友 U8 为了满足不同用户的基本操作习惯及基本操作设置的不同要求,支持不同客户端设置不同参数,如日期输入方式、登录门户选择、工作委托、功能权限转授等。

5. 单据及档案设置

单据设置主要包括单据格式、单据编号、单据打印等控制。档案设置基础工作就是档案编码方案设置。

基础设置内容较多,且企业基础数据存在着前后的承接关系,因此,基础设置需要按照一定顺序和方法进行设置(见图 2-2)。

图 2-2　基本信息设置流程

只有账套主管和账套操作员才能够登录企业应用平台,且登录企业应用平台的时间必须大于等于建账日期。

(1)启用系统。有两种方法:一是系统管理员建立账套时直接启用;另一种是账套主管在企业应用平台的基本信息中启用。

(2)设置编码方案。设置编码方案时,在编码尚未使用前可以修改,编码方案一旦使用,就不得修改。科目编码第一级为灰色,说明系统已经按行业预置了一级科目,因而科目编码第一级不可修改。若要删除级长,必须从最末开始逐级向上删除。

任务三 基础设置实训

实训准备

引入"D:\001 账套备份\系统管理"的备份数据,或引入 U 盘中的项目一实训备份的数据,以 001 陈浩身份进入 U8 系统应用平台,密码为 1。登录时间 2019 年 1 月 1 日。

实训内容及要求

* 启用"总账"系统　　　　　　* 建立部门档案
* 建立人员档案　　　　　　　* 建立客户与供应商分类及档案
* 建立存货分类及档案

设置完成后,进行账套备份。

实训资料

先启用"总账"系统。

1. 公司机构设置资料

公司机构设置资料见表 2－1。

表 2－1　　　　　　西安市宝特钢制品有限公司部门档案

编　号	名　称
1	行政事务中心
101	办公室
102	人力资源部
103	财务部
2	产品制造中心
201	一车间
202	二车间
3	营销中心
301	采购部
302	销售部
303	质检部
4	离退休事务部

2. 人员类别设置及人员档案资料

人员类别设置及人员档案资料见表 2－2、表 2－3。

表 2－2　　　　　　　西安市宝特钢制品有限公司人员类别表

类别编号	类别名称
101	正式工
10101	在职人员
1010101	管理人员
1010102	营销人员
1010103	工人
10102	离休人员
10103	退休人员
102	合同工
103	实习生

表 2－3　　　　　　　西安市宝特钢制品有限公司人员档案

编　号	姓　名	性　别	所属部门	人员类别	雇佣状态
101001	李立	男	办公室	管理人员	在职
101002	王文谦	男	人力资源部	管理人员	在职
103001	陈浩	男	财务部	管理人员	在职
103002	张明	男	财务部	管理人员	在职
103003	李娜	女	财务部	管理人员	在职
201001	赵斌	男	一车间	工人	在职
202001	孙小雁	女	二车间	工人	在职
301001	刘飞	男	采购部	营销人员	在职
302001	李小艳	女	销售部	营销人员	在职
303001	郑忠	男	质检部	营销人员	在职
400001	陈敏	男	离退休事务部	离休人员	离休
400002	沈静	女	离退休事务部	退休人员	退休

注：此表中，营销中心人员为业务人员。

3. 供应商分类与供应商档案资料

供应商分类与供应商档案资料见表 2-4、表 2-5。

表 2-4　　　　　　　　　　　**供应商分类表**

分类编码	分类名称
01	本地
02	外地

表 2-5　　　　　　　　　　　**供应商档案表**

编　号	名称(简称)	税　号	地　址
0101	西安市北大街金属物资有限公司	123949458	西安市北大街
0102	西安西咸区胜利包装制品公司	849383939	沣东新城 1 路
0201	甘肃平凉红旗带钢有限公司	948240348	平凉市西路
0202	河南省洛阳特种化工有限公司	849303854	洛阳红星路
0203	山西省运城市黏合剂厂	421010256	运城北新路

4. 客户分类资料客户档案资料

客户分类资料客户档案资料见表 2-6、表 2-7。

表 2-6　　　　　　　　　　　**客户分类表**

客户分类编码	客户分类名称
01	本地
02	外地

表 2-7　　　　　　　　　　　**客户档案表**

编　号	名称(简称)	税　号	地　址
0101	西安市利康有限公司	152552368	西安市长安街 8 号
0102	西安红星制钢有限公司	153252544	西安三桥阿房 2 路
0201	北京红星有限公司	682695381	丰台区长寿路 3 号
0202	河南省天达有限公司	716266574	郑州北路 18 号

5. 存货分类、计量单位分类及存货档案资料

存货分类、计量单位分类及存货档案资料见表 2-8 至表 2-11。

表 2 - 8

存货分类表

存货分类编码	存货分类名称
01	原材料
0101	原料及主要材料
0102	辅助材料
0103	外购半成品
02	包装物
03	库存商品
0301	A 产品
0302	B 产品
04	委托加工物资
05	应税劳务

表 2 - 9

计量单位分组表

计量单位分组编码	计量单位组名称	计量单位组类别
01	重量	固定换算率
02	数量	无换算率

表 2 - 10

计量单位分类表

编　号	计量单位名称	所属计量单位组	计量单位组类别
0101	千克	重量	固定换算率
0102	克	重量	固定换算率
0201	台	数量	无换算率
0202	次	数量	无换算率

表 2 - 11

存货档案表

编　号	所属分类	存货名称	主计量单位	用　　途
1	0101	不锈钢	Kg	外购、生产耗用
2	0102	涂饰助剂	Kg	外购、生产耗用
3	0103	电机	台	外购、生产耗用
4	05	运费	次	应税劳务
5	0301	A 产品	台	自制
6	0302	B 产品	台	自制

操作指导

1. 启用财务相关各子系统

以账套主管进入用友"应用平台"。

（1）在"基础设置"选项中，执行"基本信息"，打开"系统启用"，选中"GL 总账"。

（2）弹出"日历"对话框，选择时间"2019 年 1 月 1 日"。系统中时间格式为"YY - DD - MM"，可通过点击系统右下脚时间"更改日期和时间设置"进行时间格式设置。

（3）单击"确定"按钮，系统弹出"确实要启用当前系统吗"信息提示框，单击"是"按钮，完成总账系统启用。以此类推，可分别启用"存货核算""库存管理""销售管理""应收管理""采购管理"和"应付款管理"等子系统。

启用系统有两种方法，一种是系统管理员在建立账套时直接启用；另一种是账套主管在企业应用平台的基本信息中启用。只有账套主管才有权在企业应用平台中进行系统启用。

由于 001 账套没有在账套建立后直接启用任何系统，上述操作必须在企业应用平台中启用"总账"系统，如图 2 - 3 所示。

图 2 - 3　系统启用

2. 建立部门档案

（1）在"基础设置"中，单击"基础档案"，单击"机构人员"，打开"部门档案"窗口。

（2）单击"增加"按钮，依照资料表 2 - 1 所提供资料，逐一将部门编码、部门名称等信息分别输入，建立部门档案。部门档案用于设置部门相关信息，包括部门编码、名称、负责人、编码属性等。"部门编码""部门名称"和"成立日期"必须录入，其他信息可以为空。在部门档案设置中，如果存在多级部门，必须先建立上级部门，才能增加其下级部门，下级部门编码应包含上级部门编码。修改部门档案时，部门编码不能修改，已经使用的部门不允许删除。

（3）资料录入完毕，单击"退出"按钮，如图2-4所示。

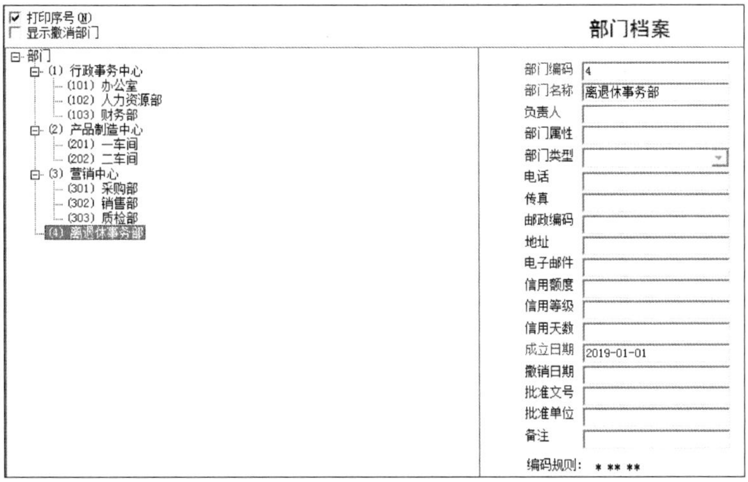

图2-4 部门档案设置

3. 人员类别设置

在建立人员档案之前，先要增加人员类别。

（1）在"基础设置"中，单击"基础档案"，单击"机构人员"，点击"人员类别"。

（2）进入"人员类别"窗口，根据表2-2资料，选中"正式工"，单击"增加"。（若"人员类别"与预置的分类不一致，也可先删除，再增加分类，如也可按"在职人员""离退人员"进行分类）

（3）根据资料，在"增加档案项"对话框中增加相关内容后，单击"确定"按钮。

用类似方法，将资料中各人员类别逐个录入，如图2-5所示。

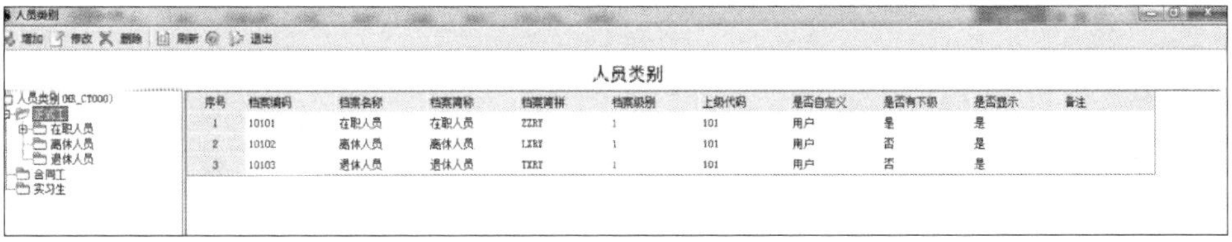

图2-5 人员类别设置

4. 建立人员档案

（1）在"基础设置"中，单击"基础档案"，单击"机构人员"，单击"人员档案"。

（2）弹出"人员列表"，在"人员列表"窗口中，单击"增加"按钮，打开"人员档案"对话框。

（3）在"人员档案"窗口，根据表2-3资料，依次输入"人员编码""人员姓名""性别""在职人员""行政部门""人员属性"；在"是否业务员"复选框中，应根据资料勾选，并在"业务或费用"中选择对应的部门，单击"保存"按钮完成设置。同样，在"是否操作员""是否营业员"选项，如果不选择，将在录入期初余额等业务时找不到可参照的人员。

依次录入所有人员档案后，如要查看不同类别人员，可在人员类别下拉框中进行选择，也可按部门、按雇用状态选择。人员编码可以由用户自行定义编码规则，但必须唯一，不能重复；"行政部门编码""人员类别"和"性别"一般应选择录入，如图2-6所示。录入完毕，点击"人员档案"，弹出"人员列表"，可供查看，如图2-7所示。

图2-6　人员档案录入

图2-7　人员档案列表

5. 录入供应商信息

根据需要先进行供应商分类（可以按行业或地区分类），然后建立供应商档案。

（1）单击"基础设置"中的"基础档案"，点击"客商信息"。

（2）在"客商信息"窗口界面，此处用来录入"地区分类""行业分类""供应商分类""供应商档案"等信息。如图2-8所示为供应商分类。

在"客商信息"窗口，单击"供应商档案"，单击"增加"，录入供应商档案信息并保存。根据资料，录入供应商档案，如图2-9所示。

录入供应商信息时，依次录入"基本""联系""信用""其他"，然后单击"保存"。

图 2-8　供应商分类

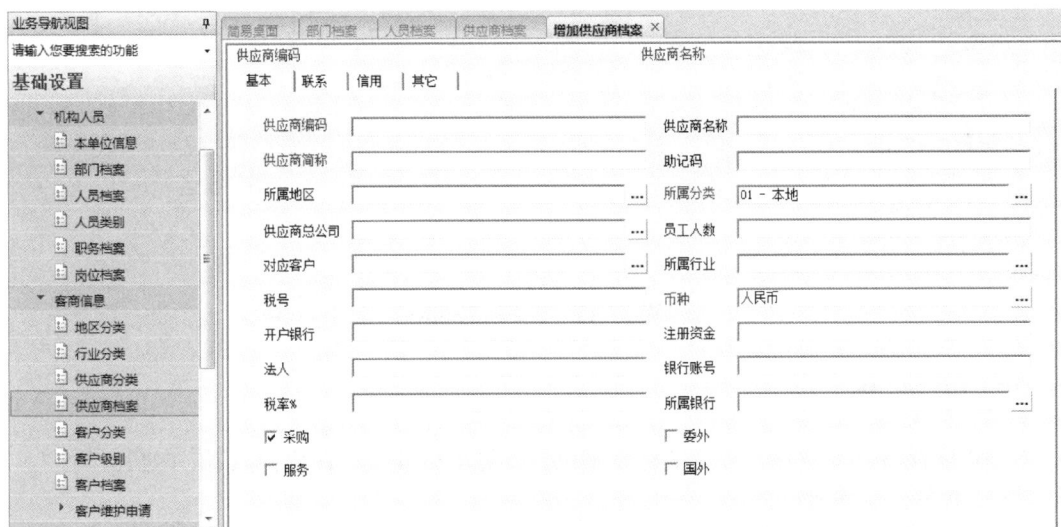

图 2-9　供应商档案录入

6. 录入客户信息

建立客户档案与供应商档案的操作步骤、顺序相同,根据表 2-6 资料先进行客户分类设置,然后再根据表 2-7 资料录入客户档案,在此不再赘述。客户编码、客户简称、所属分类和币种必须输入。客户编码必须唯一,一旦保存,不能修改。尚未使用的客户编码可以删除后重新增加。

"对应供应商编码"的作用是设置客户档案和供应商档案的对应关系,这种对应关系必须是一对一的,主要是为了处理既是客户又是供应商的往来单位;如果需要开具销售专用发票,则必须输入税号、开户银行、银行账号等信息,否则,只能开具普通发票;如果要填写"联系"选项卡中的"发货方式""发货仓库"信息,则需要先在"基础档案"中设置"仓库档案"和"发运方式";如果要输入客户的所属地区编码,则需要先在"基础档案"中的"地区分类"中设置地区分类信息。

如果系统提供的客户档案内容仍不能满足企业的需要,可利用系统提供的"自定义项"功能增加自定义栏目,并设置自定义栏目档案内容,如图 2-10 所示。

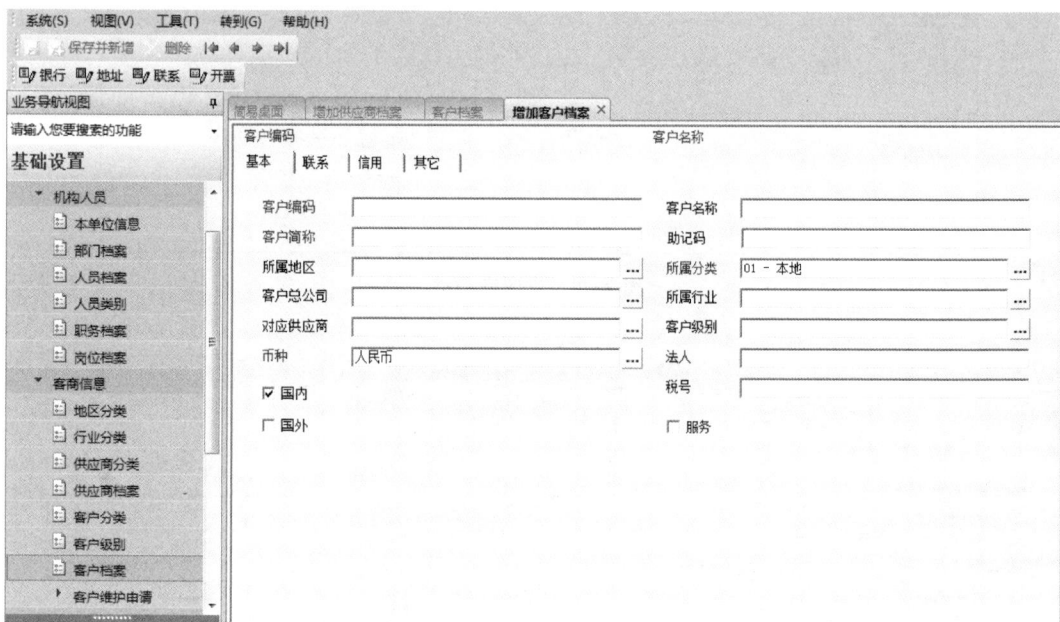

图 2‑10　客户档案录入

7. 存货设置

存货设置时,按照"存货分类""计量单位""计量单位分类""存货档案"顺序进行设置。

(1) 存货分类设置。

打开"基础设置",单击"基础档案"中"存货",点击"存货分类"。

打开存货分类录入窗口,单击"增加"按钮,根据存货分类表,依次录入存货分类编码、分类名称,如图 2‑11 所示,单击"保存"即完成。根据资料,采用同样方法依次增加。

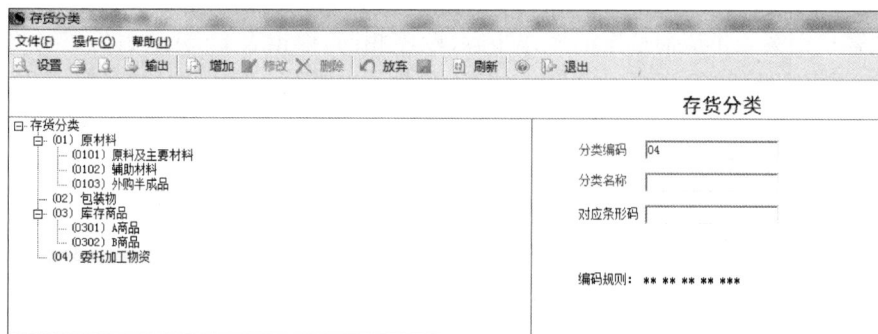

图 2‑11　存货分类设置

存货分类编码必须符合编码规则。存货分类编码和存货分类名称必须输入。

(2) 计量单位设置。

打开"基础设置",单击"基础档案"中的"存货",点击"计量单位"。在弹出"计量单位"窗口后,单击工具栏中"分组"按钮,弹出"计量单位组"窗口,单击"增加",依据表 2‑9 计量单位分组资料,输入"计量单位组编码"(两位数),"计量单位组名称"(可设重量单位组、数量单位组等),"计量单位组类别"(可根据情况选择无换算率、固定换算率、浮动换算率),如图2-12所示。

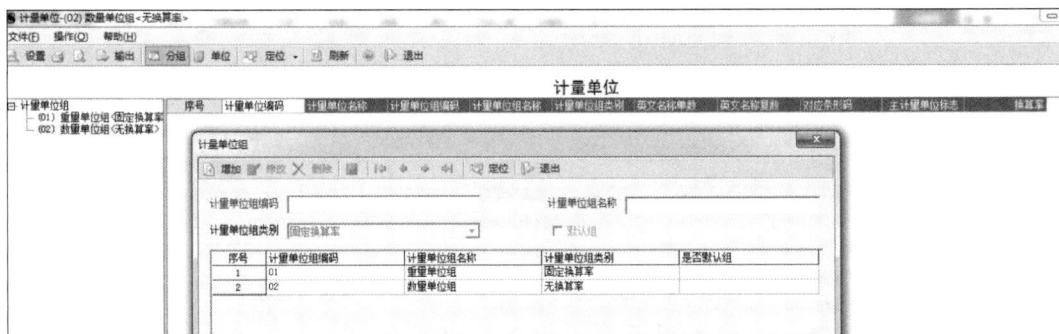

图 2-12 存货计量单位分组设置

计量单位分组设置完成后,在工具栏中单击"单位",进行计量单位的设置。依据所提供的资料,单击"增加",录入"计量单位编码""计量单位名称",单击"保存"即可完成设置,如图2-13所示。

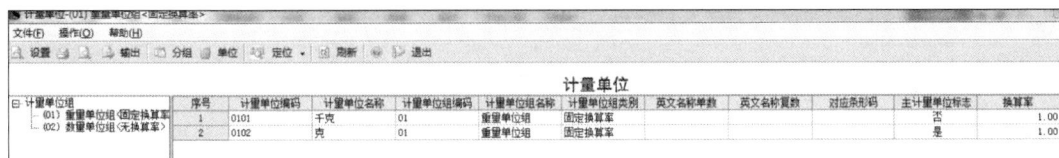

图 2-13 计量单位设置

注意:先建立计量单位组,再建立计量单位;主计量单位的换算率为1,本计量单位组的其他单位以此为依据,按照换算率折合。通常情况下,要选择较小的计量单位为主计量单位。固定换算组每一个辅计量单位对主计量单位的换算率不能为空;被存货引用后的主、辅计量单位均不允许删除,但可以修改辅计量单位的使用顺序及其换算率,如果在单据中使用了某一计量单位,该计量单位的换算率就不允许再修改。

浮动换算组可以修改为固定换算组,浮动换算的计量单位只能包括两个计量单位,同时,其辅计量单位换算率可以为空,在单据中使用该浮动换算率时需要手工输入换算率,或通过输入数量、件数,系统自动计算出换算率。

(3)录入存货档案。

打开"基础设置",单击"基础档案"中的"存货",单击"存货档案"。

打开"存货档案"窗口,选中存货对应的分类,单击"增加",打开"增加存货档案"对话框,根据表2-11存货资料,在"存货编码"栏输入存货号,输入"存货名称""存货分类"等内容,如图2-14所示。

"计量单位组"和"主计量单位"可参照输入,根据已选的"计量单位组",带出"主计量单位",如果要修改,需要先删除该"主计量单位",再输入其他计量单位。全部信息输入完毕,单击"保存并新增"按钮,再录入下一条存货信息。

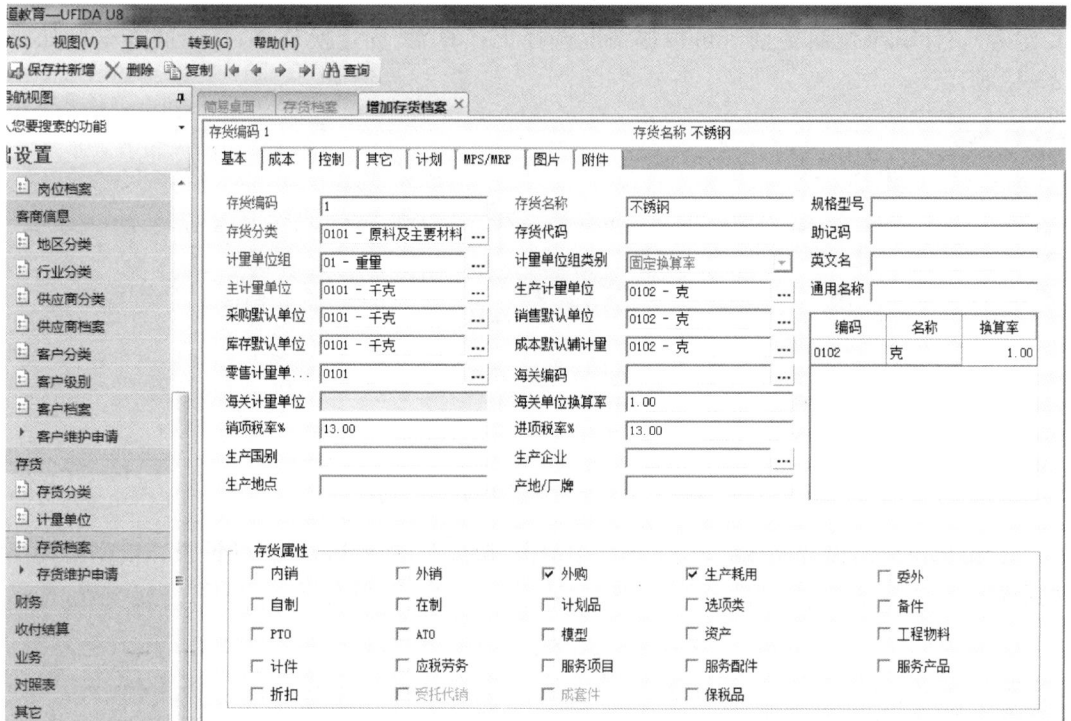

图 2-14 存货档案设置

注意："增加存货档案"对话框中有 8 个选项卡，即"基本""成本""控制""其他""计划""MPS/MRP""图片""附件"，对存货不同的属性分别归类。

"基本"选项卡中主要记录企业存货的基本信息。其中"蓝色字体"项为必填项。

存货属性：系统为存货设置了 24 种属性，其目的是在参照输入时缩小参照范围。具有"内销""外销"属性的存货可用于出售；具有"外购"属性的存货可用于采购；具有"生产耗用"属性的存货可用于生产领用；具有"自制"属性的存货可由企业生产等。

税率：该存货的增值税税率。销售该存货时，此税率为专用发票或普通发票上该存货默认的销项税税率；采购该存货时，此税率为专用发票、运费发票等可以抵扣的进项发票上默认的进项税税率。税率不能小于零。

是否折扣：即折让属性。若选择"是"，则在采购发票和销售发票中输入折扣额。

是否成套件：选择"是"，则该存货可以进行成套件管理业务。

受托代销业务只有在建账时选择"商业"核算类型，并且在采购管理中确定"是否受托代销业务"后才能选择使用。

成套件业务只有在库存管理系统中选择了"有无成套件管理"后，才能在存货档案中选择"是否成套件"业务。

同一存货可以设置多个属性。

项目三　总账管理系统

学习目标

◆ 掌握总账管理系统初始设置的方法。

◆ 熟悉总账管理系统功能与操作流程。

◆ 掌握记账凭证处理方法。

◆ 掌握凭证审核流程及方法。

◆ 掌握出纳业务的管理方法。

◆ 掌握期末业务处理及账证查询方法。

任务一　总账管理系统功能

总账管理系统又称为账务处理系统,包括总账管理系统初始设置、填制审核会计凭证、登记账簿等内容和环节,是会计业务处理的核心,也是电算化会计系统运行的基础。其他子系统业务数据都必须传送到总账管理系统,同时总账管理系统中某些数据传输给其他子系统。因此,总账管理系统是会计电算化工作的开始。

总账管理系统任务是利用建立的会计科目体系,输入和处理各种记账凭证,完成记账、结账以及对账的工作,输出各种总分类账、日记账、明细账和有关辅助账。其基本功能主要有提供凭证处理、账簿处理、出纳管理和期末转账等。此外,提供个人、部门、客户、供应商、项目核算等辅助管理功能。在业务处理过程中,可以随时查询包含未记账凭证的所有账表,充分满足管理者对信息及时性的要求,如图 3-1 所示。

图 3-1　总账管理系统功能

1. 总账管理系统初始化

系统初始化指根据企业需要建立账务应用环境,是为总账系统日常业务处理工作所做的准备,主要包括设置系统参数、设置会计科目、录入年初余额、设置凭证类别、设置结算方式等。

(1) 总账系统参数。

总账系统参数设置将决定总账系统的输入控制、处理方式、数据流向、输出格式等,设定后一般不能随意改变。

(2) 设置会计科目。

会计科目是会计要素的具体化,是填制凭证、登记账簿、编制会计报表的基础,它是会计核算的方法之一。设置会计科目主要内容有指定会计科目、科目编码、科目名称、余额方向、账页格式、外币核算、数量核算、辅助核算。

指定会计科目是指定出纳的专管科目,指定科目后才能执行出纳签字、查询现金、银行日记账、银行对账以及在制单中进行支票控制和资金赤字控制。

(3) 设置凭证类别。

为了验证凭证内容的正确性,应根据凭证所对应的经济内容进行分类,并设置限制条件。只有凭证内容符合凭证设置的条件,才能通过凭证保存。每个单位可以根据自己的记账习惯设置凭证,如只设记账凭证;设收款凭证、付款凭证、转账凭证;设现金凭证、银行凭证、转账凭证;设现金收款凭证、现金付款凭证、银行收款凭证、银行付款凭证、转账凭证等。

(4) 结算方式设置。

结算方式是指企业在日常经营过程中进行款项结算的方式。为了便于提高银行对账效率,系统提供了设置结算方式功能。用友软件提供了设置银行结算方式的功能,用于建立和管理用户在经营活动中涉及的结算方式,包括支票、汇票等。其设置应该与财务结算方式一致。结算方式编码和名称必须输入。票据管理标志是为出纳对银行结算票据的管理而设置的功能,需要进行票据登记的结算方式选择此项功能。

2. 日常业务处理

总账管理系统日常业务处理主要包括凭证管理、出纳管理、账簿管理。

(1) 凭证管理。

记账凭证是登记账簿的主要依据,是总账管理系统唯一数据来源。因此,凭证管理是总账管理系统的核心内容。凭证管理内容主要包括填制凭证、复核凭证、记账、修改凭证、删除凭证、冲销凭证、查询凭证等。

(2) 出纳管理。

出纳管理功能是出纳人员进行货币资金管理的一套工具。主要包括现金和银行存款日记账的查询、支票登记簿的管理及银行对账功能。同时还可对长期未达账项提供审计报告。

(3) 账簿管理。

企业所发生的全部经济业务,经过制单、复核、记账后,就可以查询打印各种账簿了。账簿管理功能主要包括查询总账、明细账、日记账、余额表、资金报表及登记支票登记簿等;账簿栏目的设置、数据处理或组合、汇总等运算过程。账簿管理具有以下特点:查询各种账簿时,可以包括未记账凭证;各种账簿都可以针对各级科目进行查询;可以进行账表联查。

3. 期末处理

每个会计期间结束,都要完成一些特定的工作,主要包括期末转账业务、对账及试算平衡、月末结账。由于各个会计期间的许多业务均具有较强的规律性,因此由计算机来处理期末会计业务,不但可以规范处理,还可以大大提高工作效率。

（1）期末转账

期末转账指在每期期末有规律性发生的结转业务编制的凭证。第一次使用总账管理系统进行期末业务处理时,可以对企业经常发生的期末业务事先定义好转账凭证模版、分录,以后各月只要调用转账生成功能即可快速生成转账凭证。在会计期末,按照会计要求,要对期间损益、成本账户进行结转,以确定损益。一般地,这些"转账凭证"通常选用的凭证类别也是"转账凭证"。转账凭证定义提供了自定义转账、对应结转、销售成本结转、售价(计划价)销售成本结转、汇总损益、期间损益结转等。需要说明的是,由于转账是按照已记账凭证的数据进行计算的,所以在进行月末转账工作之前,请先将所有未记账凭证记账,否则,生成的转账凭证数据可能有误;转账生成的凭证依然需要审核人员进行审核,然后进行记账。

（2）期末对账

对账就是对账簿数据进行核对。一般来说,只要记账凭证录入正确,计算机自动记账后各种账簿都应是正确、平衡的,但由于非法操作或计算机病毒或其他原因有时会造成某些数据被破坏。为了保证账证相符、账账相符,企业在结账之前都需要执行对账功能,以检查记账的正确性和账簿是否平衡。

（3）期末结账

在手工会计处理中,都有结账的过程,在计算机会计处理中也应有这一过程,以符合会计制度的要求,因此提供了"结账"功能。结账只能每月进行一次,结账工作由系统自动完成。一般地,企业在结账之前要进行数据备份。结账后,只能进行相关账簿的查询和打印,不能再进行日常账务处理工作。若完全符合系统要求的结账条件,则系统将自动进行结账操作;否则,会提示错误,不予结账;结账后发现结账错误,由账套主管执行"反结账"。

任务二　总账管理系统工作流程

总账管理系统从输入会计凭证开始,经过计算机对会计数据处理,生成各类账簿文件,产生科目余额文件,并完成汇总、结账、编制报表等业务处理流程。

1. 总账处理流程

从电算化账务处理流程看(见图3-2),在从原始资料到各种账簿数据信息的处理过程中,经历三个主要环节:有关会计凭证(包括手工输入和由系统自动生成的机制凭证)输入或转入账务处理系统,并存入临时凭证数据库;在对记账凭证审核签字后进行自动记账处理,形成记账凭证文件、账簿文件和余额文件,并根据会计科目汇总数据,更新科目汇总文件;按照设置输出条件生成各种正式的总分类账、日记账和明细分类账簿,生成科目汇总表。账务处理完成后,最后可通过提取、汇总、筛选、引用等技术处理生成各类会计报表。另外,电算化账务处理大大减少了工作量,产生并形成大量的会计信息,为财务管理和财务分析提供了丰富的信息源。

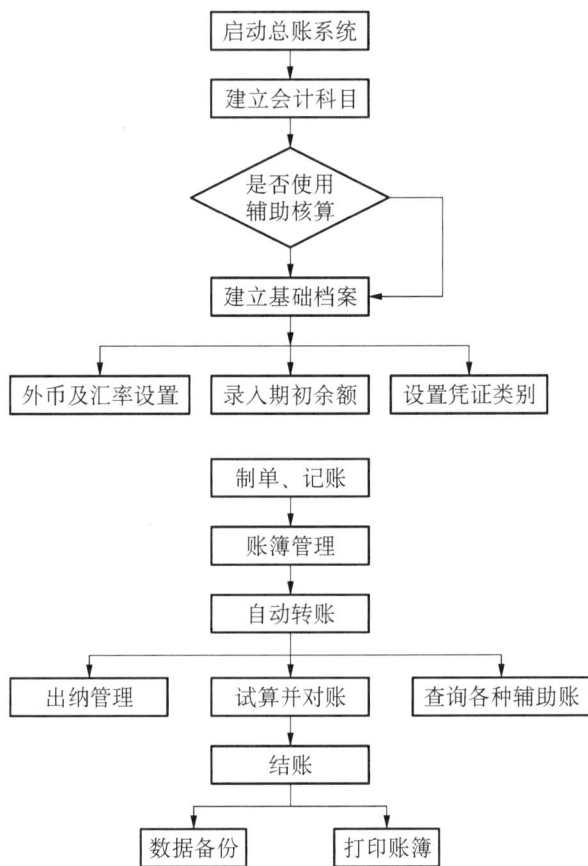

```
                    启动总账系统
                         │
                    建立会计科目
                         │
                   ◇是否使用◇────┐
                    辅助核算       │
                         │        │
                    建立基础档案 ←─┘
           ┌─────────────┼─────────────┐
      外币及汇率设置   录入期初余额    设置凭证类别

                    制单、记账
                         │
                    账簿管理
                         │
                    自动转账
           ┌─────────────┼─────────────┐
        出纳管理      试算并对账     查询各种辅助账
                         │
                       结账
                ┌────────┴────────┐
            数据备份          打印账簿
```

图 3-2 总账处理流程

2. 总账管理系统与其他子系统的数据关联

总账管理系统是完成设置账户、复式记账、填制和审核凭证、登记账簿等工作的子系统。在整个会计电算化信息系统中,总账管理系统在 U8 系统中占有重要地位。与成本管理、应收应付管理、薪资管理、固定资产管理、存货管理等子系统有着密不可分的关系,总账管理系统既是财务管理的中枢,又是最基本的系统,综合、全面、概括地反映企业各个方面的会计工作内容。其他子系统的数据必须传输到总账管理系统进行相关处理,同时总账管理系统还把某些数据传输给其他子系统利用。

任务三　总账管理系统业务处理

总账管理系统业务主要包括系统初始化设置、日常业务处理和期末业务处理等。

1. 总账管理系统的初始化

（1）总账参数设置。

建立新账套后，由于具体情况需要或业务变更，常常致使一些账套信息与核算内容不符，这时就可以通过系统参数设置进行账簿选项调整和查看，如表3-1所示。

表3-1 **总账参数选项说明**

参　数	说　明
制单序时控制	下一张凭证日期必须大于或等于上一张凭证的制单日期
支票控制	在制单时使用银行科目编制凭证时，系统针对已设置了票据管理的结算方式进行登记，如果录入支票号在支票登记中已经存在，系统提供登记支票报销功能，否则，系统提供登记支票登记簿的功能
赤字控制	当"资金往来科目"或"全部科目"余额出现负数时，系统予以提示
受控科目	选择"可以使用受控的科目"既可以在总账系统中使用，也可以在其受控系统中使用，否则只能在其受控的系统中使用
自动填补凭证断号	凭证删除后，系统自动补号
同步删除业务系统凭证	选中此项，其他子系统删除凭证，传到总账系统的凭证也将同步删除，否则，传到总账系统的凭证只显示作废
制单权限控制到科目	如果需要明确操作员只能使用具有相应制单权限的科目制单，则需在数据权限控制设置中选择"科目"进行控制，再选中该项，最后在数据权限中为操作员指定制单可以使用此科目
制单权限控制到凭证类别	如果需要明确操作员只能填制特定类别凭证，则先在数据权限控制设置中选择对"凭证类别"控制，再选中此项，最后在数据权限中为操作员指定制单时可以使用哪些凭证类别
操作员进行金额权限控制	系统对不同级别人员进行制单金额大小的控制。但外部凭证、自定义结转凭证、常用凭证调用生成，则不做金额权限控制
凭证审核控制到操作员	只能审核有对应关系的操作员填写的凭证，这一权限要与数据权限设置配合使用
凭证须由出纳签字	含有库存现金、银行科目的凭证必须由出纳人员通过"出纳签字"功能核对后才能记账
凭证须由主管会计签字	所有凭证都必须由主管会计签字才能作为记账依据
允许修改作废他人填制的凭证	如果制单人填制凭证有误，该选项允许其他人修改或作废。"控制到操作员"属于数据权限控制内容，利用此项可以指定允许修改、作废哪些操作员填制的凭证

通常设置主要有：凭证制单时，采用序时控制；进行支票控制与资金及往来赤字控制；可使用应收、应付及存货系统受控科日；自动补充凭证断号；制单权限控制到科目；不可修改他人填制的凭证；凭证审核时控制到操作员；出纳凭证必须经出纳签字；凭证必须经由主管签字；打印凭证的制单、出纳、审核、记账等人员姓名。账簿打印位数、每页打印行数按软件标准设定，明细账打印按年排页。

用友 ERP-U8 软件中的权限分为功能权限、数据权限和金额权限三种。其中功能权限在系统管理中已经设置完成,而数据权限和金额权限在企业应用平台上进行设置。数据权限分记录级数据权限和字段级数据权限。记录级数据权限是对某一业务对象的查询与录入进行控制;而字段级数据权限是对某一业务对象的具体内容进行控制。金额权限功能用于设置用户可使用的金额级别,主要是对采购订单的金额审核额度、科目的制单金额额度进行权限控制,以免个别用户权限过大。账套主管不受金额权限控制,由他为其他用户进行授权控制设置。在设置金额权限之前必须先设定对应的金额级别(级别总共 6 级)。对于科目来说,可根据需要设置对应科目的金额级别,可直接对上级科目设置级别,也可以明细到末级进行级别设置,但不允许对有上下级关系的科目同时进行级别设置。在金额权限控制中,有 3 种情况不受控制:调用常用凭证生成的凭证;期末转账结转生成的凭证;在外部系统生成的凭证,如果超出金额权限,保存凭证时不受限制。

(2) 会计科目。

会计科目设置必须遵循一定的原则,如按照核算具体内容进行分类,满足财务会计报告编制和会计核算要求,保持科目与科目之间的协调性和完整性等。

增加或修改科目时,需要对会计科目是否设有外币核算、数量核算或辅助核算进行选择,可以在修改界面下设置辅助核算、外币核算、数量核算。增加的会计科目性质通常由系统根据录入的科目编码进行判断,若增加的是明细科目,则系统根据总账科目自行判断,用户不能修改,且增加科目要遵循先建上级科目再建下级科目。会计科目编码必须唯一,不能重复。非末级会计科目、已经使用过的会计科目不能再修改科目编码;若需对已经录入了期初余额的会计科目进行修改,必须首先将"余额录入"的余额清零后,再进行修改。

系统规定只有在指定科目后,出纳签字功能才能执行,从而实现现金、银行存款管理的保密性。一般在指定科目之前,应该将现金科目设置为日记账,银行存款科目设置为银行账和日记账。会计科目的设置内容会对项目管理、凭证类别的选择及期初余额的录入产生影响,所以一般需要在这些项目录入之前进行设置。

(3) 项目目录的设置。

项目目录设置分四个步骤:定义项目大类;指定核算科目;定义项目分类;项目目录。项目管理需要遵循一定的顺序,一般是按照项目大类、核算科目、项目结构、项目分类和项目目录顺序进行。

定义项目大类中有普通项目、使用存货目录定义项目、成本对象、现金流量项目、项目成本核算大类,用户可根据项目设置情况选定类别、输入名称,然后定义级次。项目级次即项目编码规则,级次最多分为 8 级,其总长不能超过 22 位,每级级长不超过 9 位。定义项目栏目主要完成项目的名称、各栏目属性的编辑,用户也可根据自身需要对项目栏目进行修改。

指定核算科目就是具体指定核算当前大类项目所使用的会计科目。用以核算当前项目的会计科目须先在会计科目设置中选择辅助核算中的"项目核算",这样才能在核算科目中显示出来,用户勾选即可。

定义项目分类是对同一项目大类下的项目所做的进一步划分。项目大类下的子项目需要输入"分类编码"和"分类名称"信息。

完成前三步后,最后选择"项目目录"中"维护"增加项目目录。

(4) 凭证类别和结算方式的设置。

企业可根据实际情况,合理选择凭证类别。一般多选"收、付、转"三类凭证。如果在设置凭证类别时选择了凭证限制类型,那么必须满足限制条件,否则系统会给出错误提示。例如,设置收款凭证的限制类型为"借方必有"科目"1001,1002",当企业发生"销售产品,货款未收"的业务,如果选择"收款凭证"类别,保存时系统会提示"不满足借方必有条件",因为此业务需要填制转账凭证,"凭证必无"科目"1001,1002"。

结算方式设置是为了便于管理和提高银行对账效率而提供的一项功能,因而与财务结算方式要一致。在结算方式设置时,注意结算方式编码、名称等,用友财务软件设置结算方式编码,用以表示某种结算方式,一般用数字表示。用户根据企业实际情况,必须录入所用的结算方式名称,如现金结算、支票结算(可分为现金支票、转账支票)、商业汇票(可分为商业承兑汇票、银行承兑汇票)、汇兑(可分为信汇、电汇)及其他结算等。票据管理要与总账选项中支票控制配合使用,启用票据管理的结算方式将参与支票控制。

(5)录入期初余额与试算平衡。

在录入总账期初余额时需要注意,如果是第一次使用账务处理系统,必须输入科目余额。如果系统中已有上年的数据,在使用"结转上年余额"后,上年各账户余额将自动结转到本年;如果是年中建账,录入建账月份的期初余额以及建账月份之前各月份的借贷累计发生额,系统将自动计算年初余额;若是年初建账,可以直接录入年初余额。录入期初余额时,在用友软件界面可以看到期初余额栏有三种不同颜色,分别表示不同内容:白色栏,表示该科目是末级科目,可以直接录入科目余额;灰色栏,表示该科目非末级科目,此余额不用录入,系统将根据其下级科目的余额自动汇总计算;黄色栏,表示该科目为带有辅助核算项的会计科目,录入期初余额时需要将光标移到设有辅助项的科目处,双击鼠标,进入相应的辅助核算项期初录入窗口,录入辅助核算项期初数据,系统将自动汇总辅助核算项金额。例如,客户往来款项由应收系统核算,则客户往来科目中各客户的期初余额应在应收系统中录入,在总账管理系统中只能录入科目期初数据。如果要从"应收""应付"系统中取数,可在期初往来明细中单击"引入"按钮直接导入。

各账户期初余额录入完毕后,可在"期初余额录入"窗口使用"对账"功能,系统自动开始对账,并在界面显示结果。还可通过"试算"功能查看是否平衡。如果不平衡,需要返回期初余额窗口检查。期初余额不平衡不能记账,但可以填制凭证。记账后,期初余额不能修改。

2. 总账管理系统日常业务的处理

(1)凭证管理。

凭证管理内容主要有凭证录入、修改和审核,出纳签字,凭证汇总,记账,查询和打印输出各种凭证、总账和明细账,进行月末记账和结账等。

① 填制凭证是日常业务中最频繁的工作,也是会计电算化的基本工作。记账凭证按其来源分有两大类:手工填制和机制凭证。机制凭证是总账系统自动转账生成的凭证以及其他子系统中生成传递到总账的凭证。手工填制是根据审核无误的原始凭证在总账系统中填制而成的凭证。填制凭证包括两部分内容:凭证头部和凭证正文。凭证头部包括凭证类别、凭证编号、制单日期和附单据数等;凭证正文部分包括摘要、会计科目、金额等。如果输入的会计科目有辅助核算要求,则应输入辅助核算内容;如果一个科目同时兼有多种辅助核算,则还要求输入各种辅助核算的有关内容。

② 凭证审核包括出纳签字、主管签字和审核凭证。其目的是保证会计数据的真实、准确

以及明确责任。出纳签字只对涉及现金、银行存款的凭证进行核对,以确定凭证是否有误。要执行出纳签字功能,则必须要指定现金科目和银行存款科目,且操作员必须具有出纳签字权限。主管签字是为了加强对会计制单人员管理。凭证是否需要主管签字,取决于系统参数的设置。审核凭证是具有审核权限的操作员对制单人填制的记账凭证进行检查核对,凭证审核无误,审核人签字后才能记账。如果发现错误必须交由制单人进行修改后再重新审核。执行审核的操作员与制单人不能是同一个人。

③ 会计电算化账务系统中的记账与手工会计中的记账意义相同,都是数据归集、汇总的过程,以便全面、系统、完整地反映各项经济业务活动的变动情况。记账是由计算机自动完成,但未审核的凭证不允许记账,期初余额试算不平衡不允许记账,上月未结账本月不能记账。记账后如果发现记账凭证有错误需要进行修改,可应用反记账(Ctrl+H),即调用“恢复记账前状态”功能,系统提供了两种恢复记账前状态方式:恢复到最后一次记账前状态和将系统恢复到月初状态。只有账套主管才能选择“将系统恢复到月初状态”。

④ 修改、作废、冲销、查询凭证也是凭证管理中的重要内容。

修改凭证时,总账系统生成或填制的凭证可采用有痕迹修改或无痕迹修改方式进行。有痕迹修改是指系统通过保存错误凭证和更正凭证的方式而保留痕迹,因而可留下审计线索。对于已经记账的错误凭证,一般应采用有痕迹修改,如采用红字冲销法或补充更正法进行修改。无痕迹修改与有痕迹修改相反。对于尚未审核和签字的凭证可以直接进行修改,对于已审核和签字的凭证则先取消审核或签字,再进行修改。其他系统生成的凭证,只能在生成该凭证的系统中进行修改和删除,在总账系统中只能查询、审核、记账。

作废凭证时,对于尚未审核和签字的凭证,如果不需要的话,可以直接将其作废,作废凭证仍保留凭证内容及编号,仅在凭证上显示“作废”字样。作废凭证不能修改、不能审核,但要参与记账,否则月末无法结账。记账时不对作废凭证进行数据处理,相当于一张空凭证,账簿查询时查不到作废凭证的数据。与作废凭证相对应,系统也提供对作废凭证的恢复,将已经标识为作废的凭证恢复正常。对于作废凭证,如果想删除,可以通过“整理凭证”彻底删除。

冲销凭证时,只用于已记账的凭证。红字冲销可以采用手工方式,也可由系统自动进行。若自动冲销,只需要在条件窗口中填写被冲销凭证的类型、凭证号,系统会自动生成一张与该凭证相同但金额为红字(负数)的凭证。

凭证查询功能,既可以查询已记账凭证,也可查询未记账凭证;既可查询作废的凭证,也可查询标错的凭证;既可按凭证号范围查询,也可按日期查询;既可按制单人查询,也可按审核人或出纳员查询。只要准确设置查询条件,系统就会快捷地提供凭证信息。

(2)出纳管理。

出纳管理主要任务就是管好用好货币资金,其主要内容有日记账及资金日报表查询,填写支票登记簿、银行对账等。

① 日记账及资金账查询与打印放置于出纳管理平台。现金、银行存款日记账一般可按月或按日查询,查询时也可包含未记账凭证在内。资金日报表可以反映现金和银行存款发生额及余额情况。用友 U8 软件,对于资金日报可由总账系统的出纳管理中根据记账凭证自动生成,以便及时掌握当日借、贷金额合计、余额以及当日业务量等信息。资金日报既可根据已记账凭证生成,也可根据未记账凭证生成。

② 支票登记簿是由出纳登记支票领用信息的记录文件,以供详细登记支票领用日期、领

用部门、领导人、支票号、用途、预计金额、报销日期等,当应收、应付系统或资金系统有支票领用时,自动填写。要使用支票登记簿,应注意以下几个事项:建立会计科目时,必须为银行存款科目设置银行账属性;设置结算方式时,必须为支票结算方式设置票据管理属性;领用支票时,银行出纳必须填写日期、领用部门、领导人、支票号、用途、预计金额等信息;经办人持原始单据报销支票时,会计人员据此填写记账凭证,在录入该凭证时,系统要求录入结算方式和支票号,填制完凭证后,在采取支票控制方式下,系统自动在支票登记簿中填写报销日期,表示该支票已报销,否则出纳人员需要自己填写报销日期。

③ 银行对账是出纳人员基本工作之一,企业结算业务大部分要通过银行进行,但由于未达账项的存在,企业银行日记账余额与银行对账单余额不一定相同。为了准确掌握银行存款实际余额,防止发生差错,企业必须定期将银行存款日记账与银行出具的对账单核对,并编制银行存款余额调节表。银行对账程序如图 3 - 3 所示,具体操作见实训题。

图 3 - 3　银行对账程序

(3) 账簿管理。

企业发生的经济业务,通过凭证制单、审核、记账后,系统就可以生成正式的会计账簿,从而可以实现查询、统计和打印等操作。账簿管理主要任务就是查询总账、明细账、日记账、余额表等基本账表以及供应商往来、个人往来、辅助账等。

3. 期末业务处理

与日常业务相比较,期末会计业务具有数量多、业务种类繁杂等特点,但由于各会计期间的许多期末业务具有较强的规律性,由计算机处理这些业务,可大大节省工作量,也可以保证财务核算的正确性和规范性。其内容包括转账、对账和结账。

(1) 转账分为内部转账和外部转账。外部转账是指将其他子系统(如应收应付、薪资管理、固定资产等子系统)生成的凭证转入总账系统中;内部转账是指在总账系统内部将某个(或某几个)会计科目发生额或余额转到另一个(或多个)会计科目中,如总账系统在月末结账前,有许多成本、费用需要进行转账。软件中设置了自定义转账、对应结转、销售成本结转、汇兑损益结转、期间损益结转等自动转账功能来完成费用分配、费用计提、税金计算、期间损益结转等操作。自动转账分为转账定义和转账生成两个部分,转账定义将凭证摘要、会计科目、借贷方向及金额计算用公式的形式设置完成,然后在转账生成环节由系统按转账定义自动生成凭证。转账定义完成后可长期使用,在转账内容发生变化时,可重新修改自动转账定义。转账时,一定要注意以下几点:生成期间损益凭证,必须保证所有损益类账户已经全部记账;转账科目可以为非末级科目,部门可为空,表示所有部门;如果用户使用了应收应付系统,那么在总账系统不能按客户、供应商辅助进行结转,只能按科目总数进行结转。

(2) 在期末业务中设置了"对账"功能,只要选择对账月份,系统自动完成对账,即核对总账与明细账、总账与辅助账、辅助账与明细账。试算平衡时系统会将会计所有账户的期末余额按会计平衡公式"借方余额＝贷方余额"进行平衡检验,并输出科目余额表,试算平衡表显示对账信息。结账时,系统也会自动进行对账和试算平衡。

（3）结账就是每月月末计算和结转账簿的本期发生额和期末余额,并终止本月账务处理工作。结账只能每月进行一次,且必须按月连续进行。

任务四　总账管理系统实训

总账管理系统初始设置实训

实训准备

引入项目二基础设置实训备份数据,将系统时间设置为"2019年1月31日",以账套主管001陈浩的身份进入企业应用平台,进行总账系统初始设置。

实训内容及要求

* 总账系统参数设置　　　＊设置外币种类
* 设置会计科目　　　　　＊设置项目核算
* 设置凭证类别　　　　　＊设置结算方式
* 期初余额录入并试算平衡

掌握总账系统初始设置的具体内容和操作方法。初始设置完成后进行备份。

实训资料

1. 总账系统参数设置

在总账系统中进行凭证制单时,制单序时控制;对支票、资金及往来赤字进行控制,可以使用应收、应付受控科目;不允许修改、作废他人填制的凭证;凭证审核控制到操作员;可查询他人凭证;出纳凭证必须经由出纳签字。

2. 外币种类设置

外币及汇率如表3-2所示。

表3-2　　　　　　　　　　外币及汇率

币　符	$	折算方式	外币×汇率＝本位币
汇率小数位	5	1月份汇率	6.2
最大误差	0.000 01		

3. 会计科目设置

（1）指定会计科目。指定"1001 库存现金"为现金科目，"1002 银行存款"为银行科目。

（2）增加会计科目明细，如表 3-3 所示。

表 3-3　　　　　　　　　　　　　**增加的会计科目明细**

科目编码	科目名称	方　向	辅助账类型
100201	工行存款	借	日记账、银行账
100202	中行存款	借	日记账、银行账、外币核算
112101	银行承兑汇票	借	客户往来
112201	利康有限公司	借	客户往来
112202	红星制钢有限公司	借	客户往来
122101	刘飞	借	个人往来
122102	李小艳	借	个人往来
140301	原料及主要材料	借	
14030101	不锈钢	借	数量核算（千克）
14030102	涂饰助剂	借	数量核算（千克）
14030103	电机	借	数量核算（台）
140501	A 产品	借	数量核算（台）
140502	B 产品	借	数量核算（台）
160401	专用材料	借	项目核算
160402	专用设备	借	项目核算
220101	商业承兑汇票	贷	供应商往来
220201	金属物资有限公司	贷	供应商往来
220202	胜利包装制品公司	贷	供应商往来
220203	红旗带钢有限公司	贷	供应商往来
220204	特种化工有限公司	贷	供应商往来
220205	运城市黏合剂厂	贷	供应商往来
222101	应交增值税	贷	
22210101	进项税额	贷	
22210102	销项税额	贷	
22210103	已交税金	贷	
222102	未交增值税	贷	
222103	应交营业税	贷	

科目编码	科目名称	方 向	辅助账类型
400101	新天地公司	贷	
400102	丰瑞公司	贷	
410401	未分配利润	贷	
500101	直接材料	借	项目核算
500102	直接人工	借	项目核算
500103	其他	借	项目核算
510101	折旧	借	部门核算
510102	工资	借	部门核算
510103	其他费用	借	部门核算
600101	A产品	贷	数量核算（台）
600102	B产品	贷	数量核算（台）
605101	材料销售	贷	
605102	其他	贷	
640101	A产品	借	数量核算（台）
640102	B产品	贷	数量核算（台）
660201	办公费	借	部门核算
660202	差旅费	借	部门核算
660203	工资	借	部门核算
660204	折旧费	借	部门核算
660205	福利费	借	部门核算
660206	招待费	借	部门核算
660207	维修费	借	部门核算

4. 项目大类表

项目大类表如表 3-4、表 3-5 所示。

表 3-4   **项目大类表（1）**

项目大类	指定核算科目	项目分类	项目目录
在建工程	专用材料 专用设备	1号工程	在建厂房
			设备安装
		2号工程	

表 3 - 5 项目大类表(2)

项目大类	指定核算科目	项目分类	项目目录
生产成本	直接材料 直接人工 其他	1 自制产品	A 产品
			B 产品
		2 委托加工产品	

5. 凭证类别表

凭证类别如表 3 - 6 所示。

表 3 - 6 凭证类别

类别字	类别名称	限制类型	限制科目
收	收款凭证	借方必有	1001,1002
付	付款凭证	贷方必有	1001,1002
转	转账凭证	凭证必无	1001,1002

6. 结算方式表

结算方式如表 3 - 7 所示。

表 3 - 7 结算方式

编码	结算方式	编码	结算方式	编码	结算方式
1	现金结算	3	汇票	401	信汇
2	支票结算(票据管理)	301	银行承兑汇票	402	电汇
201	现金支票(票据管理)	302	商业承兑汇票	5	网银
202	转账支票(票据管理)	4	汇兑		

7. 期初余额录入

期初余额明细如表 3 - 8 至表 3 - 12 所示。

表 3 - 8 期初余额明细

科目名称	方向	期初余额	备注
1001 库存现金	借	550	现金日记账
1002 银行存款	借	152 650	银行存款日记账
100201 工行账户	借	140 250	银行存款日记账
100202 中行账户	借	12 400	银行存款日记账
		2 000	美元

科目名称	方　向	期初余额	备　注
1121 应收票据	借	58 500	
112101 银行承兑汇票	借	58 500	客户往来（详见表 3 - 9）
1122 应收账款	借	163 800	客户往来（详见表 3 - 10）
1221 其他应收款	借	550	个人往来（详见表 3 - 11）
1403 原材料	借	69930	
140301 原料及主要材料	借	69 930	
14030101 不锈钢	借	36 750	＊@12.25,3 000 千克
14030102 涂饰助剂	借	2 380	@7,340 千克
14030103 电机	借	30 800	@308,100 台
1405 库存商品	借	253 000	
140501 A 产品	借	105 000	@3500,30 台
140502 B 产品	借	148 000	@3700,40 台
1601 固定资产	借	370 000	
1602 累计折旧	贷	38 060	
1604 在建工程	借	500 000	
160401 专用材料	借	100 000	项目核算（在建厂房）
160402 专用设备	借	400 000	项目核算（在建厂房）
2202 应付账款	贷	130 950	供应商往来（详见表 3 - 12）
2001 短期借款	贷	200 000	
2221 应交税费	贷	7 951	
222102 未交增值税	贷	5 566	
222103 应交营业税	贷	2 385	
4001 实收资本	贷	850 000	
400101 新天地公司	贷	400 000	
400102 丰瑞公司	贷	450 000	
4101 盈余公积	贷	274 000	
4104 利润分配	贷	168 019	
410401 未分配利润	贷	168 019	
5001 生产成本	借	100 000	

科目名称	方 向	期初余额	备 注
500101 直接材料	借	73 500	A 产品 62 650 元 B 产品 10 850 元
500102 直接人工	借	26 500	A 产品 17 350 元 B 产品 9 150 元

注：＊@12.25,3 000 为数量核算,表示单价 12.25 和数量 3000,其余相同。专用材料(160401)、专用设备(160402)余额均为 1 号工程期初余额。

表 3 - 9 **应收银行承兑汇票期初明细**

日 期	凭证	客户名称	摘 要	方 向	金 额
2018 - 12 - 31	转 - 2	利康公司	销售 A 产品	借	58 500

表 3 - 10 **应收账款期初明细**

日 期	凭 证	客户名称	摘 要	方 向	金 额
2018 - 12 - 31	转 - 7	利康公司	售 A 产品	借	105 300
2018 - 12 - 31	转 - 9	北京红星	售 B 产品	借	58500

表 3 - 11 **其他应收账款期初明细**

日 期	凭 证	人 员	摘 要	方 向	金 额
2018 - 12 - 31	转 - 6	刘飞	个人借款	借	350
2018 - 12 - 31	转 - 8	李小艳	个人借款	借	200

表 3 - 12 **应付账款期初明细**

日 期	凭 证	业务员	供应商	方 向	金 额
2018 - 12 - 31	转 - 10	刘飞	红旗带钢有限公司	贷	105 950
2018 - 12 - 31	转 - 15	刘飞	特种化工有限公司	贷	7 000
2018 - 12 - 31	转 - 22	刘飞	运城市黏合剂厂	贷	3 000
2018 - 12 - 31	转 - 26	刘飞	金属物资有限公司	贷	15 000

进行账套备份

操作指导

1. 总账系统参数设置

总账系统的参数设置将决定总账系统的输入控制、处理方式、数据流向、输出格式等,设定后一般不能随意改变。

（1）在用友企业应用平台，以账套主管 001 身份进入，将系统时间设为 2019 年 1 月 1 日。

（2）进入 U8 业务工作界面，单击"财务会计"，单击"总账"，单击"设置"中"选项"，进入选项界面，单击"编辑"按钮，进行参数修改状态。

（3）根据资料要求，分别进行凭证、权限的设置。要求中未标明的，在此采用系统预设值，不做修改，如图 3-4、图 3-5 所示。

图 3-4　"凭证"选项的设置

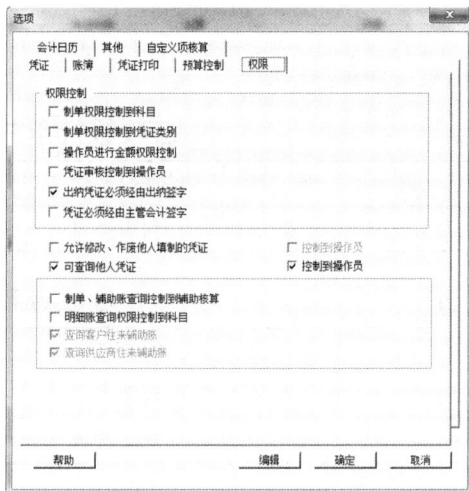

图 3-5　"权限"选项的设置

（4）设置完毕，单击"确定"按钮并保存设置，退出选项设置界面。

2. 设置外币及汇率

（1）在设置外币及汇率之前，先检查一下在建立账套时，是否在"基础信息"中"有无外币核算"前的方框中勾选，若勾选，才可以进行外币设置。若前面未设置，用账套主管 001 陈浩身份进入"系统管理"，设置"账套—修改"，选择"有外币核算"选项。

（2）在进入企业应用平台后，选择"基础设置"选项中的"基础档案"，单击"财务"，点击"外币设置"，单击"增加"，录入币符"$"、币名"美元"，其他各项默认，单击"确认"，如图 3-6 所示。

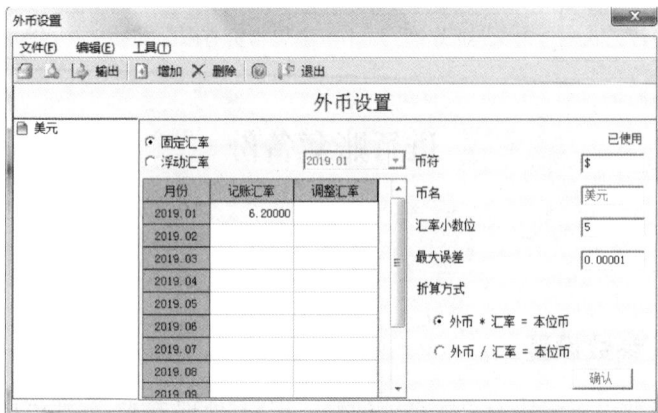

图 3-6　外币及汇率设置

（3）根据表 3-2 资料，在记账月份"2019.01"一行，录入"记账汇率"6.2，单击工具栏中"退出"。

3. 指定会计科目

只有指定现金及银行总账科目才能进行出纳签字的操作，才能查询现金日记账和银行存款日记账。被指定的"现金科目"及"银行科目"必须是一级会计科目。

（1）在企业应用平台，选择"基础设置"选项，单击"基础档案"中的财务，单击"会计科目"，进入"会计科目"窗口。在工具栏，单击"编辑"，执行菜单下的"指定科目"命令，打开"指定科目"对话框，如图 3-7 所示。

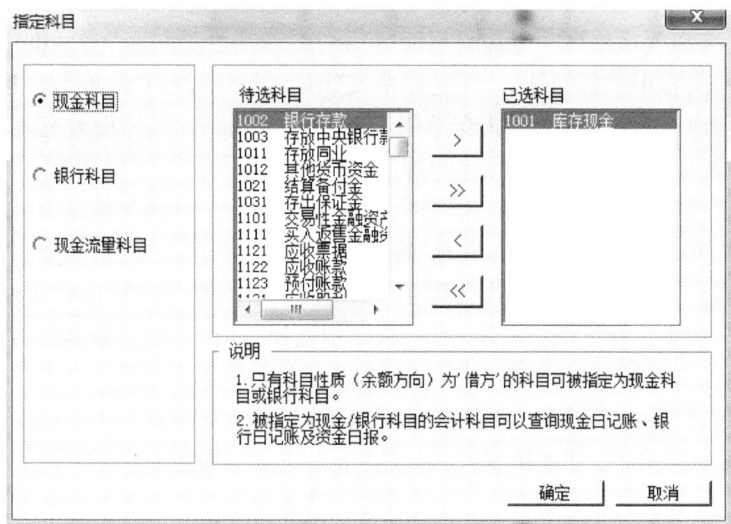

图 3-7　指定科目设置

（2）选择"现金科目"，单击"＞"按钮，将"1001 库存现金"从"待选科目"窗口选入"已选科目"窗口，单击"确定"后，显示"会计科目"窗口。以同样方法，单击选择"银行科目"，单击"＞"按钮，将"1002 银行存款"选入"已选科目"窗口，单击"确定"。

设置完成后，"会计科目"窗口，库存现金和银行存款一行将出现"Y"标志，如图 3-8 所示。

图 3-8　指定库存现金和银行存款科目

4. 会计科目设置

会计科目设置包括增加、修改、删除的操作。

设置会计科目时,会计科目编码应符合编码规则。**注意：**如果科目已经使用,则不能被修改或删除。

（1）在"会计科目"界面,单击"增加"按钮,打开"新增会计科目"对话框。

（2）根据表3-3的资料,录入1002银行存款科目的二级科目100201工行存款和100202中行存款。"账页格式"选择为"金额式","科目性质"点击"借方",辅助核算类型分别勾选"日记账"和"银行账"。

（3）输入完成后,单击"确定"按钮,该科目即存入系统。

（4）如果需要继续增加会计科目,可以单击"增加"按钮,重复上述操作步骤,不需要增加会计科目时,可以单击对话框右上角"×"按钮返回。

（5）新增科目时,要注意是否具有辅助核算。辅助核算包括部门核算、个人往来、客户往来、供应商往来和项目核算。增加科目时,需要在"新增会计科目"对话框中,根据情况在辅助核算对应的内容中进行勾选。"无受控系统"即该账套不使用"应收"及"应付"系统,"应收"及"应付"业务均以辅助账的形式在总账系统中进行核算。凡是设置有辅助核算内容的会计科目,在填制凭证时都需填制具体的辅助核算内容。

在表3-3资料中,应收账款、应收票据、其他应收款——应收单位款、预收账款,这些科目辅助核算方式都勾选"客户往来",勾选"客户往来"辅助核算方式后,这些科目自动成为应收系统的受控科目,有关凭证在应收管理系统使用,如果不需要进行应收系统处理,在此可在"受控系统"一项中选择无受控系统（受控系统中选择空白）。应付账款、应付票据、预付账款则按"供应商往来"进行辅助核算。

费用类科目设置辅助核算方式则按"部门核算"。其他应收款——应收个人款或其他应付款——应付个人款科目,辅助核算方式勾选"个人往来",如图3-9所示。

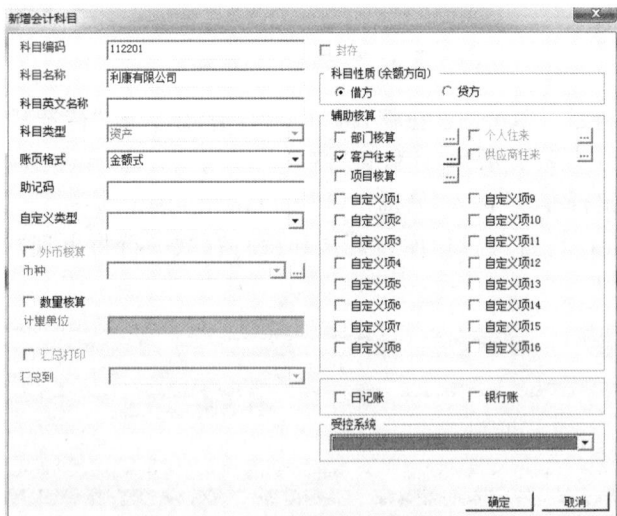

图3-9 新增应收账款明细科目

设置项目核算的会计科目有原材料、材料成本差异、库存商品、在建工程、基本生产成本、主营业务收入、主营业务成本等,这些科目可根据资料要求进行辅助核算方式,即勾选"项目核算"。

（6）如果新增的会计科目与原有某一科目下属的明细科目相同或类似，则可采用复制科目的方法。选择"基础档案"中"财务"，打开"会计科目"，在"会计科目"界面，单击工具栏中"编辑"，单击"成批复制"，显示图 3-10 所示界面。在录入 6001 科目所属明细科目后，若 6401 所属明细科目与 6001 所属明细科目相同，就可以应用成批复制，以节省增加明细科目的时间。即将 6001 所属明细科目复制到 6401 科目下，单击"确认"完成。

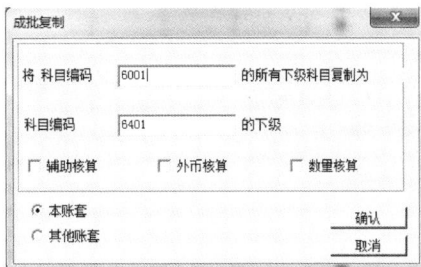

图 3-10 会计科目成品复制

5. 项目设置

项目设置分为四步：新增项目大类—指定项目核算科目—项目分类定义—项目目录维护。辅助核算方式为项目核算的会计科目，项目管理增加了"在建工程"和"生产成本"两个大类，项目大类虽然是系统预置的，但其项目分类定义和项目目录还需手工增加。一个项目大类可指定多个会计科目，一个会计科目只能属于一个项目大类。标识为结算（表示项目已结算过成本）的项目将不允许再使用。

（1）新增项目大类。

① 执行"基础设置"选项中的"基础档案"，单击"财务"，打开"项目目录"，显示"项目档案"对话框，如图 3-11 所示。

② 单击"增加"按钮，打开"项目大类定义-增加"对话框，如图 3-12 所示。根据表 3-4、表 3-5 资料，分别在"项目管理"中建立"在建工程"和"生产成本"两个大类。各项目大类各步设置分别独立完成，互不影响。

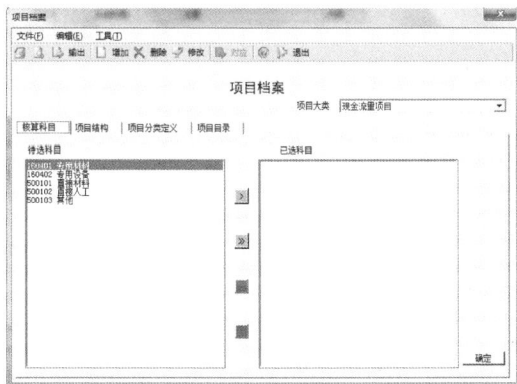

图 3-11 项目档案

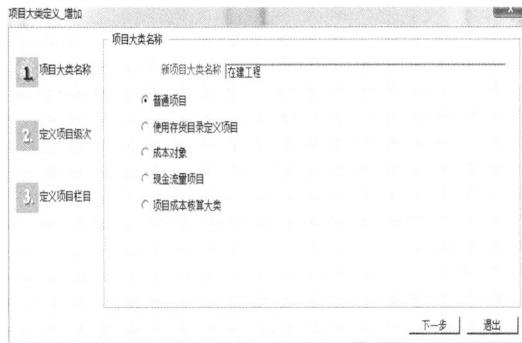

图 3-12 新增项目大类

③ 按照提示，单击"下一步"，打开"定义项目级次"对话框，如图 3-13 所示。默认系统设置，单击"下一步"，打开"定义项目栏目"对话框，如图 3-14 所示。在"定义项目栏目"界面，单击右侧"增加"按钮，可根据实际需要，"在建工程"大类中可增加"开工日期""负责人""承建单位""预算总金额"四个新字段；生成成本大类中，可增加"商品名称""存放地点"等内容。单击"完成"按钮。

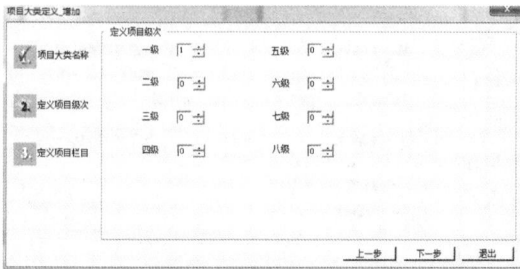

图 3-13 定义项目级次

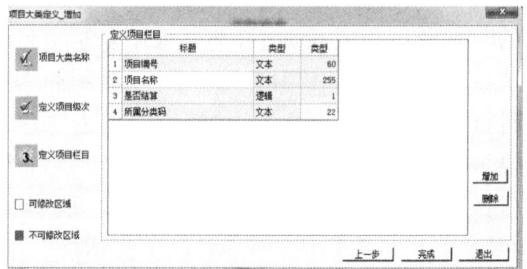

图 3-14 定义项目栏目

（2）指定项目核算科目。

在项目档案界面，单击"项目大类"下三角按钮，选择已建立的"在建工程"或"生产成本"大类，然后单击"核算科目"选项，从待选科目中依次选择项目核算的会计科目，单击"＞"，将各核算科目添加到"已选科目"中，如图 3-15 所示。单击"确定"按钮确认。

（3）项目分类定义。

在"在建工程"项目大类中，单击"项目自定义"选项卡，录入分类编码"1"，分类名称"1 号工程"，单击"确定"按钮，同样增加"2 号工程"，单击"确定"按钮，如图 3-16所示。

在"生产成本"项目大类中，同样方法建立自定义分类，如图 3-17 所示。

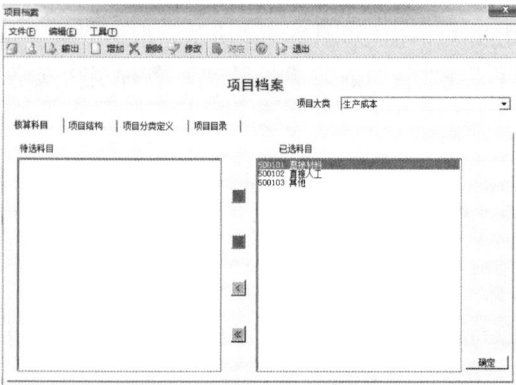

图 3-15 生产成本项目大类的核算科目

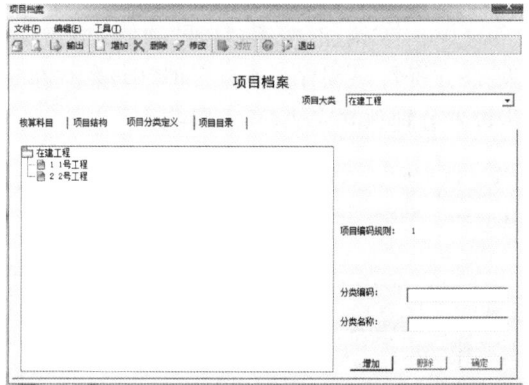

图 3-16 在建工程项目分类定义

（4）项目目录维护。

① 单击"项目目录"选项卡，如图 3-18 所示界面。单击"维护"按钮，进入"项目目录维护"。

② 单击"增加"按钮，根据资料，录入"生产成本"中项目编号"1"、项目名称"A 产品"、所属分类码选择"1 自制产品"，单击"确定"，同样增加项目目录 B 产品，如图 3-19 所示。以同样方法录入"在建工程"项目目录在建厂房和设备安装。单击"退出"按钮，项目设置完成。

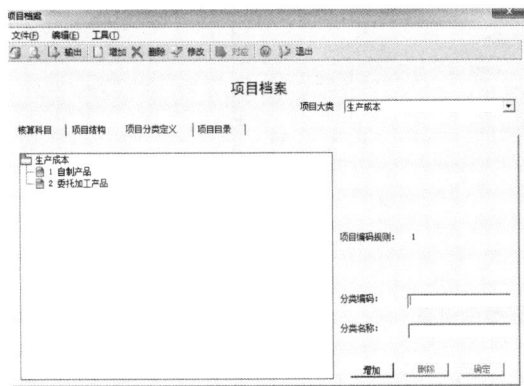

图 3-17　生产成本项目分类定义

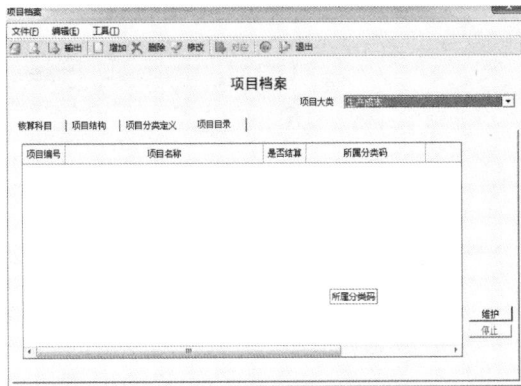

图 3-18　项目目录界面

图 3-19　项目目录维护

6. 凭证类型设置

（1）在企业应用平台，选择"基础设置"选项卡中的"基础档案"，单击"财务"，执行"凭证类别"命令，出现凭证类别预置，选择"收款凭证 付款凭证 转账凭证"前的单选按钮，如图 3-20 所示。

（2）在凭证类别设定窗口，根据表 3-6 资料，单击"修改"按钮，双击"收款凭证"所在行的"限制类型"栏，出现下三角按钮，从下拉列表中选择"借方必有"，在限制栏录入"1001,1002"。

（3）同样方法完成对付款凭证和转账凭证的限制类型和限制科目设置，如图 3-21 所示。

注意：收款凭证的限制类型为借方必有"1001，1002"，则在填制凭证时系统要求收款凭证的借方一级科目至少有一个是"1001"或"1002"，否则，系统会判断该张凭证不属于收款凭证类别，不允许保存。付款、转账凭证也应满足相应的要求。科目编码间的标点符号应为英文状态下的标点符号。

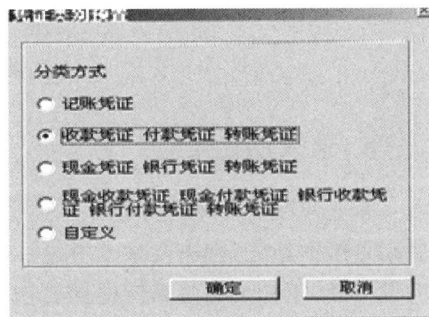

图 3-20　凭证类别预置选择

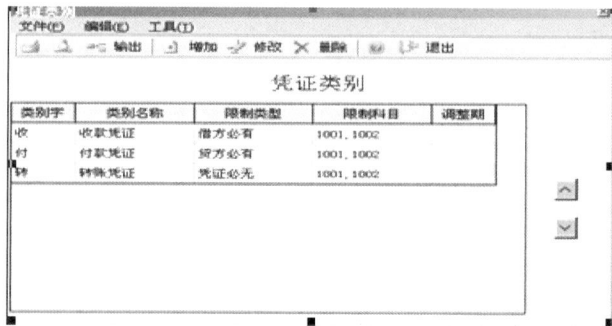

图 3‑21　凭证类别设置

7. 设置结算方式

（1）在企业应用平台的"基础设置"选项卡中，单击"基础档案"，打开"收付结算"，执行"结算方式"命令，进入"结算方式"对话框。

（2）单击"增加"按钮，根据表 3‑7 资料，录入结算方式编码"1"，结算方式名称"现金结算"，单击"保存"按钮。以此方法继续输入其他结算方式，如图 3‑22 所示。录入完成，单击"退出"。

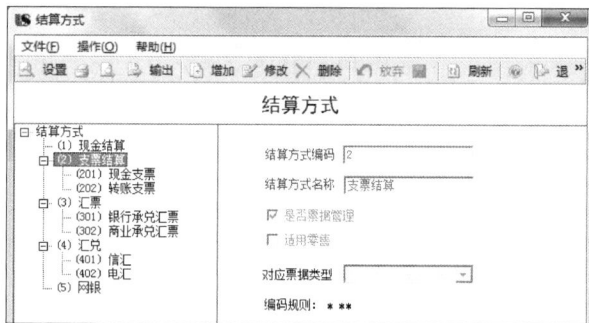

图 3‑22　结算方式设置

8. 录入期初余额

企业建账有年初建账和年中建账两种情况，如果是年初建账，可以直接录入年初余额；如果是年中建账，则需要录入所建月份的期初余额和从该年年初到建账月份的借、贷方累计的发生额，年初余额由系统根据月初余额及借贷方累计发生额自动计算生成。本书资料以年初建账为例。根据录入年初余额的不同，可分为录入末级科目期初余额、录入非末级科目期初余额、录入辅助项期初余额，另外，还有录入期初余额后需调整方向、期初对账、试算平衡。

如果录入余额的科目有辅助核算的内容，则在录入余额时必须录入辅助核算的明细内容，而修改时也应修改明细内容。

系统只能对月初余额的平衡关系进行试算，而不能对年初余额进行试算，如果期初余额不平衡，可以填制凭证但是不允许记账；记账后，期初余额变为只读状态，不能再修改。

（1）录入末级科目期初余额。期初余额界面中白色区域表示末级科目，该区域科目可通过直接输入的方法完成录入。

进入企业应用平台，选择"业务工作"，单击"财务会计"，打开"总账"，单击"设置"下的"期初余额"，系统弹出"期初余额"窗口。将光标定位在需要录入非末级科目的期初余额栏，输入期初余额。例如，表3-8资料中1001库存现金为末级科目，直接在期初余额栏输入金额550，回车确认即可，如图3-23所示。其他科目（如1601固定资产、2001短期借款等）期初余额录入的方法都相同。

图 3-23　期初余额录入（1）

（2）录入非末级科目期初余额。以1002银行存款为例，将光标定位在1002所属末级科目"100201工行存款"期初余额栏，输入金额"140250"，回车确认，系统自动将1002银行存款所属的明细科目金额汇总到1002银行存款的期初余额栏，如图3-24所示。

图 3-24　期初余额录入（2）

（3）录入辅助项期初余额。涉及辅助核算的科目期初余额栏为浅灰色区域，录入期初余额时可分以下几种情况：

① 外币核算科目的期初余额要先录入人民币金额，再录入外币金额。录入涉及数量核算科目的期初余额要先录入金额，再录入数量。例如，100202中行存款，录入时将光标定位在"100202中行存款"的期初余额栏，输入人民币"12400"，再录入外币"2000"，回车确

认,总账科目 1002 银行存款期初余额栏处将自动计算后的金额填入,如图 3 - 24 所示。

② 客户往来科目辅助核算设置为"客户往来""个人往来""供应商往来",期初余额所在的浅灰色区域录入方法都相同,辅助科目需要录入明细记录,辅助科目的期初余额会根据录入的明细数据自动汇总。如果要从"应收""应付"系统中取数,可在期初往来明细中单击"引入"按钮直接导入。

以应收账款为例。在期初余额窗口中,双击设置为客户往来辅助核算的"应收账款"科目的期初余额区域,打开应收账款"辅助期初余额"窗口,出现图 3 - 25 所示的窗口界面;单击"往来明细",又弹出"期初往来明细"窗口,单击"增行",依次录入"日期""凭证号",选择"客户",填写"摘要",选择"方向",录入"金额",单击工具栏中"汇总",单击"退出",查看 1122 应收账款期初余额栏已自动填入了汇总金额,如图 3 - 26 所示。

图 3 - 25　辅助期初余额(3)

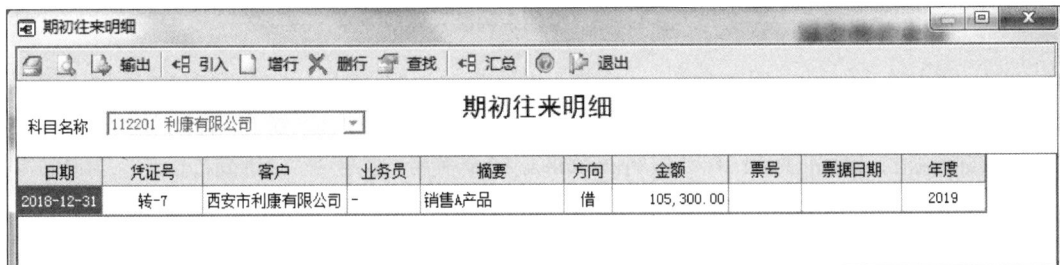

图 3 - 26　期初余额录入(3)

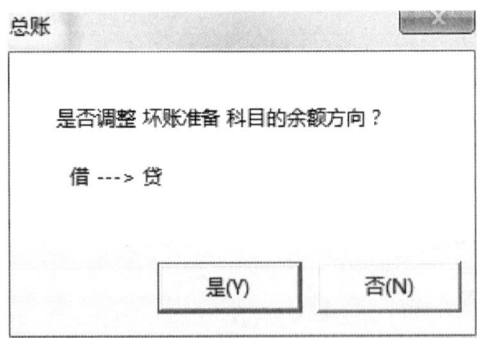

图 3 - 27

(4) 调整余额方向。如要调整某科目期初余额方向,可在"期初余额录入"窗口中,选择需要调整余额方向的科目,单击工具栏中"方向"按钮,系统弹出"是否调整"提示,如图 3 - 27 所示窗口。单击"是",科目方向将被调整。科目如果已录入期初余额,将不能调整余额方向;如需调整,应先删除期初余额,然后再调整方向。

(5) 期初对账与试算平衡。期初余额全部录入完毕,可进行对账并试算平衡。

系统打开"期初对账"窗口。单击"开始"按钮,系统自动对账,并在界面显示对账结果,如图 3 - 28 所示。在"期初余额"窗口,单击工具栏上的"试算"按钮,如果试算平衡,显示"试算结果平衡"提示。如果显示"试算结果不平衡"提示,需要返回期初余额窗口进行检查,如图 3 - 29 所示。

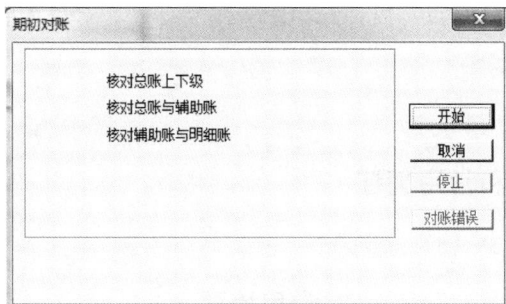

图 3-28　期初对账

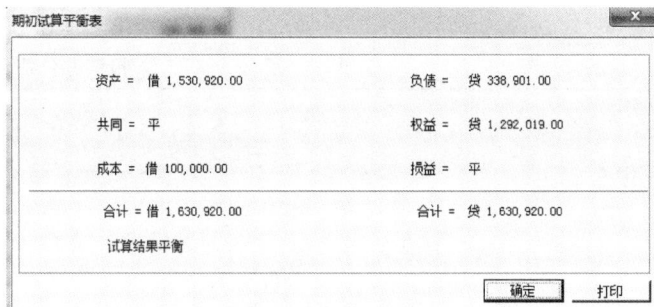

图 3-29　期初试算平衡

9. 账套备份

退出企业应用平台,以 Admin 身份注册进入系统管理,执行"账套/输出"命令,账套号"001西安市宝特钢制品有限公司",输出文件位置"E\账套备份\项目三账套备份",单击"确定"。

总账管理系统日常业务处理

实训准备

引入初始设置实训备份数据,将系统时间设置为"2019 年 1 月 31 日",以账套主管、总账会计、出纳的身份进入企业应用平台,进行总账系统日常业务处理。

实训内容及要求

* 设置常用摘要

* 设置常用凭证

* 填制记账凭证(以财务会计 002 张明身份操作)

* 审核记账凭证(以账套主管 001 陈浩身份操作)

* 出纳签字、主管签字(分别以出纳 003 李娜和账套主管 001 陈浩身份操作)

* 凭证修改、凭证删除

* 记账

* 查询凭证

* 冲销已记账凭证

要求掌握记账凭证处理流程、原理和记账方法。日常业务操作完成并进行备份。

实训资料

1. 设置常用摘要和常用凭证

（1）常用摘要（见表 3-13）。

表 3-13   **常用摘要**

摘要编码	摘要内容
1	购买包装物
2	报销办公费

（2）常用凭证。

① 从银行提取现金。

② 报销差旅费。

2. 实训内容

（1）2019 年 1 月 西安市宝特钢制品有限公司发生以下经济业务（注：增值税税率 13%）：

① 1 月 1 日，公司收到现金捐款 1 000 元。（附原始凭证 1 张）

② 1 月 2 日，收到新天地公司电汇投资 10 000 美元，存入中行存款账户。（附原始凭证 2 张，票号 E728，电汇-402）

③ 1 月 3 日，从工行存款提取备用金 3 000 元。（附原始凭证 1 张，现金支票（402 方式），票号为 0621，领用人，刘飞）

④ 1 月 7 日，从西安市北大街金属物资有限公司购入不锈钢料 1 000 千克，每千克 12.25 元，货款尚未支付，材料已验收入库。（附增值税发票 1 张，入库单 1 张）

⑤ 1 月 12 日，向北京红星有限公司出售 A 产品 10 台，每台单价 4 212 元，产品已发出，货款尚未收到。（附销售专用发票 1 张，出库单 1 张，业务员李小艳）

⑥ 1 月 16 日，一车间领用生产 A 产品的不锈钢 2 500 千克，单价 12.25 元，共计 30 625 元；领用涂饰助剂 200 千克，单价 7 元，共计 1 400 元；领用电机 50 台，每台 308 元，共计 15 400 元。（附单据 2 张）

⑦ 1 月 20 日，办公室购入打印纸 800 元，现金支付。（附单据 1 张）

⑧ 1 月 21 日，销售部李小艳报销差旅费 500 元，上月预借 350 元。（附单据 1 张）

⑨ 1 月 22 日，向利康公司销售 A 产品 15 台，每台单价 4 212 元，收到转账支票 100 000 元，并存入工行存款账户。（附原始凭证 3 张，支票号 5558）

⑩ 1 月 22 日，以工行转账支票支付广告费 10 000 元。（原始凭证 2 张，支票号 6624）

⑪ 1 月 25 日，通过工行存款账户缴纳上月营业税 2 385 元，增值税 5 566 元。（附原始凭证 3 张，电汇票号 6767）

⑫ 审核签字后，发现第 8 笔业务有误。修改第 8 笔业务凭证，报销金额为 800 元。

⑬ 删除第 10 笔业务凭证。

（2）本月记账凭证全部审核、签字，记账。

（3）冲销本月第 7 笔业务凭证。

（4）查询日记账、管理费用明细账。

操作指导

1. 设置常用摘要

（1）将系统日期修改为"2019 年 1 月 31 日"，以 001 账套主管身份进入企业应用平台，选择"基础设置"选项卡中的"基础档案"，单击"其他"，打开"常用摘要"，在"常用摘要"窗口，

单击"增加"按钮，根据表 3-13 资料录入常用摘要，如图 3-30 所示。设置常用摘要后可以在填制凭证时调用；常用摘要中的"相关科目"是指使用该摘要时通常使用的相关科目。如果设置相关科目，则在调用该常用摘要时系统会将相关科目一并列出，可以修改。

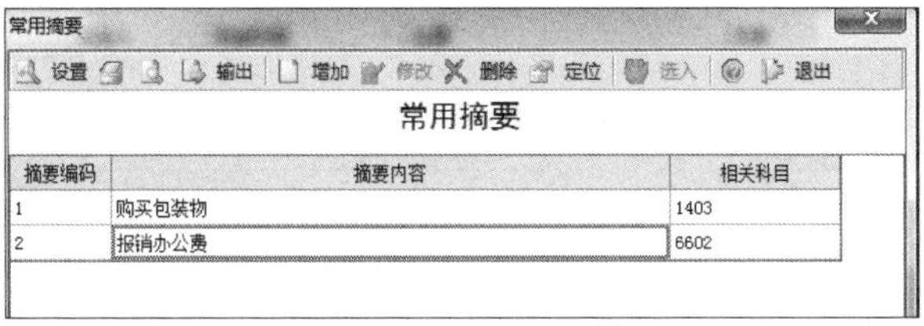

图 3-30　常用摘要设置

如果设置常用凭证，则以 002 总账会计身份进入企业应用平台，选择"财务工作"中的"总账"，单击"凭证"，打开"常用凭证"，点击"增加"，类似于常用摘要的设置。

2. 填制第 1 笔业务的记账凭证（一般业务处理）

以 002 张明身份进入企业应用平台，登录日期为 2019 年 1 月 31 日。

借：库存现金　　　　　　　　　　　　　　　　　　　　　　　　　　1 000

　　贷：营业外收入　　　　　　　　　　　　　　　　　　　　　　　　1 000

（1）在"填制凭证"窗口，单击"增加"按钮或按 F5，单击记账凭证＿＿**字**＿＿，点击"▂▂"符号，从中选择"收款凭证"。日期选择为"2019.01.01"，在"摘要"栏直接录入"接受现金捐赠"，如果应用常用摘要，只需录入常用摘要编号就行。按回车键或单击"科目名称"栏的参照按钮（或 F2 键），选择资产类"1001"，回车，即显示库存现金，在"借方金额"栏填入金额。

（2）同样录入贷方科目"6301"营业外收入。录入完毕，单击"保存"，系统弹出"凭证已保存成功"提示，单击"确定"按钮返回，如图 3-31 所示。

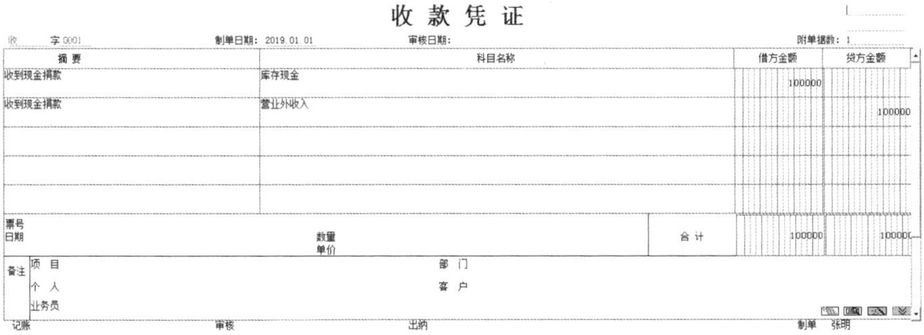

图 3-31　业务 1 记账凭证

3. 填制第 2 笔业务的记账凭证(外币辅助项、银行辅助项)

借:银行存款——中行存款   62 000
  贷:实收资本——新天地公司   62 000

(1) 单击"📄"或 F5,增加新凭证。选择凭证类别为收款凭证,更改制单日期为"2019年1月2日",附件张数"2张"。录入摘要。在摘要栏录入"收到投资",按回车确认。录入会计科目。在借方科目直接输入"100202"或单击"▄▄",打开"科目参照"窗口,选择"资产类"科目"100202",回车确认,系统自动弹出凭证自动带出外币。

(2)"辅助项"窗口,单击结算方式下的"▄▄"按钮,选择"402 电汇",输入票号"E728",发生日期:2019 - 01 - 02,如图 3 - 32 所示。单击"确定"按钮,返回填制凭证界面。

图 3 - 32 业务 2 记账凭证

(3) 录入借方金额。在外币金额栏录入"10 000",按回车确认,借方金额自动填入"62 000"。同样,录入贷方科目及金额,然后单击"保存",系统弹出"凭证已保存成功"提示,单击"确定"按钮返回,如图 3 - 33 所示。

图 3 - 33 业务 2 记账凭证

注意:系统如果没有弹出辅助项信息窗口或信息窗口错误,则表明辅助项设置错误,需要到设置会计科目窗口设置或修改。

4. 填制第 3 笔业务的记账凭证(支票登记、银行辅助项)

借:库存现金 3 000

贷:银行存款——工行存款 3 000

(1)凭证头、摘要、借方的录入方法同上。注意填写"辅助项"信息:结算方式"1",票号"0621",发生日期:2019 - 01 - 03,如图 3 - 34 所示。

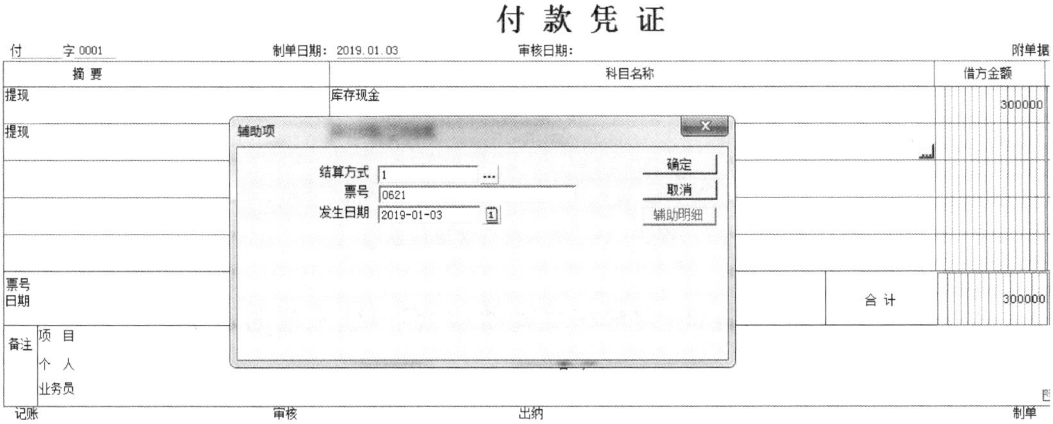

付 款 凭 证

付 字 0001	制单日期:2019.01.03	审核日期:	科目名称		附单据
摘 要					借方金额
提现			库存现金		300000

辅助项	
结算方式 1 ...	确定
票号 0621	取消
发生日期 2019-01-03 1	辅助明细

票号 日期				合 计	300000
备注 项 目 个 人 业务员					
记账	审核	出纳			制单

图 3 - 34 银行存款"辅助项"填制

(2)录入贷方金额,回车确认。如果在总账系统初始设置中已选择"支票控制",且在结算方式中设置"票据管理",会计科目中已指定银行账的科目,才能使用支票登记簿。当系统弹出"此支票尚未登记,是否登记?"提示窗口,单击"是",打开支票登记窗口,需录入支票领用日期、领用单位、姓名、收款人、限额、用途信息。单击"确定",退出窗口。当支票登记后,再输入该支票的结算方式和票号,系统会弹出"此支票已报销,是否正确?",提示窗口,单击"是",系统会自动在支票登记簿中将该号支票做报销处理。最后,单击"保存",系统弹出"凭证已成功",单击"确定"按钮,完成凭证填制。

5. 填制第 4 笔业务的记账凭证(数量核算辅助项、供应商往来辅助项)(注:增值税 13%)

借:原材料——原料及主要材料——不锈钢 12 250

应交税费——应交增值税——进项税额 1 592.5

贷:应付账款——金属物资公司 13 842.5

凭证头、摘要、科目、金额等录入方法同上,不再重复。

注意:

(1)录入辅助项时,直接输入数量、单价,如图 3 - 35 所示。单击"确定"按钮,退出辅助项输入窗口,系统自动填入借方金额"12 250"。

(2)录入贷方科目"2202 应付账款",回车确认,系统自动弹出"供应商往来辅助项"窗口,通过点击"▟▟",分别选择录入供应商:金属物资公司;业务员:刘飞;填写票号,确认发生日期,单击"确定",贷方金额栏输入"13 842.5"。

图 3-35　录入数量核算辅助项

6. 填制第 5 笔业务凭证(数量核算辅助项、客户往来辅助项)

借:应收账款——红星公司　　　　　　　　　　　　　　　　47 595.6
　　贷:主营业务收入——A 产品　　　　　　　　　　　　　　42 120
　　　　应交税费——应交增值税——销项税额　　　　　　　5 475.6

填制凭证时应注意:

(1) 录入借方科目"1122 应收账款"科目时,系统自动弹出"客户往来辅助项"窗口。录入辅助信息。依次选择客户:红星公司;业务员:刘飞;发生日期:2019 - 01 - 12,票号:(省略),单击"确认",如图 3 - 36 所示。录入借方金额"47 595.6",回车确认。

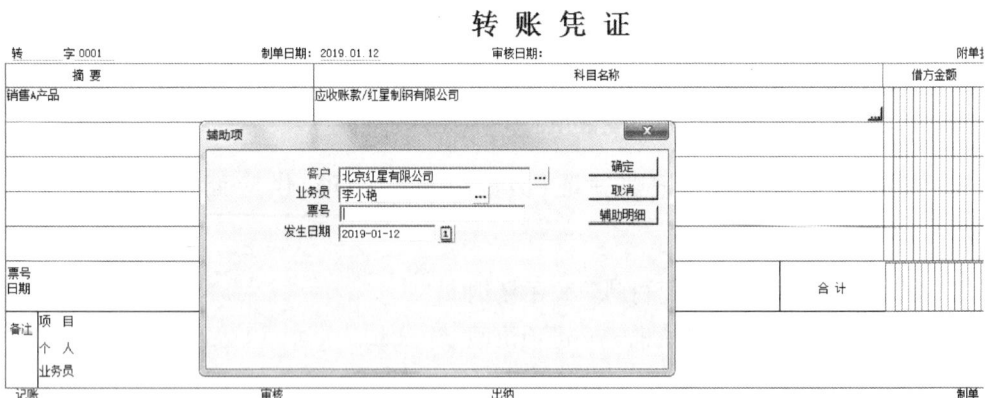

图 3-36　客户往来辅助

(2) 录入贷方科目"600101",弹出"数量核算辅助项",如图 3 - 37 所示。输入数量、单价后,单击"确定"。在贷方金额栏录入金额,回车确认。同样,录入贷方科目"22210102 应交税费——应交增值税——销项税额",录入贷方金额,回车确认。准确答案,如图3-38所示。

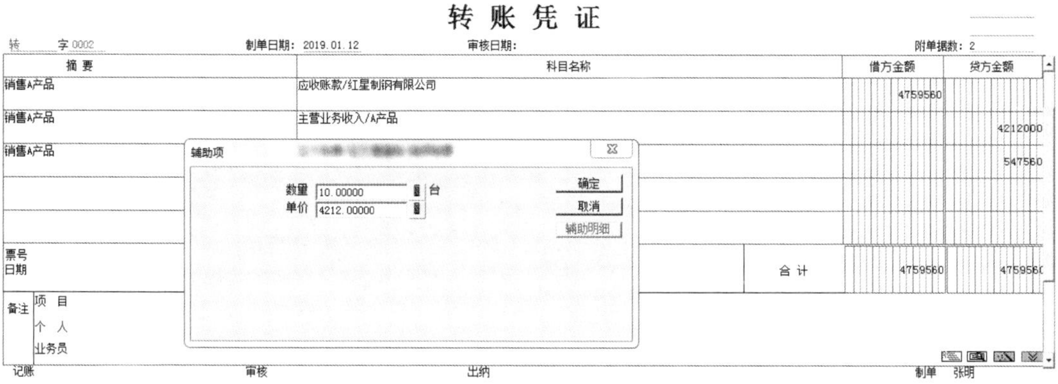

图 3-37　数量核算辅助

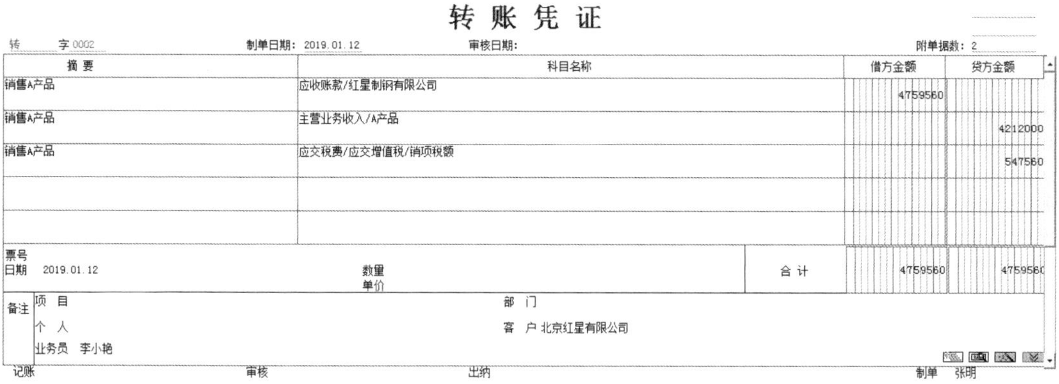

图 3-38　第 5 笔业务记账凭证

7. 填制第 6 笔业务凭证(项目核算辅助)

借:生产成本——直接材料　　　　　　　　　　　　　　　　　47 425
　　贷:原材料——原料及主要材料——不锈钢　　　　　　　　　30 625
　　　　　　　　　　　　　　　　　　——涂饰助剂　　　　　　　1 400
　　　　　　　　　　　　　　　　　　——电机　　　　　　　　15 400

注意:

(1)录入借方科目"500101 生产成本——直接材料",回车确认,弹出"辅助项"窗口,录入数量:2 500;单价:12.25;项目名称:A 产品。单击"确定",系统自动填入借方金额,回车确认。以同样的方法,录入领用涂饰助剂和电机的数量、单价信息,如图3-39所示。

(2)录入贷方科目时,录入辅助项数量、单价,单击"确定",贷方科目栏自动填入金额。同样方法录入:14030102 和 14030103 科目、数量、单价信息。

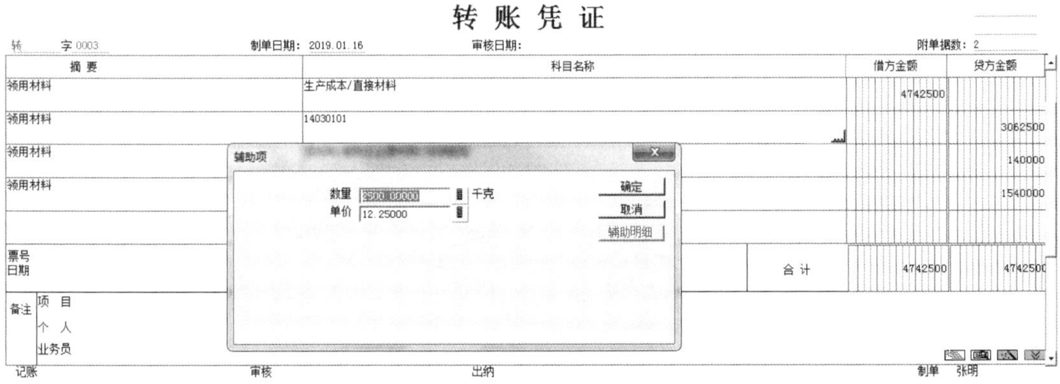

图 3-39 项目核算辅助项

8. 填制第7笔业务凭证(项目核算辅助)

借:管理费用——办公费   800

    贷:库存现金   800

注意:借方科目"660202",即"管理费用——办公费"科目,回车确认。系统自动弹出"部门辅助项"窗口,选择部门为"办公室",单击"确定",输入借方金额,回车确认。具体答案如图 3-40 所示。

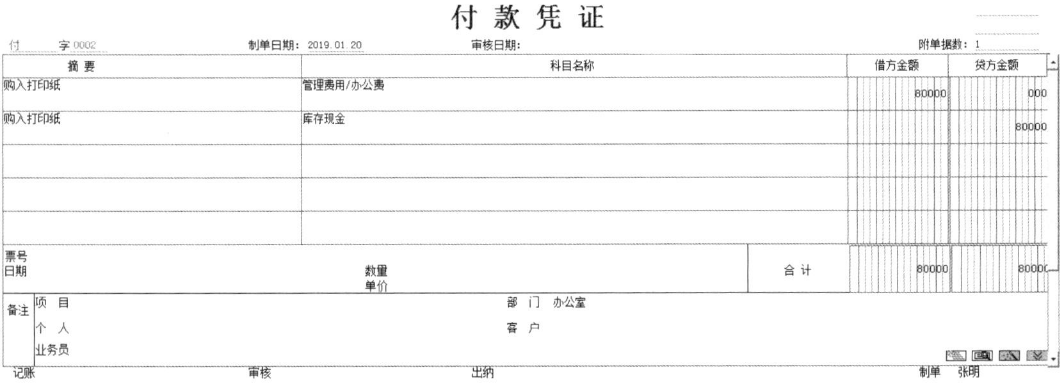

图 3-40 付款凭证填制

9. 填制第8笔业务凭证(个人往来辅助项)

借:管理费用——差旅费   500

    贷:其他应收款——李小艳   200

        库存现金   300

注意:"部门辅助项":销售部。在"个人往来辅助项"窗口,录入辅助项信息,部门:销售部;业务员:李小艳;发生日期:2019-01-21。单击"确认"按钮,如图 3-41 所示。

具体答案如图 3-42 所示。

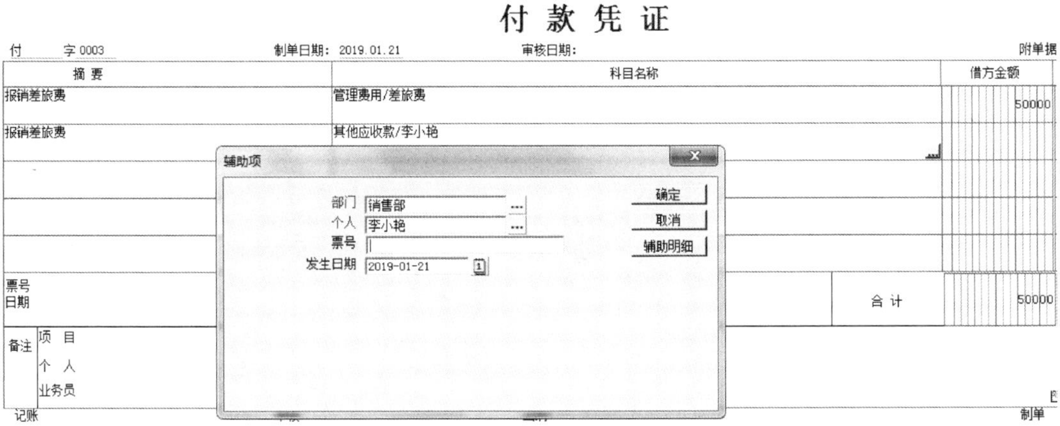

付 款 凭 证

付　　字 0003　　　　制单日期：2019.01.21　　　审核日期：　　　　　　　　　　　　　　　　　　　　　　　附单据

摘　要	科目名称	借方金额
报销差旅费	管理费用/差旅费	50000
报销差旅费	其他应收款/李小艳	

辅助项　　　　　　　　　　　　　　　　　　　　　　　[×]

部门　销售部　　　　…　　　　　确定
个人　李小艳　　　　…　　　　　取消
票号　|　　　　　　　　　　辅助明细
发生日期　2019-01-21

| | | 合　计 | 50000 |

票号
日期

备注　项　目
　　　个　人
　　　业务员
记账　　　　　　　　　　　　　　　　　　　　　　　　　制单

图 3 - 41　个人往来辅助项

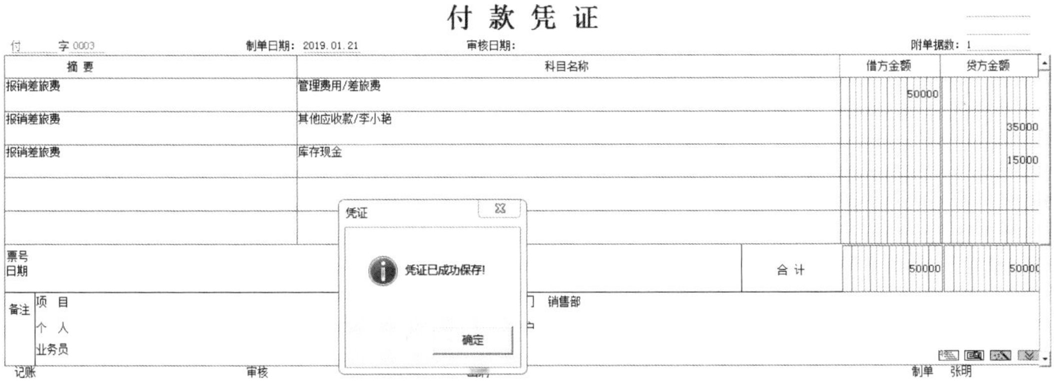

付 款 凭 证

付　　字 0003　　　　制单日期：2019.01.21　　　审核日期：　　　　　　　　　　　　　　　　　　　　附单据数：1

摘　要	科目名称	借方金额	贷方金额
报销差旅费	管理费用/差旅费	50000	
报销差旅费	其他应收款/李小艳		35000
报销差旅费	库存现金		15000

凭证　　　　　　　[※]

（i）凭证已成功保存！

确定

| | | 合　计 | 50000 | 50000 |

票号
日期

备注　项　目
　　　个　人　　　　　　　　　　　　　　销售部
　　　业务员
记账　　　　　审核　　　　　　　　　　　　　　制单　张明

图 3 - 42　第 8 笔业务记账凭证

10. 填制第 9 笔业务凭证（数量核算辅助项、客户往来辅助项、银行辅助项）

借：银行存款——工行存款　　　　　　　　　　　　　　　　100 000
　贷：主营业务收入——A 产品　　　　　　　　　　　　　　63 180
　　　应交税费——应交增值税——销项税额　　　　　　　　8 213.4
　　　应收账款——利康公司　　　　　　　　　　　　　　28 606.6

注意：

（1）录入借方科目"100202 银行存款——工行存款"，回车确认。系统弹出"辅助项"，点开"　　"，选择结算方式：转账支票、票号 5558，单击"确定"，在借方金额栏录入金额。回车确认，如图 3 - 43 所示。

（2）录入贷方科目"600101 主营业务收入——A 产品"，弹出"数量核算辅助项"：输入 A 产品数量、单价信息，单击"确定"，金额自动填入，回车确认。录入贷方科目"22210102 应交税费——应交增值税——销项税额"，在贷方金额栏录入金额，回车确认。继续录入贷方科目"112201 应收账款——利康公司"，回车确认。系统弹出辅助项窗口，录入辅助项信息。

客户:利康公司;业务员:李小艳;票号5558。单击"确定",录入贷方金额,回车确认。

具体答案如图3-44所示。

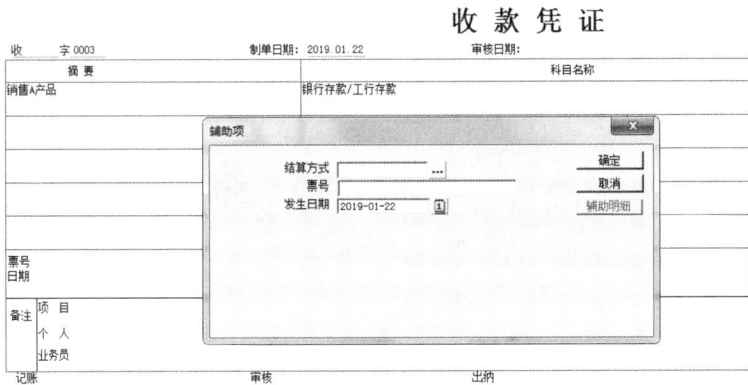

图3-43 辅助项录入

图3-44 第9笔业务凭证

11. 填制第10笔业务凭证(部门辅助项、银行辅助项)

借:销售费用   100 00

  贷:银行存款——工行存款   10 000

(1)增加新凭证,选择凭证类别为付款凭证,更改制单日期为"2019年1月22日",录入附件"2张",回车确认。录入摘要"支付广告费",回车确认。

(2)录入借方科目"660101 销售费用——广告费",回车确认。系统弹出"辅助项",点开"▦",选择部门:销售部,单击"确定",在借方金额栏录入金额,回车确认。

(3)录入贷方科目"100201 银行存款——工行存款",弹出"辅助项"。选择录入结算方式、票号,检查发生日期,单击"确定",在金额栏填入金额,回车确认。

(4)录入完毕,单击"保存",出现"凭证已成功保存",单击"确定"退出,如图3-45所示。

付 款 凭 证

付　字 0004		制单日期：2019.01.21	审核日期：		附单据数：2	
摘　要			科目名称		借方金额	贷方金额
支付广告费			销售费用		1000000	000
支付广告费			银行存款/工行存款			1000000
票号　　- 日期			数量 单价	合　计	1000000	1000000
备注 项　目 个　人 业务员		部　门 客　户				
记账	审核	出纳			制单　张明	

图 3-45　第 10 笔业务记账凭证

12. 填制第 11 笔业务凭证（银行辅助项）

　　借:应交税费——应交营业税　　　　　　　　　　　　　　2 385
　　　　——应交增值税——已交税金　　　　　　　　　　　5 566
　　　贷:银行存款——工行存款　　　　　　　　　　　　　　　　　7 951

　　(1)增加新凭证,选择凭证类别为付款凭证,更改制单日期为"2019 年 1 月 25 日",录入附件"3 张",回车确认。录入摘要"支付营业税、增值税",回车确认。

　　(2)录入借方科目"222103 应交税费——应交营业税",回车确认。或在借方金额栏录入金额,回车确认。再录入借方科目"22210103 应交税费——应交增值税——已交增值税",或点开"□□□",选择负债,查找"应交税费——应交增值税——已交增值税"并确定,在借方金额栏录入金额,回车确认。

　　(3)录入贷方科目"100201 银行存款——工行存款",弹出"辅助项"。选择录入结算方式:402 电汇;票号:6767;检查发生日期,单击"确定",在贷方金额栏填入金额,回车确认。

　　(4)录入完毕,单击"保存",出现"凭证已成功保存",单击"确定"退出,如图 3-46 所示。

付 款 凭 证

付　字 0005		制单日期：2019.01.25	审核日期：		附单据数：3	
摘　要			科目名称		借方金额	贷方金额
缴纳营业税,增值税			应交税费/应交营业税		238500	000
缴纳营业税,增值税			应交税费/应交增值税/已交税金		556600	
缴纳营业税,增值税			银行存款/工行存款			795100
票号　　- 日期			数量 单价	合　计	795100	795100
备注 项　目 个　人 业务员		部　门 客　户				
记账	审核	出纳			制单　张明	

图 3-46　第 11 笔业务记账凭证

13. 修改第 8 笔业务凭证

未记账的凭证可以采用以下方式进行修改：

（1）打开"填制凭证"的窗口，通过工具栏中" ◄ ◄ ► ► "按钮查找修改的凭证，或者在"总账"下打开"凭证查询"窗口，选择按"凭证类别"或"月份""日期"条件进行查询，如图3-47所示。

图 3-47 凭证查询

（2）找到要修改的凭证后，如果没有审核、主管、出纳签字的，可由制单人直接修改。将光标定位在需要修改的金额处直接改正即可，如图3-48所示。修改后单击"保存"并退出。

付 款 凭 证

付　字 0003	制单日期：2019.01.21	审核日期：	附单据数：1	
摘 要	科目名称		借方金额	贷方金额
报销差旅费	管理费用/差旅费		80000	000
报销差旅费	其他应收款/李小艳			35000
报销差旅费	库存现金			45000
票号 — 日期	数量 单价	合 计	80000	80000
备注 项 目 个 人 业务员	部 门 销售部 客 户			
记账	审核	出纳		制单 张明

图 3-48 第 8 笔业务修改的记账凭证

（3）如果要修改的凭证，已经审核、签字，制单人不能直接修改，需要相应的审核人、签字人取消审核、签字，方可由制单人进行修改。凭证修改后单击"保存"，并进行审核签字。

（4）如果修改辅助项，可选中凭证中要修改的辅助项科目，并双击记账凭证右下角" ▦ "图标，弹出辅助项窗口，然后进行修改，并单击"确定"按钮。

14. 删除第10笔业务记账凭证

填制的记账凭证如果没有保存,需要放弃的,可单击工具栏中" ↻ "图标,出现"确实要放弃当前新增的凭证"提示,单击"是",即可放弃。如果填制的凭证已经保存,需要删除,未审核的凭证可以直接删除,已审核或已进行出纳签字的凭证不能直接删除,必须在取消审核及取消出纳签字后再删除。

若要删除凭证,必须先进行"作废"操作,而后再进行整理。如果在总账系统的选项中选中"自动填补凭证断号"及"系统编号",那么在对作废凭证整理时,若选择不整理断号,则在填制凭证时可以由系统自动填补断号。否则,将会出现凭证断号。

对于作废凭证,可以单击"作废/恢复"按钮,取消"作废"标志。作废凭证不能修改、不能审核,但应参与记账。只能对未记账凭证进行凭证整理。账簿查询时查不到作废凭证的数据。

(1)打开"填制凭证"的窗口,通过工具栏中" |← ← → →| "按钮或者打开"凭证查询",找到需要删除的凭证。

(2)在工具栏上,单击"作废/恢复"按钮,拟删除的凭证上被标上"作废"字样,如图3-49所示。

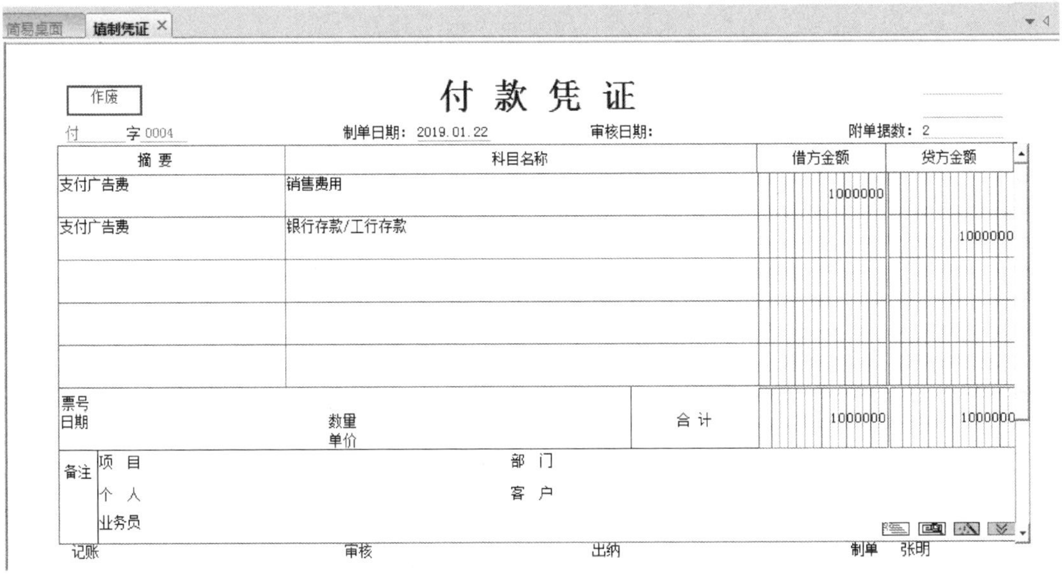

图3-49 作废第10笔业务记账凭证

(3)单击工具栏上"整理凭证"按钮,按系统提示选择整理凭证的区间,单击"确定"按钮,如图3-50所示。系统会打开作废凭证列表,在列表中双击"删除"栏,选择要作废的凭证,出现"Y",单击"确定"按钮,如图3-51所示。

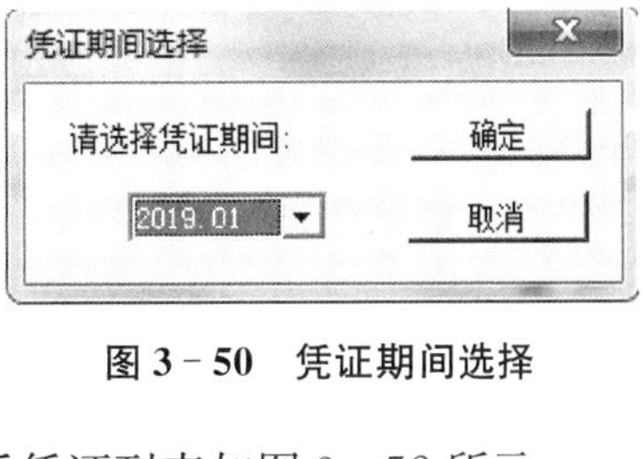

图3-50 凭证期间选择

(4)在系统弹出提示时,即"是否还需要整理凭证断号?",单击"是",系统删除凭证后自动整理凭证编号。删除后凭证列表如图3-52所示。

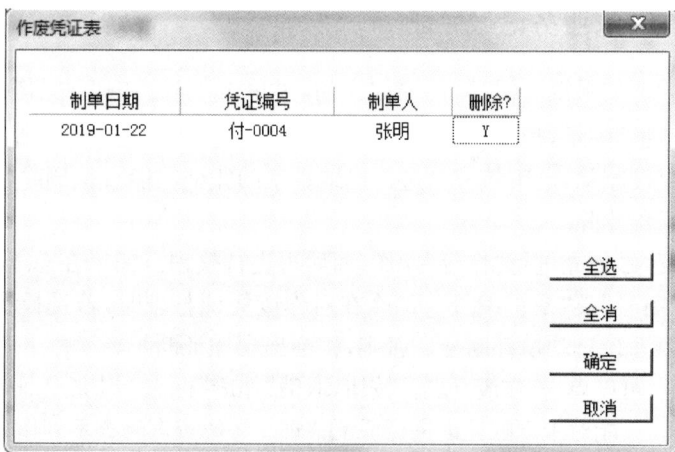

图 3-51　作废凭证列表

图 3-52　凭证列表

15. 记账凭证审核、签记，记账

凭证审核包括出纳签字、主管签字和审核凭证。系统要求制单人和审核人不能是同一个人，因此在审核凭证前一定要首先检查一下，当前操作员是否就是制单人，如果是，则应更换操作员。在凭证审核的功能中除了可以分别对单张凭证进行审核外，还可以执行"成批审核"的功能，对符合条件的待审核凭证进行成批审核。在审核凭证的功能中可以对有错误的凭证进行"标错"处理，还可以"取消"审核。已审核的凭证将不能直接修改，只能在取消审核后才能在填制凭证的功能中进行修改。

出纳、主管签字的操作既可以在"凭证审核"后进行，也可以在"凭证审核"前进行，签字、审核凭证之间没有先后顺序。

（1）审核凭证。

① 以账套主管 001 张浩的身份，登录企业应用平台。在"业务工作"导航区，选择"财务会计"，单击"总账"，单击"凭证"下的"审核凭证"，系统弹出"凭证审核条件"窗口，如图 3-53 所示。

② 在凭证审核窗口，输入凭证过滤条件（也可采用默认条件），单击"确定"按钮，系统列出符合条件的凭证列表，如图 3-54 所示。

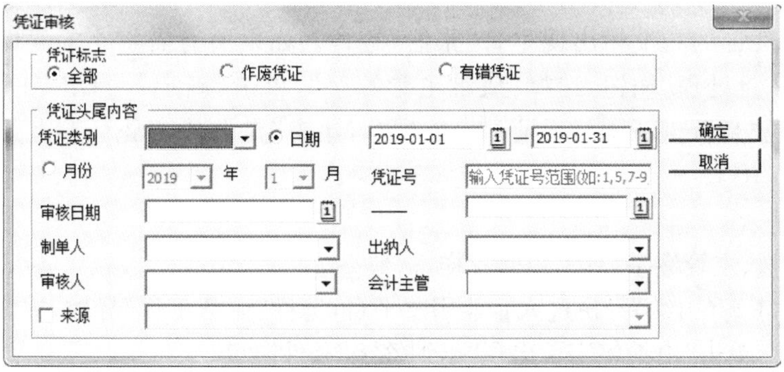

图 3-53　凭证审核条件

制单日期	凭证编号	摘要	借方金额合计	贷方金额合计	制单人	审核人	系统名	备注	审核日期	年度
2019-1-1	收-0001	收到现金捐款	1,000.00	1,000.00	张明					2019
2019-1-2	收-0002	收到投资	62,000.00	62,000.00	张明					2019
2019-1-22	收-0003	销售A产品	100,000.00	100,000.00	张明					2019
2019-1-3	付-0001	提现	3,000.00	3,000.00	张明					2019
2019-1-20	付-0002	购入打印纸	800.00	800.00	张明					2019
2019-1-21	付-0003	报销差旅费	800.00	800.00	张明					2019
2019-1-25	付-0004	缴纳营业税,增值税	7,951.00	7,951.00	张明					2019
2019-1-7	转-0001	购入原材料	13,842.50	13,842.50	张明					2019
2019-1-12	转-0002	销售A产品	47,595.60	47,595.60	张明					2019
2019-1-16	转-0003	领用材料	47,425.00	47,425.00	张明					2019

凭证共 10 张　　已审核 0 张　　未审核 10 张　　　　凭证号排序　　制单日期排序

图 3-54　凭证审核列表

③ 双击需审核的凭证,系统打开该张凭证,确认凭证无误后,则单击工具栏"审核"按钮,在凭证下方审核后出现"张浩"签字。如对所有凭证都确认无误,也可单击工具栏中"批处理",点开"批处理"后面的三角图标,选择"成批审核凭证",弹出"凭证"对话框,单击"确定",所有凭证审核后都有"张浩"签字。并且系统弹出"是否刷新凭证列表数据?"对话框,单击"是",凭证审核完成。

（2）主管签字。

① 以主管 001 张浩身份登录到企业应用平台,选择"业务工作"/"总账"/"凭证",打开"主管签字",弹出"主管签字"条件窗口,输入过滤条件（也可采用默认条件）,单击"确定"按钮,系统弹出符合条件的凭证记录,如图 3-55 所示。

制单日期	凭证编号	摘要	借方金额合计	贷方金额合计	制单人	审核人	系统名	备注	审核日期	年度
2019-1-1	收-0001	收到现金捐款	1,000.00	1,000.00	张明	陈浩			2019-1-31	2019
2019-1-2	收-0002	收到投资	62,000.00	62,000.00	张明	陈浩			2019-1-31	2019
2019-1-22	收-0003	销售A产品	100,000.00	100,000.00	张明	陈浩			2019-1-31	2019
2019-1-3	付-0001	提现	3,000.00	3,000.00	张明	陈浩			2019-1-31	2019
2019-1-20	付-0002	购入打印纸	800.00	800.00	张明	陈浩			2019-1-31	2019
2019-1-21	付-0003	报销差旅费	800.00	800.00	张明	陈浩			2019-1-31	2019
2019-1-25	付-0004	缴纳营业税,增值税	7,951.00	7,951.00	张明	陈浩			2019-1-31	2019
2019-1-7	转-0001	购入原材料	13,842.50	13,842.50	张明	陈浩			2019-1-31	2019
2019-1-12	转-0002	销售A产品	47,595.60	47,595.60	张明	陈浩			2019-1-31	2019
2019-1-16	转-0003	领用材料	47,425.00	47,425.00	张明	陈浩			2019-1-31	2019

凭证共 10 张　　已审核 10 张　　未审核 0 张　　　　凭证号排序　　制单日期排序

图 3-55　主管签字列表

② 双击需要签字的凭证，系统打开待签字的凭证，确认准确无误后，单击工具栏“签字”按钮，在该凭证的右上角出现主管“张浩”签章。如果所有需签字的凭证都无误，也可单击工具栏中“批处理”按钮，选择“成批主管签字”，单击“确定”，弹出“凭证”对话框，单击“确定”，出现“是否重新刷新凭证列表数据?”，单击“是”，所有凭证右上角出现主管“张浩”签名。

(3) 出纳签字。

同上述审核、主管签字方法、步骤一样。

① 以 003 李娜(出纳)身份进入企业用友平台，选择“业务工作”导航，单击“财务会计”/“总账”/“凭证”，单击“出纳签字”，出现“出纳签字”条件窗口。

② 确认日期条件无误后(或采用默认条件)，单击“确定”，弹出“出纳签字列表”，双击需要签字的凭证，系统打开待签字凭证，确认无误后，单击工具栏中“签字”，凭证下方出纳后出现“李娜”的名字。如果所有凭证都无误，也可执行工具栏中“批处理”命令，选择“成批出纳签字”，单击“确定”，即可在所有凭证上都出现出纳“李娜”签名，如图 3-56 所示。

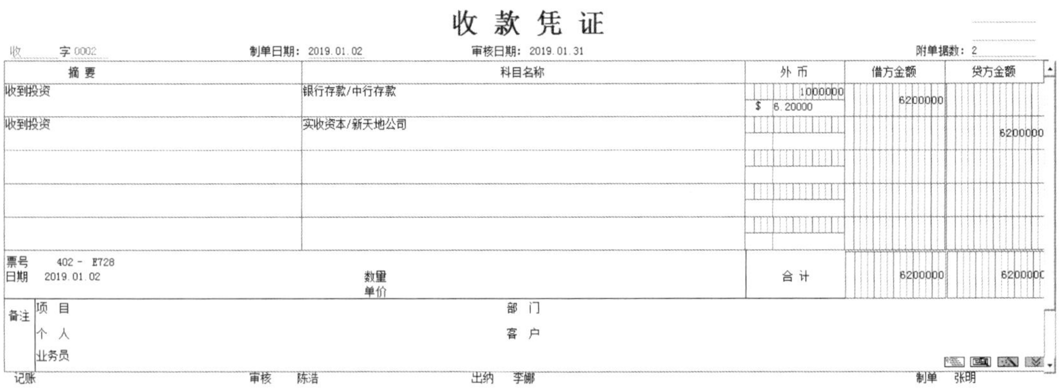
收款凭证

收 字 0002　　制单日期：2019.01.02　　审核日期：2019.01.31　　附单据数：2

摘要	科目名称	外币	借方金额	贷方金额
收到投资	银行存款/中行存款	1000000 $ 6.20000	6200000	
收到投资	实收资本/新天地公司			6200000
票号 402 - E728 日期 2019.01.02	数量 单价	合计	6200000	6200000

备注　项目　　部门
个人　　客户
业务员

记账　　审核 陈浩　　出纳 李娜　　制单 张明

图 3-56　出纳签字凭证

(4) 记账。

记账之前，应检查期初余额是否平衡、本期记账凭证是否审核签字，否则，期初余额试算不平衡不允许记账，有未审核的凭证不允许记账。另外，上月未结账本月不能记账。如果不输入记账范围，系统默认为所有凭证，记账后不能整理断号。已记账的凭证不能在“填制凭证”功能中查询。作废的凭证不需要审核可直接记账。

① 以总账会计张明身份进入企业应用平台，选择“业务工作”/“财务会计”/“总账”。

② 单击“凭证”/“记账”，系统弹出“记账”选择范围窗口，如图 3-57 所示。单击“全选”按钮，或按需要输入所需记账的凭证范围，再单击“记账”按钮，系统弹出“期初试算平衡表”，查看是否平衡。单击“确定”，系统自动记账，完成后，弹出“记账完毕!”窗口，如图 3-58 所示。

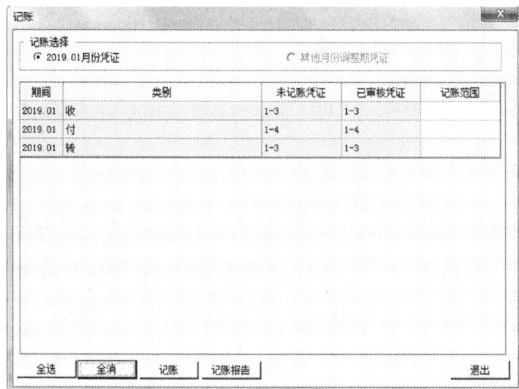

图 3－57 记账选择范围

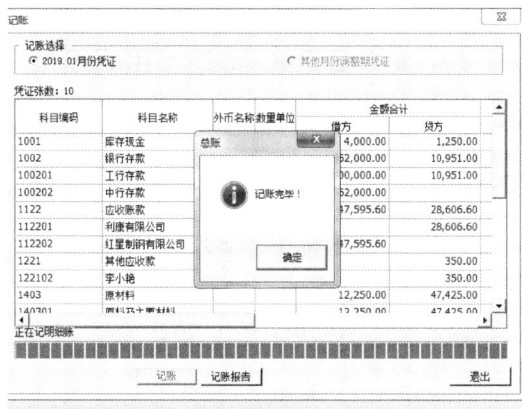

图 3－58 记账

16. 冲销凭证

已记账的凭证,要修改可以有两种处理方法:一是无痕修改,即选取记账,再取消审核签字,然后由制单人进行修改;二是有痕修改,即采用红字冲销的方法进行修改。应注意:冲销凭证是针对已记账凭证由系统自动生成的一张红字冲销凭证。冲销凭证相当于填制了一张凭证,不需保存,只要进入新的状态就由系统将冲销凭证自动保存;已冲销凭证仍需审核、出纳签字后记账。

冲销第 7 笔业务凭证属于上述第二种方法。

(1) 以财务会计张明 002 身份登录企业应用平台,打开"查询凭证"界面找到付 0002 号凭证,单击工具栏中"冲销凭证"命令,系统弹出"冲销凭证"窗口,如图 3－59 所示。分别录入月份、凭证类别、凭证号。

(2) 单击"确定"按钮。系统自动生成一张红字冲销凭证,如图 3－60 所示。

图 3－59 冲销凭证

图 3－60 红字冲销凭证

（3）003 李娜再进行出纳签字；001 陈浩进行审核及记账。

17. 查询日记账、管理费用明细账

科目账查询时，可以多种形式显示，主要有总账、余额表、序时账、多栏账、综合多栏账和日记账。

（1）查询现金日记账。

以 003 出纳李娜身份进入应用平台，登录时间设为"2019 年 1 月 31 日"。在"业务工作"导航区，单击"财务工作"/"总账"/"出纳"/"现金日记账"，系统弹出"现金日记账查询条件"窗口，在窗口中输入查询条件，然后单击"确认"按钮，系统会列出所有符合条件的记录，如图 3－61 所示。

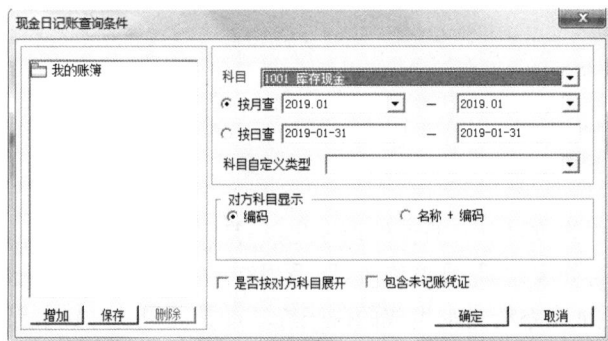

图 3－61　现金日记账查询条件

如果本月尚未结账，则显示"当前合计""当前累计"；如果本月已结账，则显示"当月合计""本年累计"；如果要查看包括未记账的内容，则选中"包括未记账凭证"选项。单击"确定"，显示现金日记账，如图 3－62 所示。

现金日记账

科目　1001 库存现金

2019年 月	日	凭证号数	摘要	对方科目	借方	贷方	方向	余额
			上年结转				借	550.00
01	01	收-0001	收到现金捐款	6301	1,000.00		借	1,550.00
01	01		本日合计		1,000.00		借	1,550.00
01	03	付-0001	提现	100201	3,000.00		借	4,550.00
01	03		本日合计		3,000.00		借	4,550.00
01	20	付-0002	购入打印纸	660201		800.00	借	3,750.00
01	20		本日合计			800.00	借	3,750.00
01	21	付-0003	报销差旅费	660202		450.00	借	3,300.00
01	21		本日合计			450.00	借	3,300.00
01	25	付-0005	[冲销2019.01.20 付-0002号凭证]购入打印纸	660201		-800.00	借	4,100.00
01	25		本日合计			-800.00	借	4,100.00
01			当前合计		4,000.00	450.00	借	4,100.00
01			当前累计		4,000.00	450.00	借	4,100.00
			结转下年				借	4,100.00

图 3－62　现金日记账

银行存款日记账的查询方法与现金日记账方法相同。

（2）查询管理费用明细账。

管理费用可运用综合多栏账查询明细。综合多栏账可以为分析栏目查询明细账，也可

以辅助项及自定义项为分析栏目查询明细账,并可完成多组借贷栏目在同一账表中的查询。要查询综合多栏目,首先要进行定义,可以定义并查询综合多栏账的科目有"管理费用""主营业务收入""在建工程"等。

① 以001账套主管陈浩的身份进入企业应用平台,并选择"财务工作"/"总账",执行"账表"/"科目账"/"多栏账"命令,进入"多栏账"窗口。

② 单击"增加"按钮,打开"多栏式定义"对话框。

③ 单击"核算科目"栏下的三角按钮,选择"6602 管理费用",单击"自动编制"按钮,出现自定义内容,如图3-63所示。单击"确定"按钮,完成管理费用多栏账的设置。

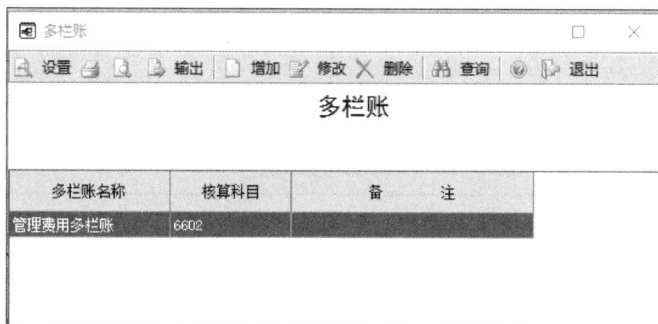

图3-63　管理费用多栏账定义对话框

④ 单击"查询"按钮,打开"多栏账查询"对话框,选择"管理费用多栏账",单击"确定",显示管理费用多栏账,如图3-64所示。

图3-64　管理费用明细账查询结果

总账管理系统期末业务处理

实训准备

引入账套备份数据,将系统时间设置为"2019年1月31日"。以出纳003李娜身份进行银行对账业务的操作;以财务会计002张明的身份进行自动转账凭证的设置。

实训内容及要求

*银行对账　　　　　　　　　　*期末转账凭证定义

*生成期末转账凭证并审核记账　*进行2019年1月份对账

＊进行 2019 年 1 月结账

要求熟悉期末业务处理工作,掌握银行对账、期末转账凭证定义和转账凭证生成,正确进行对账、结账。

实训资料

1. 执行本月银行对账

银行对账资料如下:

(1) 企业日记账期初余额为 152 650 元,银行对账单期初余额为 149 650 元,有企业已收而银行未收的期初未达账项 3 000 元(2018 年 12 月 26 日,收字 12 号,转账支票票号 3937)。

(2) 银行对账单如表 3-14 所示。

表 3-14 银行对账单

日　期	结算方式	票　号	借方金额	贷方金额	余　额
2019-01-01	202	3937	3 000		152 650
2019-01-03	201	0621		3 000	149 650
2019-01-22	202	5558	100 000		249 650
2019-01-25	402	7887		7 951	200 199
2019-01-27	402	6453	35 000		235 199

2. 自定义结算凭证

(1) 按短期借款贷方期末余额的 0.5％月利率计提短期借款利息,借方取值公式为:QM(2001,月,贷),贷方取值公式采用结果函数:JG( )。

(2) 将当月应缴未缴的增值税从"应交税费——应交增值税——转出未交增值税(22210104)"科目转到"应交税费——未交增值税(222102)"科目。借方取值公式为:QM(22210102,月,贷)- QM(22210101,月,借),贷方取值公式采用差额函数:CE( )。

(3) 销售成本结转采用期末自动转账生成。

(4) 期间损益结转采用期末自动转账生成。

3. 对账、结账、反结账及所得税计提

对西安市宝特钢制品有限公司 2019 年 1 月份对账并结账后,发现本月所得税未计提,反结账,补记此笔业务。记账后,对账再结账。(注:所得税 25％)

操作指导

1. 银行对账

(1) 录入银行期初数据。

① 以出纳"003 李娜"身份注册进入总账系统,执行"出纳"/"银行对账"/"银行对账期初录入"

命令,打开"银行科目选择"对话框,如图3-65所示。

② 选择"100201 工行存款",单击"确定",系统弹出"银行对账期初"窗口,如图3-66所示。

③ 在单位日记账的"调整前余额"栏录入"152 650";在银行对账单"调整前余额"栏录入"149 650"。

④ 单击右侧的"日记账期初未达项"按钮,打开"企业方期初"对话框。单击"增加"按钮,录入或选择凭证日期"2018.12.26",收字12号,转账支票,票号"3937",在借方金额栏录入"3000"。

⑤ 单击"保存"按钮,单击"退出"按钮,返回"银行对账期初"对话框。

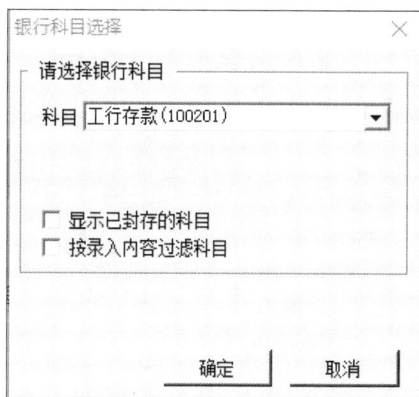

图 3-65　银行科目选择对话框

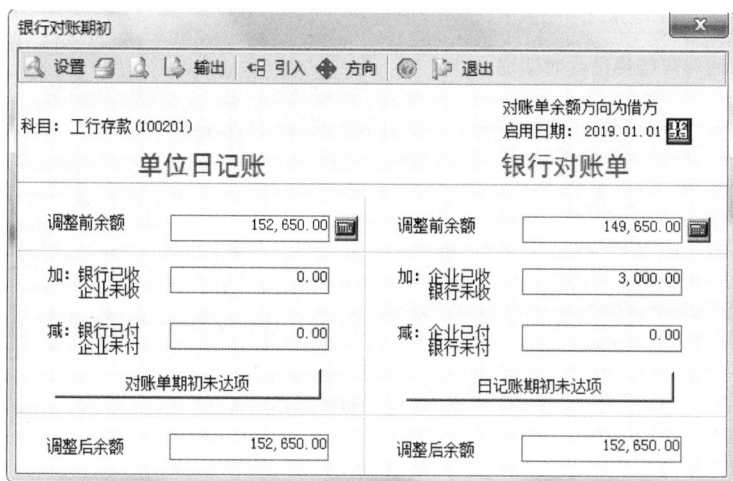

图 3-66　银行对账期初对话框

(2) 录入银行对账单。

① 执行"出纳"/"银行对账"/"银行对账单"命令,打开"银行科目选择"对话框,如图3-67所示。

② 单击"确定"按钮,进入银行对账单窗口,单击"增加"按钮。录入或选择日期、选择结算方式、录入票号及金额,如图3-68所示,按回车键确认。关闭银行对账单。

图 3-67　银行科目
选择对话框

日期	结算方式	票号	借方金额	贷方金额	余额
2019.01.01	202	3937	3,000.00		152,650.00
2019.01.03	201	0621		3,000.00	149,650.00
2019.01.22	202	5558	100,000.00		249,650.00
2019.01.25	402	7887		7,951.00	241,699.00
2019.01.27	402	6453	35,000.00		276,699.00

科目:工行存款(100201)　　银行对账单　　对账单账面余额:276,699.00

图 3-68　银行对账单窗口

（3）自动对账。

① 执行"出纳"/"银行对账"命令,打开"银行科目选择"对话框,选择"100201 工行存款",月份为"2019.01 - 2019.01".默认系统选项:显示已达账。单击"确定"按钮。

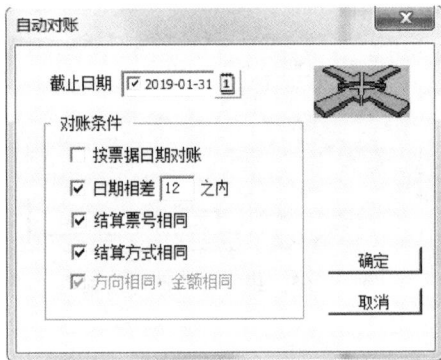

图 3 - 69　自动对账条件设置对话框

② 系统弹出"银行对账"窗口,单击"对账"按钮,打开"自动对账"对话框,如图 3 - 69 所示。截止日期为"2019 - 01 - 31",取消选中"日期相差 12 之内""结算方式相同""结算票号相同"三个复选框,即取消对账条件的限制,以最大条件进行银行对账。

③ 在"自动对账"对话框中,单击"确定"按钮,显示对账结果。对于已达账项,系统自动在银行存款日记账和银行对账单双方的"两清"栏打上圆圈标志。对于一些无法自动对账勾销的账项,在此可用到手工对账功能,分别在两清栏,双击鼠标,出现红色的"Y",进行手工调整。单击"退出"按钮退出银行对账界面,如图 3 - 70 所示。

科目:100201(工行存款)

		单位日记账						银行对账单					
票据日期	结算方式	票号	方向	金额	两清	凭证号数	摘　要	日期	结算方式	票号	方向	金额	两清	对账序号
2019.01.22	202	5558	借	100,000.00	○	收-0003	销售A产品	2019.01.01	202	3937	借	3,000.00	○	2020020600001
2019.01.03	201	0621	贷	3,000.00	○	付-0001	提现	2019.01.03	201	0621	贷	3,000.00	○	2020020600003
2019.01.25	402	6767	贷	7,951.00	✓	付-0004	缴纳营业税、增值	2019.01.22	202	5558	借	100,000.00	○	2020020600002
	202	3937	借	3,000.00	○	收-0012		2019.01.25	402	7887	贷	7,951.00	✓	2020020600004
								2019.01.27	402	6453	借	35,000.00		

图 3 - 70　银行对账

（4）输出余额调节表。

① 在"银行对账"选项下,单击"余额调节表查询",系统弹出"银行存款余额调节表"窗口。

② 将光标定在"100201"工行存款科目表上,单击"查看"按钮或双击该行,即显示该银行账户的银行存款余额调节表,如图 3 - 71 所示。

银行存款余额调节表

银行科目（账户）	对账截止日期	单位账账面余额	对账单账面余额	调整后存款余额
工行存款(100201)		241,699.00	276,699.00	276,699.00
中行存款(100202)		10,000.00	0.00	10,000.00

图 3 - 71　银行存款余额调节表

③ 单击"退出"按钮,关闭银行存款余额调节表界面。

2. 期末结转

（1）自定义转账——计提利息。

① 以财务会计 002 张明身份进入企业应用平台,登录时间 2019 年 1 月 31 日。

② 在"总账"下单击"期末"/"转账定义"/"自定义转账",打开"自定义转账"窗口。

③ 单击"增加"按钮,出现"转账目录"窗口,填写转账序号"0001",转账说明"计提短期借款利息",凭证类别处选择"转账凭证",单击"确定",如图 3-72 所示。

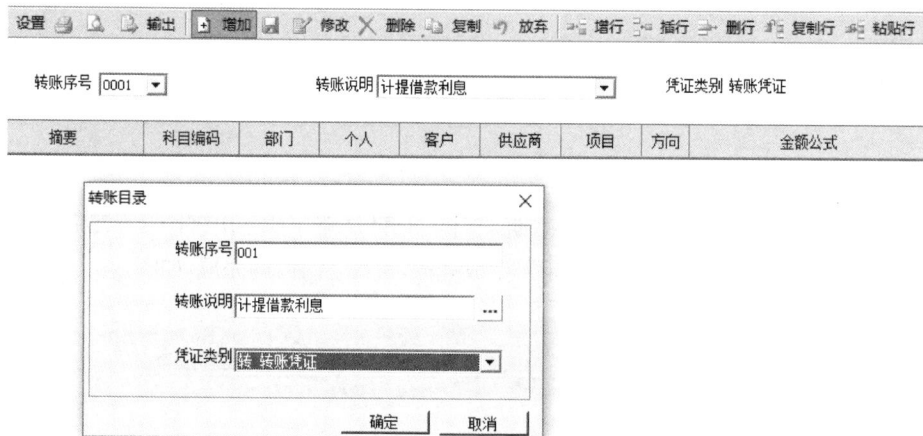

图 3-72 转账目录

④ 在"自定义结转设置"窗口中单击"增行"按钮,在新增行"科目编码"处录入"6603(财务费用)";方向选择"借";双击"金额公式",出现选择"参照录入"按钮,打开"公式向导",选择"期末余额 QM()",单击"下一步"按钮,继续设置公式,如图 3-73 所示。

图 3-73 公式向导

⑤ 选择科目"2001",其他采用系统默认,选择公式向导界面左下角复选框"继续输入公式",选择运算符"*",点击"下一步"按钮,选择"常数",在常数位置输入 0.005,点击"完成"按钮。

⑥ 点击"增行"按钮,继续录入分录贷方信息。在"科目编码"单元格参照录入"2231(应付利息)";单击"方向",选择"贷"。打开""公式向导对话框,选择"取对方科目计算结果

JG( )",单击"下一步",单击"完成",结果如图 3-74 所示。

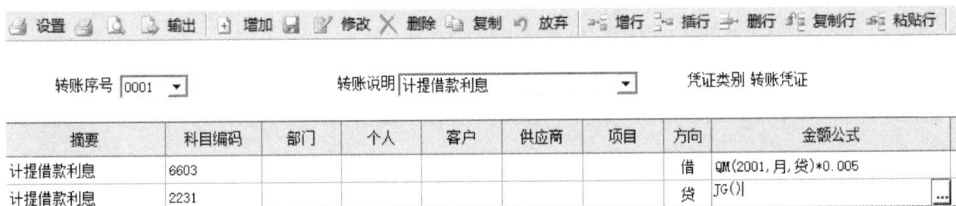

摘要	科目编码	部门	个人	客户	供应商	项目	方向	金额公式
计提借款利息	6603						借	QM(2001,月,贷)*0.005
计提借款利息	2231						贷	JG()

图 3-74　自定义公式设置

⑦ 完成公式设置后,点击"退出"。在"期末"下,打开"转账生成",出现图 3-75 所示界面,在"是否结账"一栏勾选,显示"Y",单击"确定",生成凭证,点击"保存"即完成,如图 3-76 所示。

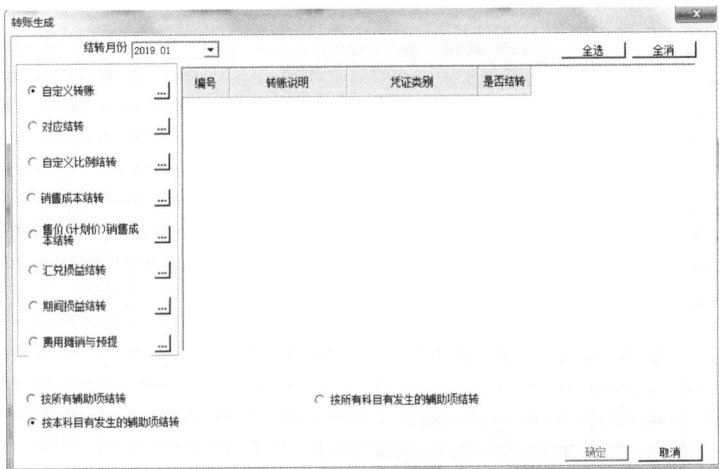

图 3-75　转账生成

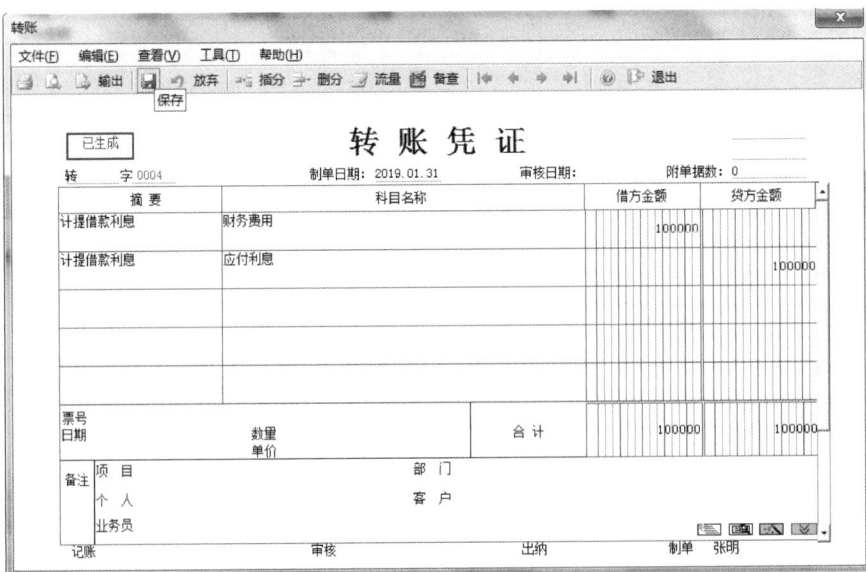

图 3-76　生成计提利息转账凭证

（2）自定义转账——转出未交增值税。

① 与上述"自定义——计提利息"操作流程相同,以总账会计002张明身份进入企业应用平台,打开"自定义转账"窗口。

② 单击"增加"按钮,出现"转账目录"窗口,填写转账序号"0002",转账说明"转出未交增值税",凭证类别处选择"转账凭证",单击"确定"。

③ 在自定义转账设置窗口,单击"增行"按钮。在科目编码一栏录入"22210104"(若没有此科目,则以001身份进入基础设置,增加此科目),方向选择"借方"。

④ 点击"金额公式"栏中选择按钮,弹出"公式向导"对话框。选择期末余额(QM)。单击"下一步"按钮,打开"公式向导"的函数参数设置对话框,参照科目输入"22210102",方向选择"贷"。在"继续输入公式"前的方框中打勾,并在运算符单选框中选择"－(减)",如图3-77所示。

图3-77　公式向导—函数参数设置

⑤ 单击"下一步"按钮,继续选择"期末余额"函数,打开"公式向导"的函数参数设置对话框,参照输入科目"22210101",选择方向"借",单击完成。系统将金额公式带回自定义转账设置界面。

⑥ 单击"增行"按钮,选择科目编码"222102",方向为"贷",双击金额栏,选择"借贷平衡差额函数CE()",单击"下一步"按钮,系统弹出"公式向导"对话框,单击"完成"。系统将金额公式带回自定义转账设置界面。

⑦ 完成公式设置后,点击"退出"自定义转账设置页面。在"期末"下,打开"转账生成"。在"是否结账"一栏勾选,显示"Y",单击"确定",生成凭证,点击"保存"即完成,如图3-78所示。

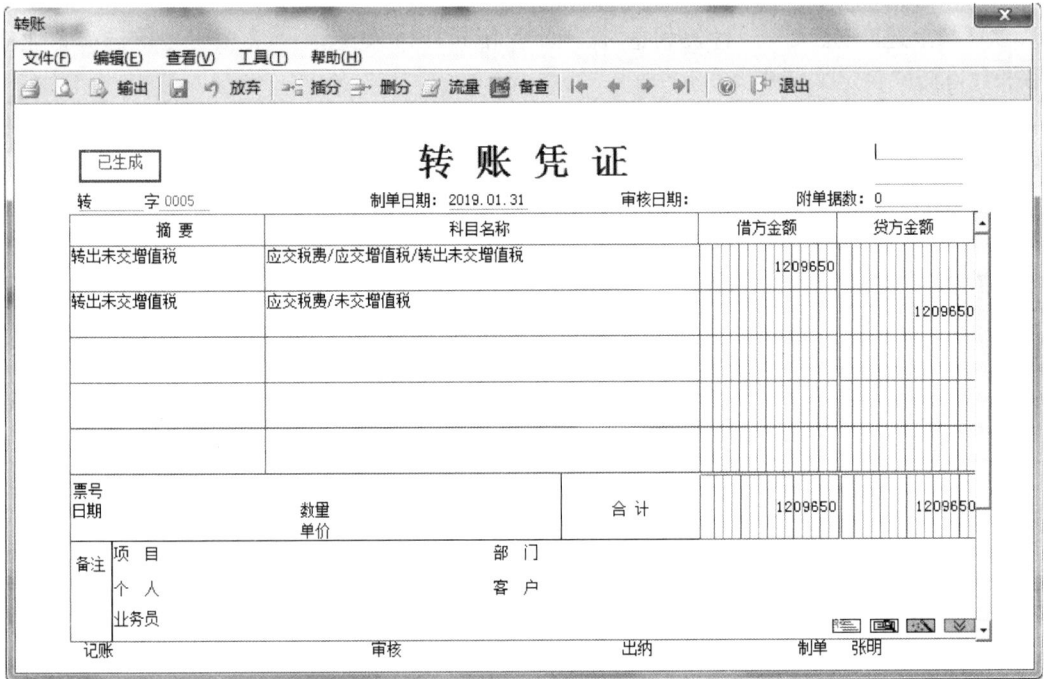

图 3-78 生成转出未交增值税转账凭证

（3）转账定义——销售成本自动结转。

① 在"期末"/"转账定义"下，双击"销售成本结转"按钮，弹出"销售成本结转设置"对话框，如图 3-79 所示。分别选择"凭证类别""库存商品科目""主营业务收入科目"和"商品销售成本科目"，当商品销售数量＞库存商品数量时，选择"按商品销售（贷方）数量结转"，单击"确定"。

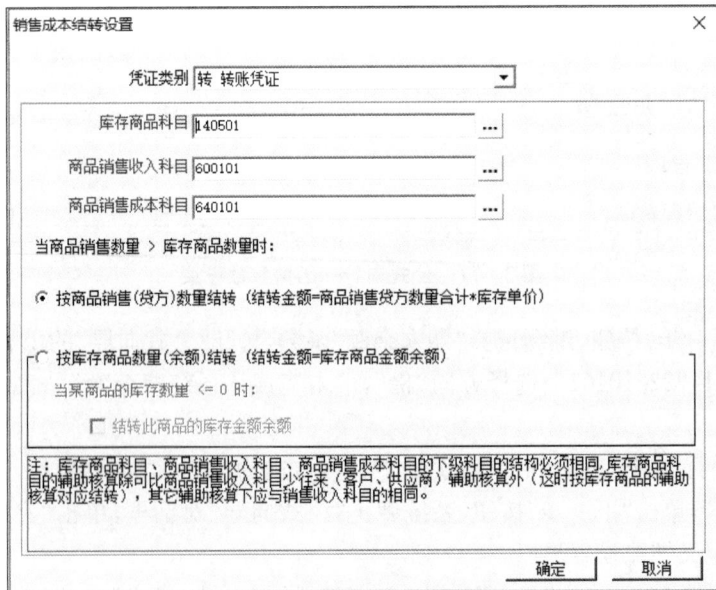

图 3-79 销售成本结转设置

② 双击"转账生成"按钮,弹出"转账生成"对话框,在左侧勾选"销售成本结转",右侧显示结转有关信息,如图 3 - 80 所示。

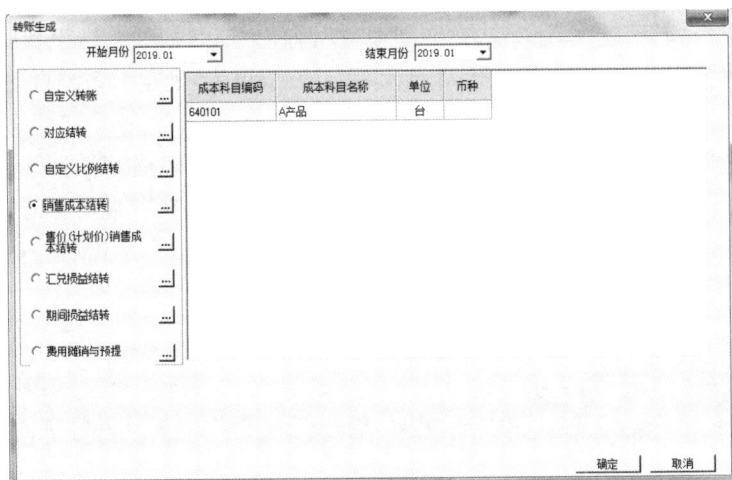

图 3 - 80　销售成本结转

③ 单击"确定",弹出提示"2019 年 01 月或之前月有未记账凭证,是否继续结转?",选择"是",弹出"销售成本结转一览表",单击"确定",出现"转账凭证",单击"保存",如图 3 - 81 所示。

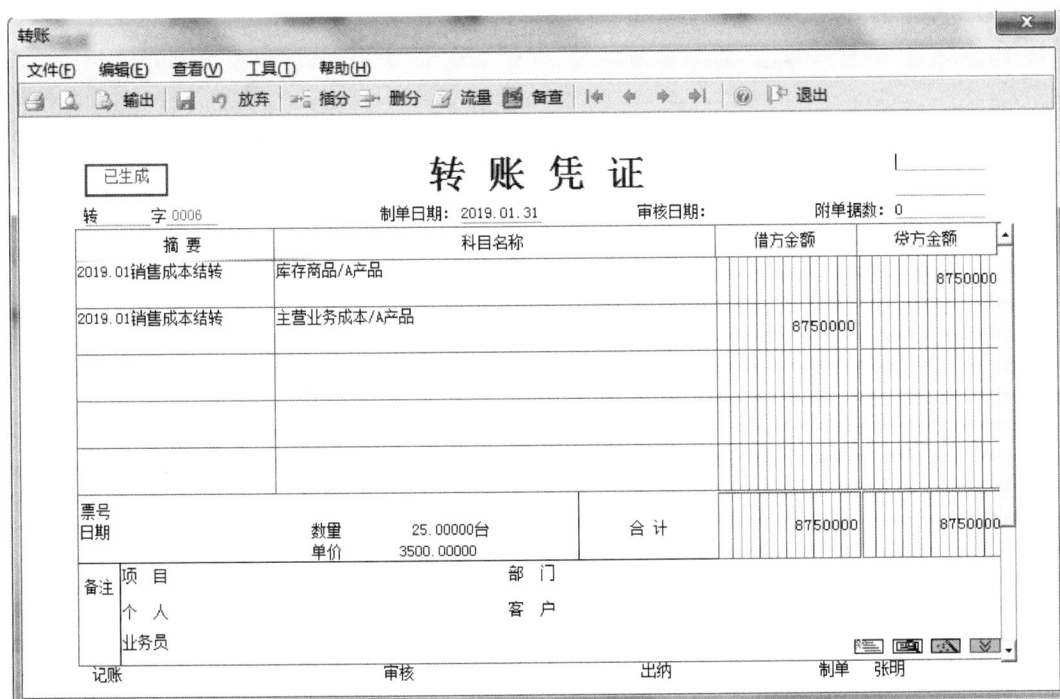

图 3 - 81　销售成本结转凭证

（4）转账定义——期间损益自动结转。

注意：进行期间损益结转前，应将所有凭证审核签字并记账（001 陈浩），再用 002 张明进行：

① 在"期末"/"转账定义"下，双击"期间损益"，弹出"期间损益结转设置"窗口，"凭证类别"选择"转账凭证"，"本年利润"选择"本年利润4103"，单击"确定"，系统自动返回转账定义界面。

② 双击"转账生成"按钮，弹出"转账生成"对话框，在左侧勾选"期间损益结转"，右侧显示结转科目，并在"是否结转"一栏，根据需要双击确定，或"全选"，显示标志"Y"。单击"确定"，弹出"2019 年 01 月或之前月有未记账凭证，是否继续结转？"，单击"是"，则生成凭证，单击"保存"，期间损益转账凭证生成，如图 3－82 所示。

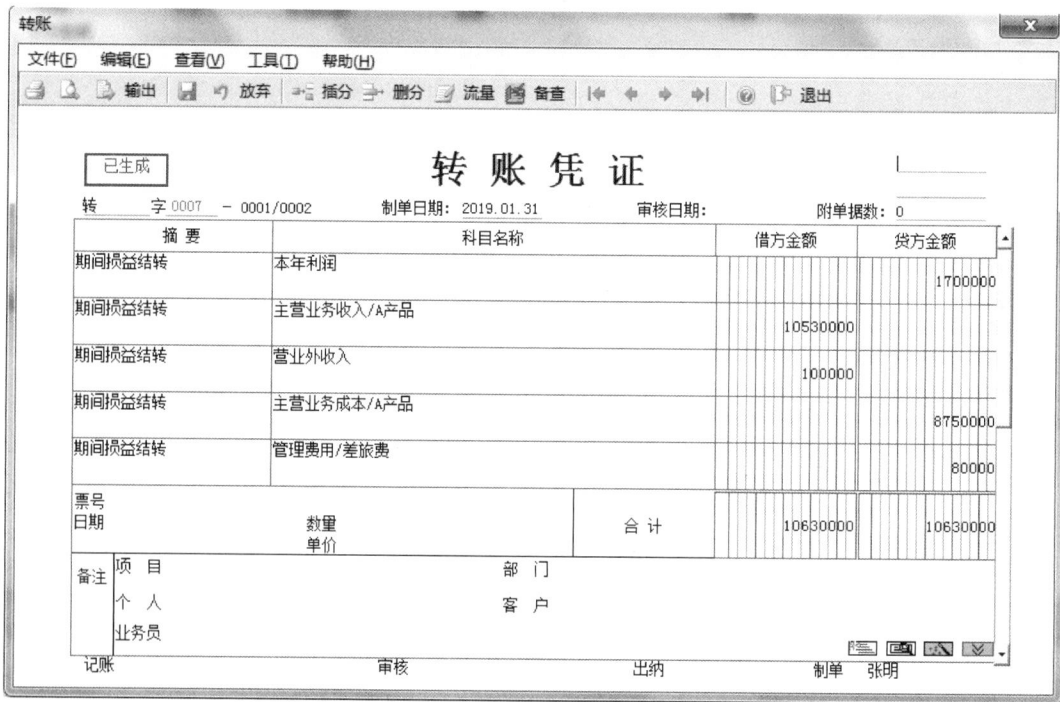

图 3－82　期间损益转账生成

3. 对账

（1）试算平衡。

启动"对账"功能。执行"期末/对账"命令，打开"对账"对话框。单击"试算"按钮，出现"2019.01 试算平衡表"，单击"确定"按钮，如图 3－83 所示。

（2）对账。

选择要对账的月份并单击"选择"按钮，或在要结账的月份的"是否对账"栏中双击，出现"Y"表示要对该月对账。单击"对账"按钮，系统开始自动对账，显示对账结果，显示对账完成，如图 3－84 所示。

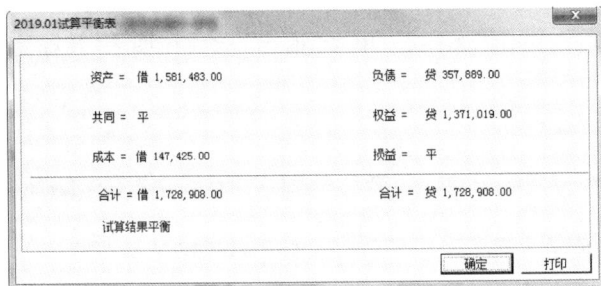

图 3-83 试算平衡

图 3-84 对账

4. 结账

（1）结账。

① 在"总账/期末"下，双击"结账"，弹出结账窗口，如图 3-85 所示。选择要结账的月份"2019.01"，单击"下一步"按钮。

② 系统自动对账，单击"下一步"，显示月度工作报告，如图 3-86 所示。

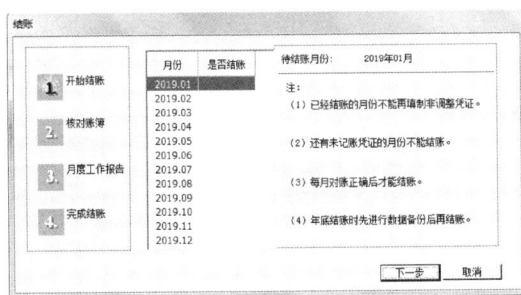

图 3-85 开始结账图

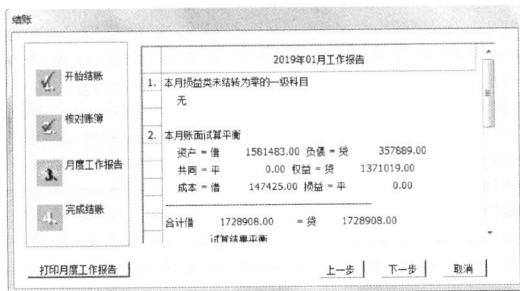

图 3-86 月度工作报告

③ 单击"下一步"，出现系统提示，可以结账，单击"结账"按钮，完成结账。

注意：已结账的月份不能再填制凭证；有未记账的凭证不能结账；上月未结账的本月不能结账；其他子系统未全部结账，则总账不能结账。

（2）反结账。

① 以"001"账套主管身份注册进入企业应用平台，在"总账/期末"下，双击"结账"，弹出结账窗口，已结账的月份在"是否结账"一列有"Y"标志。

② 选中要反结账的月份，光标放在"2019.01"，按 Ctrl+Shift+F6，输入操作员口令，"是否结账"一栏中"Y"消失，即结账已经取消。

③ 返回"期末/转账定义"，重注册，以 002 身份进入。双击"自定义转账"按钮，进入"自定义转账设置"窗口。单击"增加"，弹出"转账目录"，依次输入"转账序号""转账说明"和"凭证类别"信息，单击"确定"按钮，按实训资料进行所得税的计提。

④ 单击"增行"，输入科目编码"6801"（所得税费用），方向"借"，"金额公式"参考函数向导，选择"QM"函数，科目"4103"，方向"贷"，并在"QM（4103，月，贷）"后乘以所得税税率0.25，回车确认。单击"增行"，输入科目"222104（应交税费——应交所得税）"。（若未设置

"应交所得税"科目,可以 001 身份注册,进入"基础设置/基础档案/财务/会计科目"下予以增加),方向"贷",选择"金额公式"中"JG()",点击"保存"。单击"退出",返回"期末/转账定义",如图 3-87 所示。

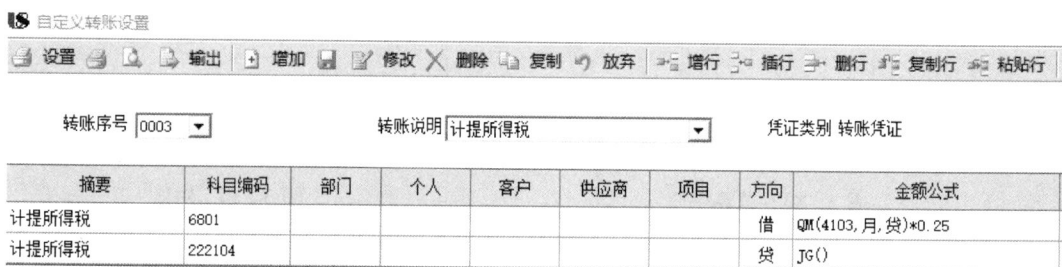

图 3-87 计提所得税设置

⑤ 在"期末"下,双击"转账生成",出现"转账生成"对话框,选择编号"003",点击并出现"Y",单击"确定",生成凭证并保存,如图 3-88 所示。

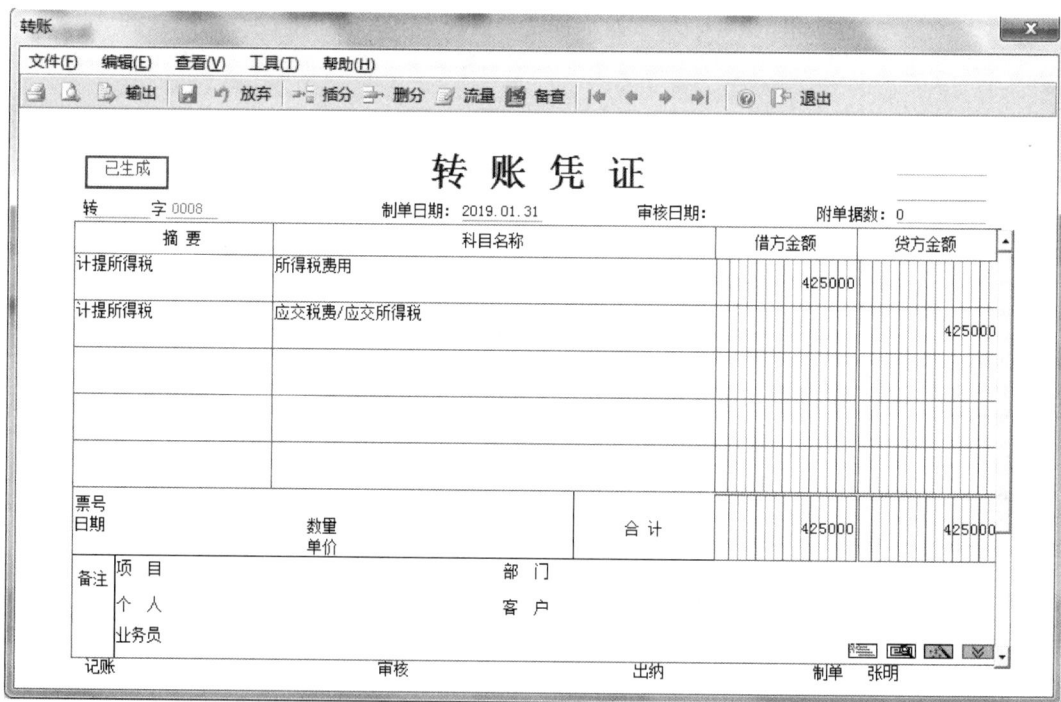

图 3-88 计提所得税凭证

计提本期所得税后,会计主管 001 陈浩审核签字。但须注意前面已生成的期间损益结转凭证(即转 007 号)要予以删除,因为该结转凭证没有对本期的所得税费用结转。待删除后,以 002 张明身份重新结转期间损益,最后 001 陈浩审核签字并记账。至此,本期所有业务才算完全结束。以 001 身份进入,对本期业务认真检查,再进行本期对账、结账,如图 3-89、图 3-90 所示。结账后,务必进行备份,以免会计数据丢失。

制单日期	凭证编号	摘要	借方金额合计	贷方金额合计	制单人	审核人	系统名	备注	审核日期	年度
2019-1-1	收 - 0001	收到现金捐款	1,000.00	1,000.00	张明	陈浩			2019-1-31	2019
2019-1-2	收 - 0002	收到投资	62,000.00	62,000.00	张明	陈浩			2019-1-31	2019
2019-1-22	收 - 0003	销售A产品	100,000.00	100,000.00	张明	陈浩			2019-1-31	2019
2019-1-3	付 - 0001	提现	3,000.00	3,000.00	张明	陈浩			2019-1-31	2019
2019-1-20	付 - 0002	购入打印纸	800.00	800.00	张明	陈浩			2019-1-31	2019
2019-1-21	付 - 0003	报销差旅费	800.00	800.00	张明	陈浩			2019-1-31	2019
2019-1-25	付 - 0004	缴纳营业税，增值税	7,951.00	7,951.00	张明	陈浩			2019-1-31	2019
2019-1-25	付 - 0005	冲销2019.01.20 付-00	-800.00	-800.00	张明	陈浩			2019-1-31	2019
2019-1-7	转 - 0001	购入原材料	13,842.50	13,842.50	张明	陈浩			2019-1-31	2019
2019-1-12	转 - 0002	销售A产品	47,595.60	47,595.60	张明	陈浩			2019-1-31	2019
2019-1-16	转 - 0003	领用材料	47,425.00	47,425.00	张明	陈浩			2019-1-31	2019
2019-1-31	转 - 0004	计提借款利息	1,000.00	1,000.00	张明	陈浩			2019-1-31	2019
2019-1-31	转 - 0005	转出未交增值税	12,096.50	12,096.50	张明	陈浩			2019-1-31	2019
2019-1-31	转 - 0006	2019.01销售成本结转	87,500.00	87,500.00	张明	陈浩			2019-1-31	2019
2019-1-31	转 - 0007	计提所得税	4,250.00	4,250.00	张明	陈浩			2019-1-31	2019
2019-1-31	转 - 0008	期间损益结转	106,300.00	106,300.00	张明	陈浩			2019-1-31	2019
		合计	494,760.60	494,760.60						

凭证共 16张　☐已审核 16 张　☐未审核 0 张　　　　⊙ 凭证号排序　　○ 制单日期排序

图 3 - 89　查询凭证列表

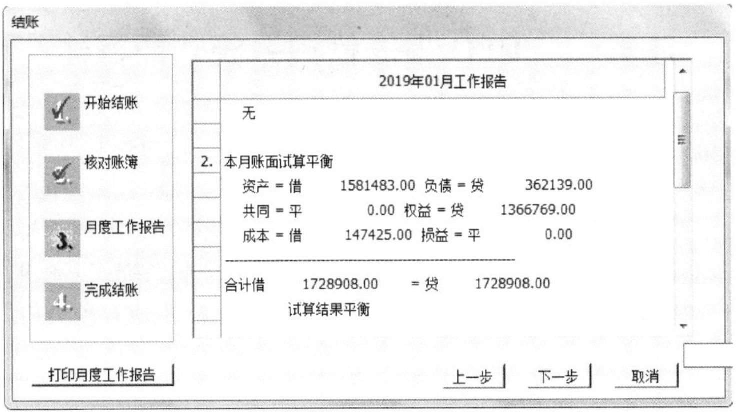

图 3 - 90　结账

项目四　UFO 报表管理系统

学习目标

◆ 了解电算化环境下报表系统基本概念。
◆ 掌握报表格式设置和公式设置的方法。
◆ 掌握使用常用报表模板生成报表的方法。
◆ 掌握报表数据生成报表的方法。

任务一　UFO 报表管理系统功能概述

UFO 报表系统是会计信息系统中的一个独立的子系统,它为企业内部各管理部门及外部相关部门提供综合反映企业一定时期财务状况、经营成果和现金流量的会计信息。用友UFO 报表系统是报表事务处理的工具,利用 UFO 报表系统既可编制对外报表,又可编制各种内部报表。主要任务是设计报表的格式和编制公式,从总账系统或其他业务系统中取得有关会计信息自动编制各种会计报表,对报表进行审核、汇总、生成各种分析图,并按预定格式输出各种会计报表。

1. UFO 报表管理系统主要功能

UFO 报表管理系统是一个灵活的报表生成工具,用户可以自由定义各种财务报表、管理汇总表、统计分析表。它可以通过取数公式从数据库中挖掘数据,也可以定义表页与表页以及不同表格之间的数据勾稽运算、制作图文混排的报表,是广大会计工作者不可多得的报表工具。UFO 与用友其他系统运行时,作为通用财经报表系统使用,适用于各行业的财务、会计、人事、计划、统计、税务、物资等部门,如图 4-1 所示。

4-1　报表管理系统功能

(1) 文件管理功能。

UFO 报表管理系统能完成一般的各类文件管理外,还能将报表的数据文件转换为不同的文件格式(＊.txt)、数据库文件(＊.dbf)、Access 文件(＊.mdb)、Excel 文件(＊.xls)。支持多个窗口同时显示和处理,可同时打开的文件和图形窗口多达 40 个。此外,通过 UFO 报表管理系统提供的"导入"和"导出"功能,可以实现和其他财务软件之间数据交换。

(2)格式设计功能。

UFO 报表管理系统提供了丰富的格式设计功能,如设组合单元、画表格线(包括斜线)、调整行高列宽、设置字体和颜色、设置显示比例等,可以制作各种形式要求的报表。同时 UFO 报表管理系统还内置了 11 种套用格式和提供 21 个行业的标准财务报表模板,方便用户制作标准报表,包括最新的现金流量表,可轻松生成复杂报表,还可以根据本单位的实际需要定制模板。

(3)数据处理功能。

UFO 以固定的格式管理大量不同的表页,能将多达 99 999 张具有相同格式的报表资料统一在一个报表文件中管理,并且在每张表页之间建立有机的联系。提供了排序、审核、舍位平衡、汇总功能;提供了绝对单元公式和相对单元公式,可以方便、迅速地定义计算公式;提供了种类丰富的函数,可以从用友其他业务员系统中提取数据,生成财务报表,如图 4 - 2 所示。

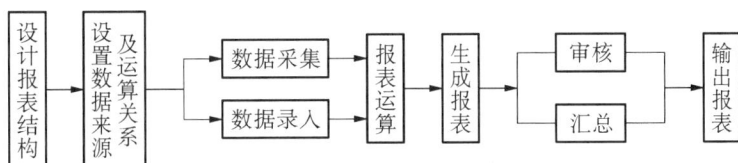

图 4 - 2　报表数据处理流程

(4)图表功能。

将数据以图形的形式进行表示。采用"图文混排",可以很方便地进行图形数据组织,制作包括直方图、立体图、圆饼图、折线图等 10 种图式的分析图表。可以编辑图表的位置、大小、标题、字体、颜色等,并打印输出图表。

(5)打印功能。

报表和图形都可以打印输出。提供"打印预览",可以随时观看报表或图形的打印效果。报表打印时,可以打印格式或数据,可以设置财务表头和表尾,可以在 0.3 到 3 倍之间缩放打印,可以横向或纵向打印等。

2. UFO 报表管理系统的特点

(1)对外报表的规范性。

报表管理系统的报表输出是为了满足经营管理和预测、决策的需要,因而要保证其输出的信息的规范性,以便使用者更好地理解。UFO 报表管理系统提供打印输出功能,能使打印输出的会计报表格式和内容符合国家统一会计制度的规定。此外,UFO 报表管理系统进行会计分析时使用的财务指标也是按规定设置的,如比率分析指标使用财政部公布的评价企业的多项财务指标。

(2)对内报表的灵活性。

与对外的会计报表相比,企业对内的会计报表有很大的灵活性,不同的管理单位通常具有不同的报表内容、格式、编制要求和编制依据,企业可以随管理的不同需要而改变。

（3）报表分析有较强的直观性。

UFO 报表管理系统在报表功能基础上，利用图表分析功能可以对编制的各种报表进行各种分析，包括数据分析和图形分析，做到图文并茂、简单明了。

任务二　UFO 报表管理系统中相关概念

1. 报表结构

报表按照结构的复杂性，可分为简单报表和复合报表两类。简单报表由若干行和列组成二维表。复合报表由若干简单报表组合而成。会计报表大多都是简单报表，如资产负债表、利润表和现金流量表等。

简单报表一般由四个基本要素组成：标题、表头、表体和表尾。

（1）标题。即报表名称。报表的标题可能不止一行，有时有副标题、修饰线等。位于每张报表上端，一般用于填写报表名称、编号、编制单位、编制日期、计量单位、报表栏目名称等。

（2）表头。表头是指表中第一行或第一列列出的表格行或列的内容名称，它是会计报表中描述报表整体性质的部分，即报表的栏目。报表的表头栏目名称，是表头的最主要内容，它决定着报表的纵向结构、列数以及每一列的宽度。有的报表表头栏目比较简单，只有一层，而有的报表表头栏目却比较复杂，需要分若干层次。

（3）表体。即报表的主体，也是报表的核心。它是由若干项目和相关数据组成，或者说是由若干单元格组成的数据和字符的集合。表体的内容决定报表的横向组成，它又是报表数据的表现区域。表体在纵向上由若干行组成，称为表行；在横向上由若干栏目构成，称为表列。

（4）表尾。表尾是表体以下进行辅助说明的部分，指表后的各种落款、日期等其他说明，包括编制人与审核人姓名、编制日期等内容。

2. 主要概念及基本术语

（1）报表窗口。

UFO 报表管理系统有三个重要窗口，分别是系统窗口、报表窗口和图表窗口。

系统窗口：启动 UFO 报表后的窗口即为系统窗口。其包含"文件""工具""帮助"的系统菜单。在系统菜单窗口，只要执行"文件"，"新建"命令就可进入报表窗口。

报表窗口：对报表进行格式设计和数据处理等一系列报表操作的重要窗口。它包含的报表菜单有"文件""编辑""格式""数据""工具""窗口""帮助"。

图表窗口：与报表窗口相似，区别在于工作区和工具栏图标的设置。图表区用于显示图表，工具栏图标用于图表的相关操作。它包含的图表菜单有"图表""编辑""格式""帮助"。

（2）格式状态与数据状态。

UFO 报表管理系统在报表格式状态下，进行的有关格式设计的操作，如表尺寸、行高、列宽、单元属性、单元风格、组合单元、关键字及定义报表的单元公式（计算公式）、审核公式、舍位平衡公式。在格式状态下,所能看到的是报表的格式,报表的数据全部隐藏。且在格式状态下进行的操作对本报表所有的表页都发生作用。但应注意,格式状态下不能进行数据的录入、计算等操作。UFO报表管理系统在报表数据状态下,主要管理报表的数据,如输入数据、增加或删除表页、审核、舍位平衡、制作图形、汇总、合并报表等。在数据状态下不能修改报表的格式,看到的是报表的全部内容,包括格式和数据。

在报表工作区的左下角有一个"格式 / 数据"按钮,点击此按钮可以在格式状态和数据状态之间进行切换。

(3)单元和单元类型。

单元是组成报表的最小单位,单元名称由所在行、列标示,行号用数字1~9 999表示,列标用字母A~IU表示。例如,A8表示第一列第8行的单元。

单元类型有数值单元、字符单元、表样单元三种类型,可以在报表窗口中点击"格式"菜单中的"单元属性"对话框进行设置。

数值单元:用于存储报表的数据,在数据状态下输入。数字可以直接输入或由单元中存储的单元公式运算生成。建立一个新表时,所有单元的类型默认为数值型。

字符单元:同数值单元相似,也是报表的数据,在数据状态下输入,只不过不一定是数值数据。字符单元的内容可以是汉字、字母、数字及由各种键盘可输入的符号组成的一串字符,一个单元中最多可输入63个字符或31个汉字。字符单元的内容也可由单元公式生成。

表样单元:此为报表的格式,用来定义一个没有数据的空白表所需的所有文字、符号或数字。一旦单元被定义为表样,那么在其中输入的内容对所有表页都有效。表样单元在格式状态下输入和修改,在数据状态下不允许修改。

(4)组合单元和区域。

组合单元,由相邻的两个或更多的单元组合而成。由于一个单元只能输入有限个字符,在实际工作中有的单元有超长输入情况,这时用户可以采用系统提供的组合单元。组合单元必须是同一种单元类型(数值、字符、表样),报表系统在处理报表时将组合单元视为一个单元。用户可以组合同一行相邻的几个单元,也可以把一个多行多列的平面区域设为几个组合单元。组合单元的名称可以用区域的名称或区域中单元的名称来表示。例如,把D5到D7定义为一个组合单元,这个组合单元可以用"D5""D7"或"D5:D7"表示。

由一张表页上的一组单元组成,自起点至终点单元是一个完整的长方形矩阵,称为区域。在报表管理系统中,区域是二维的,最大的区域是一个表的所有单元(即整个表页),最小的区域是一个单元。描述整个区域时将起点单元(左上角单元)的名称与终点单元(右下角单元)的名称用":"连接起来,如D5:D7,就表示从D5到D7的区域。

(5)表页。

表页是由许多单元组成的表。一个报表系统最多可容纳99 999张表页,其中所有表页具有相同的格式,但包含的数据各不相同。表页在报表中的序号在表页的下方以标签的形式出现,称为"页标",页标用"第1页"至"第99 999页"表示。

(6)关键字。

关键字是游离于单元之外的特殊数据单元,可以唯一标示一个表页,用于在大量表页中快速选择表页。例如,一个利润表的表文件可放一年甚至多年的利润表,而要从中准确定位出某一张表页,就需要设置一些定位标志,这些标志在报表系统中称为关键字。报表系统提供了以下六种关键字,关键字的显示位置在格式状态下设置,关键字的值则在数据状态下录入,每个报表可以定义多个关键字。

单位名称:字符型(最多30个字符),报表编制单位的名称;

单位编号:字符型(最多10个字符),报表编制单位的编号;

年:数字型(1980～2099),该报表的年度;

季:数字型(1～4),该报表的季度;

月:数字型(1～12),该报表的月份;

日:数字型(1～31),该报表的日期。

除此之外,报表系统还增加了自定义关键字,用户可在实际工作中灵活运用这些关键字。

任务三 会计报表的编制流程、设计格式及填制分析

1. UFO报表编制流程

(1) 建立空白报表。

在使用UFO报表系统处理会计报表之前,应首先启动UFO系统,并建立一张空白的报表,然后在这张空白报表的基础上设计报表的格式。建立新表后,将得到一张系统默认格式的空表,报表名默认为Report1.rep。空白报表建立起来以后,里面没有任何内容,所有单元的类型均默认为数值单元。新报表建立起来以后,默认的状态栏为格式状态。

其中,在此状态下定义报表的格式,如表尺寸、行列宽、单元属性、组合单元、设置公式、关键字设置等。在数据状态下管理报表的数据,如输入数据、增加或删除表页、审核、舍位平衡、汇总、合并报表等。在数据状态下不能修改报表的格式。格式状态与数据状态切换方法如下:

① 点击窗口左下角[格式]与[数据]切换按钮;

② 编辑菜单——>格式/数据状态;

③ 快捷键Ctrl+D。

(2) 设计表样。

设计表样主要包括设计报表的表格,输入报表的表间项目,以及定义报表中各项目的显示风格,定义单元属性。通过设置报表表样可以确定整张报表的大小和外观。报表表样设置的具体内容一般包括设置报表尺寸,定义报表行高和列宽,画表格线,定义组合单元,输入表头、表体、表尾内容,定义单元属性等。

(3) 画表格线。

报表的尺寸设置完之后,在报表输出时,该报表示没有任何表格线,为了满足查询和打印的需要,还需要在适当的位置上画表格线。

(4) 定义组合单元。

有些内容如标题、编制单位、日期及货币单位等信息可能一个单元容纳不下,所以为了实现这些内容的输入和显示,需要定义组合单元。组合单元实际上就是一个大的单元,所有针对单元的操作对组合单元均有效。组合单元可以用该区域名或者区域中的任一单元名来加以表示;若所定义的组合单元取消,可以在"组合单元"对话框中,单击"取消组合"按钮实现。

（5）输入项目内容。

报表表间项目是指报表的固定文字内容，主要包括表头、表体项目、表尾项目等。在录入报表项目时，编制单位、日期一般不需要录入，UFO报表系统将其单独设置为关键字。

（6）设置单元属性。

单元属性主要指单元类型、数据格式、对齐方式、字型、字体、字号及颜色、边框样式等内容的设置。新建报表时，所有单元的单元类型均默认为数值型。格式状态下，录入的内容均默认为表样单元。"字符"单元类型和"数值"单元类型录入以后，只对本表页有效；"表样"单元类型录入以后，对所有的表页有效，设置完之后可以在预览窗口中查看效果。

（7）设置关键字。

关键字是游离于单元之外的特殊数据单元，可以唯一标识一个表页，用于在大量表页中快速选择表页。关键字主要有六种：单位名称、单位编号、年、季、月、日，另外还包括自定义关键字，可以根据用户的实际需要任意设置相应的关键字。定义关键字主要包括设置关键字和调整关键字在表页上的位置。关键字在格式状态下定义，关键字的值则在数据状态下录入；每张报表可以同时定义多个关键字；关键字（如年，月等）会随同报表数据一起显示，在定义关键字时既要考虑编制报表的需要，又要考虑打印的需要；关键字在一张报表中只能定义一次，即同一张报表中不能有重复的关键字；如果关键字的位置设置错误，可以单击"数据/关键字/取消"，取消后重新设置。

（8）编辑公式。

在UFO表中，由于各报表之间存在着密切的数据间的逻辑关系，所以报表中各种数据的采集、运算的勾稽关系的检测就用到了不同的公式，报表主要有单元公式、审核公式和舍位平衡公式。

（9）保存报表。

报表的格式设置完成之后，为了确保今后能够随时调出使用并生成报表数据，应将会计报表的格式保存起来。REp为用友报表文件专用扩展名，如果没有保存就退出，系统将弹出"是否保存报表？"信息提示对话框。

（10）录入关键字并计算报表数据。

进入报表数据处理状态既可以使用菜单进入，也可以直接使用"数据/格式"切换按钮进入。关键字是表页定位的特定标志，每一张表页均对应不同的关键字，输出时随同单元一起现实。日期关键字可以确认报表数据取数的时间范围，即确定数据生成的具体日期。在格式状态下设置完成关键字后，只有在数据状态下对其实际赋值才能真正成为表页的鉴别标志，为表页间、表间的取数提供依据。

当完成报表的格式设计并完成关键字的录入之后，便可以计算指定账套并指定报表时间的报表数据了。计算报表数据是在数据处理状态下进行的，它既可以在录入完成报表的关键字后直接计算，也可以使用菜单功能计算。具体过程如图4-3所示。

如图4-3所示，启动UFO报表系统后，第一步新建空白报表，有两种选择，可以利用软件中的报表模板，也可以自行设计报表格式和报表公式；第二步设计报表的格式；第三步定义各类公式；第四步进行报表数据处理，即进行报表的计算，按照定义的公式计算出对应数据（如果报表公式发生变化或账务数据进行了调整，则需重新计算（可整表重算或表页重算）；第五步进行报表图形处理、表页管理，如增加表页、删除表页、整理表页；第六步报表保存、打印等；第七步退出 UFO。其中第一、第二、第四、第七步是必需的，实际应用时，具体的操作步骤要视情况而定。

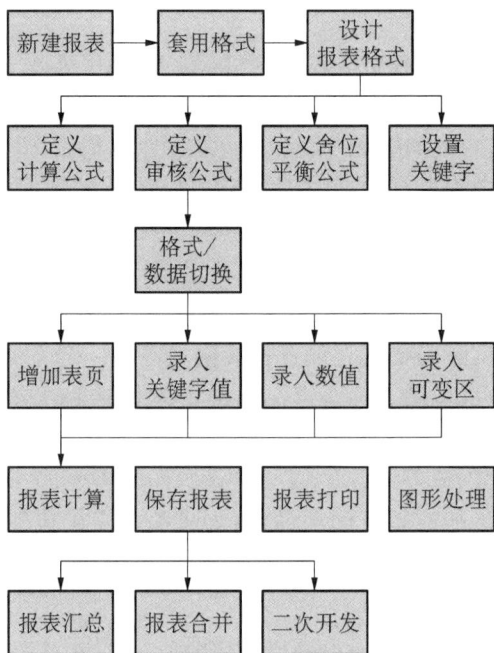

图 4‐3 报表编制流程

2. 报表格式设计

设计报表格式是指对报表行数、列数、标题、表头、表体、表尾以及报表内各个单元属性和风格等内容的定义。报表格式是报表编制的基础，决定了报表的外观、结构和数据录入的属性。

设计报表格式在可变表需设置可变区，固定表则无此步骤。

（1）设置表格尺寸。

设置表格尺寸是指设定报表的行数和列数。报表的行数是将报表的标题、表头、表体、表尾所占的行数加总所得的行数，报表的列数是指报表所设的栏目数。设置行高和列宽：在一张报表中，出于美观考虑，对不同的行可能会设置不同的行高，对列宽的设置也要考虑相应的单元内容，尤其是数据单元，其列宽应能放下本栏中最宽的数据。

画表格线：新建的报表虽然在窗口中显示有浅灰色的表格线，但在报表输出时，是没有任何表格线的，为了便于对打印输出的报表阅读，还应根据需要，在报表适当位置添加上表格线。

定义组合单元：就是将几个单元合并为一个单元。通常报表的标题、表头和表尾的设置会用到组合单元。在一些比较复杂的报表表体中也会用到组合单元。

输入文字内容：报表文字内容包括标题、表头、表体栏目和表尾内容，其中表头的"编制单位""年""月"一般不按文字内容输入，而作为"关键字"来设置。文字输入的方法有两种：一是双击选定单元，将光标放在单元格中，直接在单元格输入内容；二是选定单元格后，将光标定位在窗口上方的编辑栏中进行输入。

（2）设置单元属性。

单元属性是对单元性质和表现形式进行的规定，包括单元类型、字体图案、对齐、边框等内容。单元类型分为数值单元、字符单元和表样单元3种类型。在格式状态下已输入文字内容的单元，系统自动将其属性设置为表样单元；未输入文字内容的单元，系统自动将其属性设置为数值单元，字符单元则需另行设置。其中，数值单元的属性设置还包括数值表示方式的内容。

设置单元风格：单元风格是指表格单元内容在字体、字号、字型、颜色、对齐方式等方面的设置内容。设置单元风格的目的是使表格外观更加美观，符合阅读习惯。

（3）设置关键字。

如果设计的报表是由多页组成的，则为了便于区别表页和对表页进行公式取值，应考虑报表中的某些关键性的文字，定义为特殊的关键字，使其具有标识表页和取值的功能。定义多个关键字后，为防止关键字叠放在一起，还可通过"偏移"调整关键字的位置。偏移量为负数表示向左移动，偏移量为正值则表示向右移动，偏移量单位为像素。

用户可以根据自己的情况任意设置关键字，但一个关键字在该表中只能定义一次，关键字在格式状态下设置，而关键字的值必须在数据状态下录入。

3. UFO报表数据分析

填制报表数据时，对所要编制的报表，按其要求填列项目的内容，不仅逐一分析其构成、来源，还要依据报表要求逐项分析并确定填列方法。

（1）报表的数据来源分析。

手工会计信息系统和电算化会计信息系统所编制的会计报表，其数据基本来源是一致的，对于规定编制的会计报表格式与内容的要求也是相同的。在电算化会计信息系统中，账簿数据以账簿文件的形式存在，账簿文件是总账管理系统和会计报表管理系统的接口。UFO报表数据来源主要有三个：一是电算化会计信息系统中的其他账务处理系统。在报表管理系统中，会计报表的数据来源一般有总账系统的账簿和会计凭证、其他报表、人工直接输入等，也可从应收应付、工资、固定资产、销售、采购、库存等系统中提取数据，生成报表。二是UFO报表管理系统本身。如报表项目间的去处结果和报表间报表项目的运算结果。三是电算化会计信息系统外部的数据输入。UFO报表系统与其他模块的数据关联如图4-4所示。

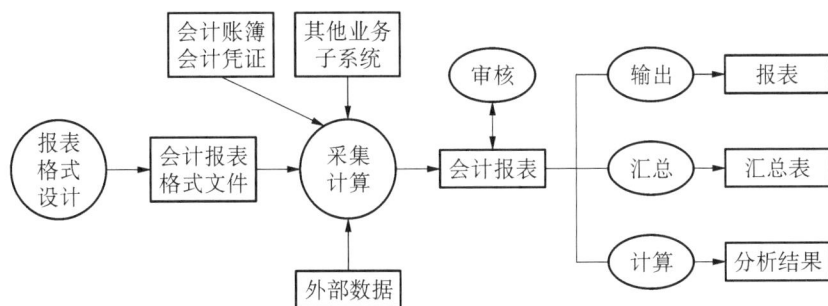

图4-4　UFO报表系统与其他模块数据关联

（2）报表填列方法分析。

对于一张会计报表，其填列方法都是根据报表要求逐项分析得出的。可以总结为以下几类：

① 根据单一会计科目的期初余额或期末余额填列，如资产负债表中的"交易性金融资产""应收票据""应收股利""应收账款""其他应收款"等项目都属单科目填列。

② 根据单一科目的发生额填列，如利润表中的"销售费用""管理费用"等项目。

③ 根据多个科目的期初余额或期末余额计算填列，如资产负债表中的"货币资金"项目的期末余额，应根据"库存现金""银行存款""其他货币资金"三个科目的期末余额合计填列。此类项目还有"存货"等。

④ 根据其他报表的数据填列，如所有者权益变动表中的数据，均取自其他报表。

⑤ 表中不同行次数据计算填列，如资产负债表中的"流动资产合计""非流动资产合计""总资产合计""流动负债合计""非流动负债合计""负债合计""所有者权益合计"等项目，利润表中的"营业利润""利润总额""净利润"等。

4. UFO 报表编制公式

报表编制公式是报表数据单元计算依据的规则，主要包括单元计算公式、报表中数据关系的审核公式和舍位平衡公式。

（1）单元计算公式。

单元计算公式主要用于定义报表数据来源以及运算关系，也是编制报表使用最多的公式。单元计算公式一般由目标单元、取数单元、函数和运算符系列组成，用于从账簿、凭证、本表或其他报表中调用、运算所需的数据，将结果填入对应的报表单元中。常用的报表数据一般来源于总账系统和报表系统本身。报表取数可以分为从本表取数或从其他表页取数两种方式。由报表数据来源分析，可将单元计算公式归纳为以下四种：

① 财务、业务取数公式。

财务取数公式沟通了报表系统和总账系统的数据传递，实现了报表系统从账簿、凭证中采集会计数据生成报表及账表一体化。UFO 报表可以从总账、应收、应付、薪资、固定资产、销售、采购库存等系统中提取数据，共提供 230 个业务函数。

财务取数函数基本格式为：函数名（"会计科目"，会计期间，["方向"]，[账套号]，[会计年度]，[编码1]，[编码2]）

参数取值说明：科目编码也可用科目名称，但必须使用双引号括起来，会计期间可以用"年""季""月"等变量，也可用具体数字表示。

财务取数函数格式是相同的，不同的是函数名，函数名决定取数的类型（"期初""期末""发生额"等），如表 4-1 所示。

表 4-1 　　　　　　　　　　　　　主要财务取数函数表

函数名	金额式	数量式	外币式
期初余额函数	QC( )	SQC( )	WQC( )
期末余额函数	QM( )	SQM( )	WQM( )

续 表

函数名	金额式	数量式	外币式
发生额函数	FS( )	SFS( )	WFS( )
累计发生额函数	LFS( )	SLFS( )	WLFS( )
条件发生额函数	TFS( )	STFS( )	WTFS( )
对方科目发生额函数	DFS( )	SDFS( )	WDFS( )
净额函数	JE( )	SJE( )	WJE( )
汇率函数	HL( )		

例如,库存现金期初余额＝QC("1001",月),库存现金借方发生额＝FS("1001",月,"借"),其他货币资金期末余额＝QM("101201",月)等。

② 表内取数。

表内取数其数据源限于表内,通过加减乘除或统计函数、数学函数的运算生成数据。主要用于在本表页的指定区域内求和、求平均值、计数、求最大值或最小值、求统计方差等运算,实现表页中相关数据的计算和统计。例如,资产负债表中的涉及合计数据,利润表中的营业利润、利润总额、净利润数据都是通过表内单元的加减运算生成的。常见表内取数公式如表4－2所示。

表 4－2 **表页内运算公式**

函数名	固定区	可变区
求和	PTOTAL( )	GTOTAL( )
平均值	PAVG( )	GAVG( )
计数	PCOUNT( )	GCOUNT( )
最大值	PMAX( )	GMAX( )
最小值	PMIX( )	GMIX( )
方差	PVAR( )	GVAR( )
偏方差	PSTD( )	GSTD( )

③ 本表它页取数公式。

日常编制报表时,通常将有密切联系的报表叠放在一起,形成一个三维表,如将本年度经营分析表放在一个报表文件中,这样既利于查阅对比各项的报表数据,也有利于通过编辑本表它页取数公式而在报表之间直接取数。

取确定页号表页的数据,本表它页取数公式取确定表号、表页数据的格式为:

〈目标区域〉＝〈数据源区域〉@〈页号〉

该公式的作用就是将〈页号〉和〈数据源区域〉的数据填入〈目标区域〉。

例如,将当前报表第 2 页 C6 单元格的数据填入报表的当前页 B8,则表示为 B8＝C6@2。

按一定关键字取数。SELECT( )函数常用于从本表他页取数计算。

例1：在"损益表"中，累计数＝本月数＋同年上月累计数，表示为：

D＝C＋SELECT（D，年@＝年 and 月@＝月＋1）。

例2：将本月经营分析表的B列单元数值取上月表页中C列的数值，其公式表达式为：

B＝select(C，月@＝月＋1)。

④ 报表之间取数公式（又称他表取数）。

报表之间取数公式主要用于从另一报表采集数据，即在不同报表之间定义取数关系。适用于报表文件存放于同一磁盘中情况，在报表之间采集数据时要指定表名、表页、单元格。

其格式为：

〈目标区域〉＝"〈报表名[.rep]〉"—〈数据源区域〉[@＜页号]

例3：取"资产负债表"文件第3页的D6单元数值到当前表页的C8单元，其公式表达为：C8＝"资产负债表"D6@3。

（2）审核公式。

在会计报表中，数据之间一般都存在某种勾稽关系，根据这种勾稽关系定义审核公式，检查报表编制结果的正确性，如资产负债表中的"资产合计＝负债合计＋所有者权益合计"。若要定义审核公式，执行"数据"—"编辑公式"—"审核公式"命令即可。

审核公式可验证表页中的数据关系，也可验证同表中不同表页之间或不同表之间的数据勾稽关系。审核公式把报表中某一单元或某一区域与另一单元或某一区域或其他字符之间用逻辑运算符连接起来。审核公式格式为：

〈表达式〉〈逻辑运算符〉〈表达式〉[MESS"提示信息"]

逻辑运算符可使用＝、＞、＜、＞＝、＜＝、〈〉运算符。

例4：在资产负债表中，假设要求反映期初资产总计的为C38单元，反映期初负债和所有者权益合计的为G38单元，则该检验内容相应的审核公式为：C38＝G38。

MESS"期初数据不符合平衡关系！"检验结果十分清楚。

（3）舍位平衡公式。

舍位平衡公式主要用于解决已编制的正确报表由于货币计量单位的转换而导致的不平衡问题，即用来重新调整报表数据进位后的小数位平衡关系的公式。编制会计报表时，编制单位一般以元作为计量单位，而在进行汇总时，计量单位可能要转换为"千元"或"万元"，这种操作会因小数位的四舍五入而破坏报表的平衡关系，因此，还需要对计量单位转换之后报表的数据平衡关系进行调整，使舍位之后的数据符合制定的平衡公式。

舍位平衡公式格式为：

REPORT"〈舍位表文件名〉"

RANGE〈区域〉[，〈区域〉]＊

WEI〈位数〉

[FORMULA〈平衡公式〉[，〈平衡公式〉]＊[FOR〈页面筛选条件〉]]

具体操作为：在格式状态下使用"数据"—"编辑公式"—"舍位平衡公式"来完成。

舍位平衡公式参数说明：必须指明舍位表名、舍位范围、舍位位数和平衡公式。舍位位数为1，区域中的数据除10；舍位位数为2，区域中的数据除100；以此类推。书写平衡公式时要遵从倒顺序写，即先写最终运算结果，然后一步一步向前推。每个公式一行，各公式之间用逗号隔开，最后一条公式不用逗号。公式中只能用"＋""—"符号，不能使用其他运算符及函数。等号左边只能为一个单元(不带页号和表名),一个单元只允许在右边出现一次。

注意:舍位平衡公式中每个公式在一行,各公式之间用","(半角)隔开,最后一个公式不用写逗号,否则公式无法执行。等号左边只能为一个单元(不带页号和表名)。舍位平衡公式中只能使用"+""-"符号,不能使用其他运算符及函数。

任务四 UFO 报表管理业务实训

实训准备

引入项目实训账套备份数据,将系统日期修改为"2019 年 1 月 31 日",以账套主管 001 陈浩的身份登录企业应用平台,进入 UFO 报表系统。

实训内容及要求

*按要求设计利润表的格式 *按 2007 新会计制度设计利润表的计算公式
掌握报表格式定义、公式定义的操作方法。

实训资料

以账套主管"001 陈浩"的身份进入 UFO 报表系统。按照表 4-3 格式自定义利润表,并完成以下操作内容。

表 4-3 利润表

编制单位: 年 月 单位:元

项 目	行 数	本月数	本年累计数
一、主营业务收入	1		
减:主营业务成本	2		
主营业务税金及附加	3		
销售费用	4		
管理费用	5		
财务费用	6		
资产减值损失	7		
加:公允价值变动收益	8		
投资净收益	9		
其中:对联营企业与合资企业的投资收益	10		
二、营业利润(亏损以"-"填列)	11		
加:营业外收入	12		

项 目	行 数	本月数	本年累计数
减：营业外支出	13		
其中：非流动资产处置损失净损失	14		
三、利润总额（亏损以"－"填列）	15		
减：所得税费用	16		
四、净利润	17		
五、每股收益	18		
基本每股收益	19		
稀释每股收益	20		

（1）设置报表尺寸：行数 24，列数 4。

（2）定义组合单元：按行组合 A1:D1；A2:B2。

（3）定义行高和列宽：A1:D1 行高为 14；A3:D24 行高为 6；A3 单元所在行列宽为 50；B3 列宽为 10；C2 和 D2 列宽为 30。

（4）画表格线：在 A3:D24 进行区域划线。

（5）按表 4－4 的内容输入报表项目。

（6）设置单元格属性：在 A1:D1 录入表格名称"利润表"，字号设置为 24，"水平方向"设置为"居中"，"垂直方向"设置为"居中"；A3:D24 字号设置为 14，"水平方向"设置为"居中"，"垂直方向"设置为"居中"。

（7）设置关键字：A2:B2 关键字设置为"单位名称"；C2 关键字设置为"年"；D2 关键字设置为"月"。

（8）按照表 4－4 的内容设置单元公式。

表 4－4   **报表单元计算公式**

位 置	单元公式	位 置	单元公式
C4	Fs(6001,月,"贷",,年)＋Fs(6051,月,"贷",,年)	D4	Select(？C4,年@＝年＋1 and 月@＝月)
C5	Fs(6401,月,"借",,年)＋Fs(6402,月,"借",,年)	D5	Select(？C5,年@＝年＋1 and 月@＝月)
C6	Fs(6403,月,"借",,年)	D6	Select(？C6,年@＝年＋1 and 月@＝月)
C7	Fs(6601,月,"借",,年)	D7	Select(？C7,年@＝年＋1 and 月@＝月)
C8	Fs(6602,月,"借",,年)	D8	Select(？C8,年@＝年＋1 and 月@＝月)
C9	Fs(6603,月,"借",,年)	D9	Select(？C9,年@＝年＋1 and 月@＝月)
C10	Fs(6701,月,"借",,年)	D10	Select(？C10,年@＝年＋1 and 月@＝月)
C11	Fs(6101,月,"借",,年)	D11	Select(？C11,年@＝年＋1 and 月@＝月)
C12	Fs(6111,月,"借",,年)	D12	Select(？C12,年@＝年＋1 and 月@＝月)

位 置	单元公式	位 置	单元公式
C13		D13	
C14	？C4－？C6－？C7－？C8－？C9－？C10－？C11＋？C12＋？C13	D14	Select(？C14,年@＝年＋1 and 月@＝月)
C15	Fs(6301,月,"贷",,年)	D15	Select(？C15,年@＝年＋1 and 月@＝月)
C16	Fs(6711,月,"贷",,年)	D16	Select(？C16,年@＝年＋1 and 月@＝月)
C17		D17	
C18	？C15＋？C16－？C17	D18	Select(？C18,年@＝年＋1 and 月@＝月)
C19	Fs(6801,月,"贷",,年)	D19	Select(？C19,年@＝年＋1 and 月@＝月)
C20	？C19－？C20	D20	Select(？C20,年@＝年＋1 and 月@＝月)

注：累计数公式中的 and 前后应该有空格。

（9）生成报表并保存报表格式,将文件名称设置为"2019.01 自制利润表"。

操作指导

1. 设置表尺寸

（1）以账套主管 001 陈浩的身份登录企业应用平台,单击"业务工作",单击"财务会计",双击"UFO 报表",进入 UFO 报表系统,如图 4-5 所示。

（2）单击"文件/新建",进入报表格式对话框。单击"格式/表尺寸",打开"表尺寸"对话框,如图 4-6 所示。

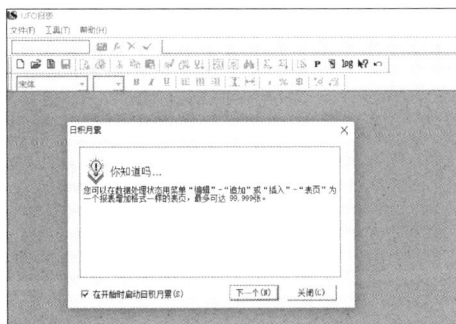

图 4-5 进入 UFO 报表系统

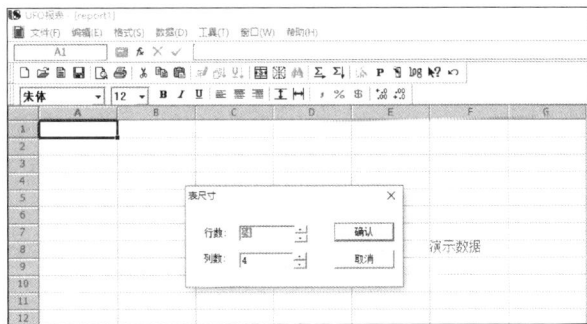

图 4-6 设置表尺寸

（3）录入行数 24,列数 4,单击"确认"按钮。

2. 定义组合单元

（1）单击选中 A1 单元格后拖动鼠标到 D1 单元,单击"格式/组合单元",打开组合单元对话框。

（2）单击"按行组合"按钮,将 A1:D1 组合为一个单元。

（3）同样方法,将 A2:B2 组合为一个单元。

3. 定义行高和列宽

（1）选中 A1:D1 区域，点击鼠标右键，单击"行高"，弹出行高对话框，录入"14"，如图 4-7 所示。单击"确认"。同样方法，设置 A3:D24 单元行高。

（2）选中 A3 单元格，点击鼠标右键，单击"列宽"，弹出列宽对话框，输入"50"，单击"确认"。同样，设置 B3、C2、D2 单元格列宽。

4. 画表格线

（1）选中 A3:D24 区域，单击"格式/区域画线"，打开"区域画线"对话框，如图 4-8 所示。
（2）选定"网线"单选框，单击"确认"按钮。

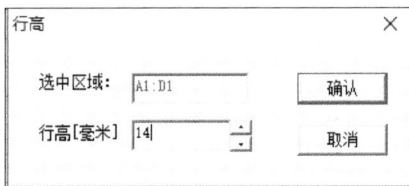

图 4-7　行高设置

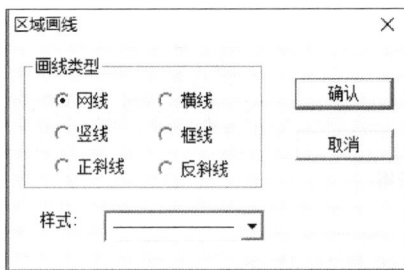

图 4-8　画表格线

5. 录入损益表项目

按照表 4-4 的内容在对应单元格输入相应内容。或将电子版所列项目内容复制粘贴到报表项目对应位置。

6. 设置单元格属性

（1）选中单元格区域 A1:D1，录入表名称"利润表"。选择"格式/单元属性"命令，弹出"单元格属性"对话框，如图 4-9 所示。单击"字体图案"，在"字号"下拉表框中选择"24"。

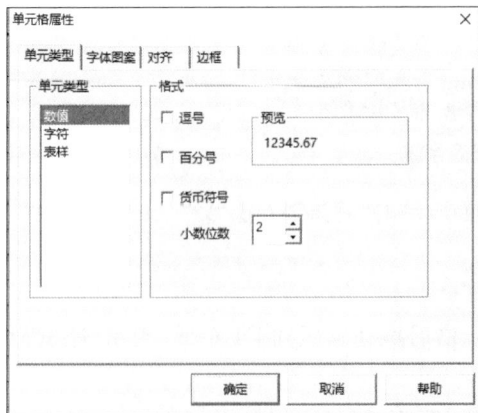

图 4-9　单元格属性设置

（2）单击"对齐"选项卡，选中"水平方向"的"居中"单选按钮，选中"垂直方向"的"居中"按钮，单击"确定"按钮。

（3）同上方法，设置 A3:D24 单元格区域字号和对齐方式。

7. 设置关键字

（1）选中 A2:B2，选择"数据/关键字/设置"，弹出"设置关键字"对话框，如图 4 - 10 所示。选中"单位名称"单选按钮，单击"确定"按钮。C2 关键字设置为"年"；D2 关键字设置为"月"。

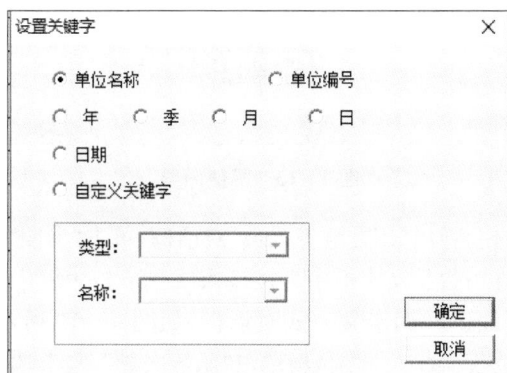

图 4 - 10　设置关键字对话框

（2）同上方法，选中 C2，单击"数据/关键字/设置"，在"设置关键字对话框"中选择"年"单选按钮，并"确定"。再以同法，设置 D2 关键字"月"。设置完成后，如图 4 - 11 所示。

图 4 - 11　设置关键字

8. 设置单元公式

根据表 4 - 4 资料，分别录入公式。

（1）单击 C4 单元格，选择"数据/编辑公式/单元公式"命令，弹出"定义公式"对话框，如图 4 - 12 所示。

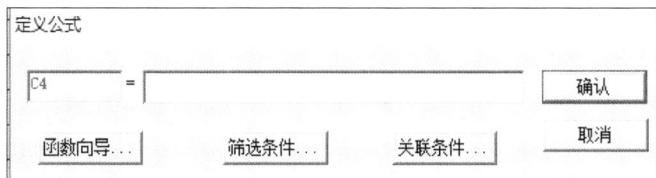

图 4 - 12　定义公式

（2）单击"函数向导"按钮，弹出"函数向导"对话框，在"函数分类"选项组中选择"用友账务函数"，"函数名"选项组中选择"发生（FS）"，如图 4 - 13 所示。

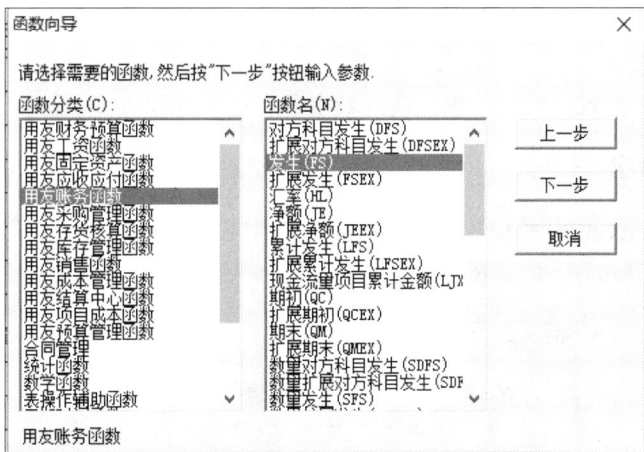

图 4-13　函数向导

（3）单击"下一步"按钮,弹出"用友账务函数"对话框,单击"参照"按钮,弹出"账务函数"对话框,如图 4-14 所示。在"科目"文本框中直接输入或在下拉表框中选择"6001","方向"选择"贷",单击"确定"按钮,页面返回到定义公式对话框,如图 4-15 所示。在图 4-14 公式"FS（"600101",月,"贷",,,,,）"后输入"＋"号,再单击"函数向导",与上述方法相同,在"科目"中选择"6051","方向"选择"贷",单击"确定",则 C4 公式输入完成,如图 4-16 所示。

图 4-14　"账务函数"对话框

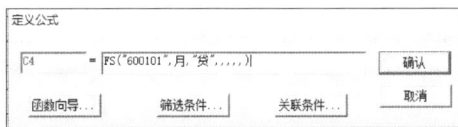

图 4-15　定义公式对话框

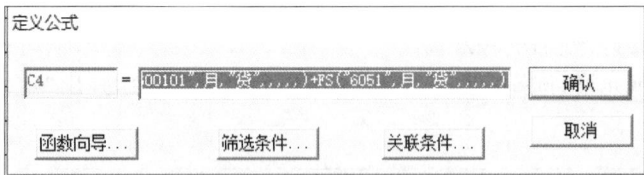

图 4-16　C4 公式定义

（4）在 D4 单元,选择"数据/编辑公式/单元公式"命令,弹出"定义公式"对话框,在"公式"文本框中输入"C4＋select（D4,年@＝年 and 月@＝月＋1）",也可以输入公式"select（？ C4,年@＝年＋1 and 月@＝月",如图 4-17 所示,单击"确认"按钮。

（5）以同样方法,继续输入其他单元的计算公式。

（6）单元公式全部输入完成后,执行"文件/保存"命令,选择保存文件路径为"E:\账套备份\自制利润表",修改文件名为:自制利润表.rep。

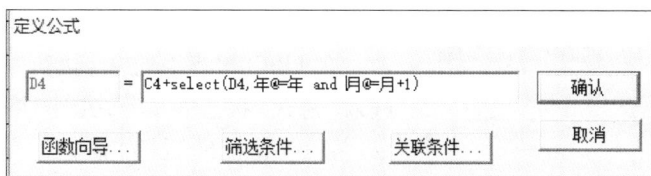

图4－17　定义公式对话框

注意： 自制报表可反复使用已经设置的报表公式，在不同会计期间可以生成具有不同结果的报表。

9. 生成报表并保存

（1）在UFO报表系统中，执行"文件/打开"命令，或单击" 📂 "，打开自制利润表。查看屏幕左下角，单击红色字符，报表由" 格式 "状态转入" 数据 "状态。

（2）执行"数据/关键字/录入"命令，打开录入关键字对话框，如图4－18所示。录入"单位名称""年""月"，单击"确认"。

（3）系统提示"是否重算第一页"，单击"是"按钮，系统自动计算报表数据，显示计算结果，如图4－19所示。

图4－18　录入关键字的值

图4－19　计算利润表数据

注意： ERP－U8 V10.1期间损益采用的是表结法，如果把1月份的期间结转凭证生成并记账，利润表的主营业务成本数据出不来，结转期间损益的这张记账凭证可以生成（或做利润表之前不生成），但不要记账，报表中的数据会完整。

10. 利用报表模板生成报表

单位名称："西安市宝特钢制品有限公司"，编制时间：2019年1月31日。

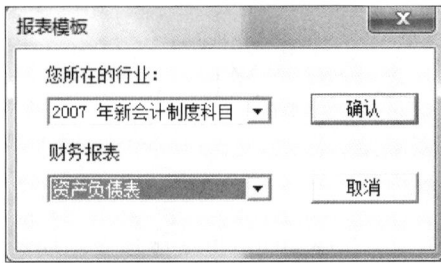

图4-20 报表模版

（1）建立资产负债表。

在 UFO 报表系统中，执行"文件/新建"命令，进入"格式"状态窗口。执行"格式/报表模版"命令，打开"报表模版"对话框。单击"您所在的行业"栏的下三角按钮，选择"2007 年新会计制度科目"，再单击"财务报表"栏的下三角按钮，选择"资产负债表"，如图 4-20 所示。单击"确认"按钮，系统出现"模版格式将覆盖本报表格式！是否继续？"，单击"确定"。

（2）设置关键字。

① 在报表"格式"状态窗口中，单击选中 A3 单元格，将"编制单位"删除。

② 在 A3 单元格，执行"数据/关键字/设置"命令，打开"设置关键字"对话框。设置关键字"单位名称"，单击"确定"按钮。

（3）录入关键字值并计算报表数据。

① 在报表"格式"状态窗口中，执行"数据/整表重算"命令，系统提示"是否确定全表重算？"，单击"否"按钮，进入报表的"数据"状态窗口。

② 执行"数据/关键字/录入"命令，打开"录入关键字"对话框。

③ 录入单位名称"西安市宝特钢制品有限公司"年"2019"月"01"日"31"。

④ 单击"确认"，系统提示"是否重算第一页"，单击"是"按钮。执行"文件/保存"命令，保存文件路径为"E:\账套备份\资产负债表"。结果如图 4-21 所示。

资产	行次	期末余额	年初余额	负债和所有者权益（或股东权益）	行次	期末余额	年初余额
流动资产：				流动负债：			
货币资金	1	307,799.00	153,200.00	短期借款	32	200,000.00	200,000.00
交易性金融资产	2			交易性金融负债	33		
应收票据	3	58,500.00	58,500.00	应付票据	34		
应收账款	4	182,789.00	163,800.00	应付账款	35	144,792.50	130,950.00
预付款项	5			预收款项	36		
应收利息	6			应付职工薪酬	37		
应收股利	7			应交税费	38	16,346.50	7,951.00
其他应收款	8	200.00	550.00	应付利息	39	1,000.00	
存货	9	347,680.00	422,930.00	应付股利	40		
一年内到期的非流动资产	10			其他应付款	41		
其他流动资产	11			一年内到期的非流动负债	42		
流动资产合计	12	896,968.00	798,980.00	其他流动负债	43		
非流动资产：				流动负债合计	44	362,139.00	338,901.00
可供出售金融资产	13			非流动负债：			
持有至到期投资	14			长期借款	45		
长期应收款	15			应付债券	46		
长期股权投资	16			长期应付款	47		
投资性房地产	17			专项应付款	48		
固定资产	18	331,940.00	331,940.00	预计负债	49		
在建工程	19	500,000.00	500,000.00	递延所得税负债	50		
工程物资	20			其他非流动负债	51		
固定资产清理	21			非流动负债合计	52		
生产性生物资产	22			负债合计	53	362139.00	338901.00
油气资产	23			所有者权益（或股东权益）：			
无形资产	24			实收资本（或股本）	54	912,000.00	850,000.00
开发支出	25			资本公积	55		
商誉	26			减：库存股	56		
长期待摊费用	27			盈余公积	57	274,000.00	274,000.00
递延所得税资产	28			未分配利润	58	180,769.00	168,019.00
其他非流动资产	29			所有者权益（或股东权益）合计	59	1,366,769.00	1,292,019.00
非流动资产合计	30	831940.00	831940.00				
资产总计	31	1728908.00	1630920.00	负债和所有者权益（或股东权益）总计	60	1,728,908.00	1,630,920.00

单位名称：西安市宝特钢制品有限公司　　2019 年　　1 月　　31 日

资产负债表

单位：元

图4-21 生成资产负债表数据

项目五　固定资产管理系统

学习目标

◆ 了解固定资产系统的基本功能。
◆ 熟悉固定资产管理系统业务流程。
◆ 掌握固定资产管理系统初始设置。
◆ 掌握固定资产管理系统日常业务处理方法。
◆ 掌握固定资产折旧处理。
◆ 掌握固定资产期末业务处理。

任务一　固定资产业务概述

固定资产是企业进行生产经营活动的物质基础,在企业资产总额中占有相当大的比重。由于固定资产种类繁多、构成复杂,且用于企业生产经营活动而不是为了出售,因此与其他会计核算系统相比,固定资产的核算和管理有其固有的特点。

由于企业经营性质不同、经营规模各异,对固定资产的分类不可能完全一致,企业的固定资产可根据不同的管理需要和核算要求进行不同的分类。通常按照经济用途和使用情况综合分类,可以将固定资产分为 7 类:生产经营用固定资产(如生产经营用房屋、建筑物、机器、设备、工具等)、非生产经营用固定资产(如职工宿舍、食堂等房屋及设备等)、租出固定资产、不需用固定资产、未使用固定资产、融资租入固定资产、土地。

1. 固定资产管理业务

企业固定资产与存货管理有很大区别,固定资产不是存放在一个特定场所进行集中管理,而是分散在企业不同的部门,这种情况造成了固定资产的使用、管理、核算的分离,固定资产管理部门管理的只是固定资产台账和卡片,实物的使用分散在企业所有部门,而固定资产的核算工作由财务部门负责。由于固定资产数据来源分散,同一固定资产的数据在不同部门归纳、收集和汇总,容易造成各部门提供的数据遗漏、脱节以及信息不完整,产生较大差异。因此,各部门必须明确固定资产管理职责。固定资产管理部门职责主要有采购管理、仓库管理、领用管理、档案管理、后续支出管理、清查核资管理以及报废清理的审批。

2. 固定资产核算业务

企业的固定资产在长期生产经营活动中虽然能够保持其原有的实物形态,但其价值将随着固定资产的使用而逐渐转移,构成企业成本费用。核算业务主要包括固定资产增加(外购、自行建造、投资者投入)、计提固定资产折旧及减值准备、固定资产后续支出(资本化后续支出、费用化后续支出)、固定资产的投资和租出、固定资产清理(转让、报废、毁损等)、固定资产清查盘点等。

任务二 固定资产管理系统功能

固定资产管理系统主要提供固定资产管理、折旧核算、统计分析等功能,并为总账管理系统和成本管理系统等提供核算信息和成本信息。其中固定资产管理主要包括原始资产管理、新增资产管理、资产减少、内部调动的处理、资产变动的管理等,并提供资产评估及计提固定资产减值准备功能,支持折旧变更,可以按月自动计算折旧并生成折旧分配凭证,同时输出有关报表和账簿。

固定资产管理系统主要功能如下:

(1)管理固定资产卡片。固定资产管理系统应提供灵活进行固定资产卡片的增加、删除、修改、查询、统计和汇总功能,并可以随时输出固定资产的各种综合性统计信息。

(2)处理固定资产增减变动业务。固定资产管理系统可对固定资产增减变动进行管理,更新固定资产卡片,按月得出分部门、分类别、分增减变动种类的汇总数据,并打印出固定资产增减变动汇总表和增减变动明细表。

(3)计提折旧,计算净值。自动实现固定资产折旧计提和分配,并打印计提折旧分配表。

(4)自动转账。固定资产管理系统可以根据固定资产折旧分配表,自动编制机制凭证,并可自动将其传递到总账管理系统和成本管理系统。

任务三 固定资产管理系统业务流程

一般企业新启用固定资产管理系统时,操作流程可按图5-1所示进行。

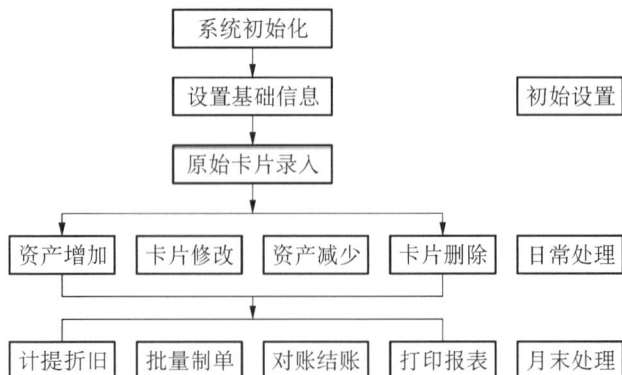

图5-1 固定资产管理系统业务流程

（1）初始卡片的录入。固定资产管理系统启用之前，需将原手工方式下的固定资产卡片信息全部录入计算机，存入固定资产卡片文件，以此作为一个基本数据库文件使用。初始卡片信息包括卡片项目定义、卡片样式定义、折旧方法定义、资产类别定义、部门设置、部门对应折旧科目、增加方式设置及使用状况设置。

（2）固定资产增减变动单录入。若月内发生固定资产增加，则需填制固定资产卡片，即新增固定资产，当月新增的固定资产不计提折旧。只有当账套开始计提折旧后，才能使用资产减少功能，否则减少资产只能通过减少卡片来完成。

本月新增资产不允许变动，本月结账后才能进行资产变动处理。记录资产变动的原始单据就是变动单。如原值变动、部门转移、使用状况变动、使用年限调整、折旧方法调整等，则输入相应的变动单来记录资产调整结果。

（3）更新固定资产卡片文件。月末分别用固定资产增加文件、固定资产减少文件及固定资产调动文件更新固定资产卡片文件，即将增加的固定资产记录插入卡片文件，调出的固定资产记录从卡片中删除，发生内部调动的固定资产改变在卡片中的使用部门。

（4）计提折旧、转账生成及输出。月末处理时，根据月初的固定资产卡片文件，计提折旧，生成折旧计算文件；根据折旧计算文件、增减变动文件统计转账数据，自动生成转账凭证，传入总账系统和成本管理系统，供计算成本时使用；输出各种固定资产分析表，如固定资产卡片、增减变动表、折旧表等。

任务四 固定资产管理系统业务处理

1. 固定资产系统初始化

固定资产系统初始化主要有建立固定资产子账套、设置部门对应折旧科目、设置资产类别、设置固定资产增减方式的对应科目和录入固定资产原始卡片五项设置任务。

（1）初始化账套向导。

初始化账套向导是建立固定资产子账套的主要工作。其内容依次为：约定及说明、启用月份、折旧信息、编码方式、账务接口、完成。首次使用固定资产管理系统时，系统自动提示是否进行账套初始化，如图5-2所示。单击"是"按钮，打开"初始化账套向导"，选择"约定及说明"选项，如图5-3所示，仔细阅读后，选择"我同意"，单击"下一步"按钮，在"初始化账套向导"中选择"启用月份"选项，系统以账套启用月份开始计提折旧。应注意：一般启用月份与企业账套启用日期一致，只能查看启用日期，不可修改。启用日期确定后，在该日期前的所有固定资产都将作为期初数据，在启用月份开始计提折旧。单击"下一步"按钮。

在"初始化账套向导"中选择"折旧信息"选项，在"主要折旧方法"下拉菜单中选择一种折旧方法，其他采用默认设置。当"月初已计提月份＝可使用月份－1"时，将剩余折旧全部提足是指除工作量法外，只要上述条件满足，则"该月折旧额＝净值－净残值"，并

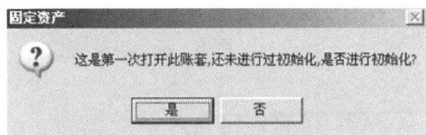

图5-2 固定资产系统初始化

且不能手工修改;如果不选该项,则该月不提足折旧,并且可手工修改,但如以后各月按照公式计算的月折旧率或折旧额是负数时,认为公式无效。令月折旧率=0,月折旧额=净值-净残值,单击"下一步",如图5-4所示。

在"初始化账套向导"中选择"编码方式"选项。固定资产编码方式选择"手工输入",序号长度为"5",其他采用默认值。单击"下一步"按钮,如图5-5所示。

在"初始化账套向导"中选择"账务接口"选项。在"对账科目"选项区,参照输入"固定资产对账科目"为"1601","累计折旧对账科目"为"1602",其他采用默设置,如图5-6所示。

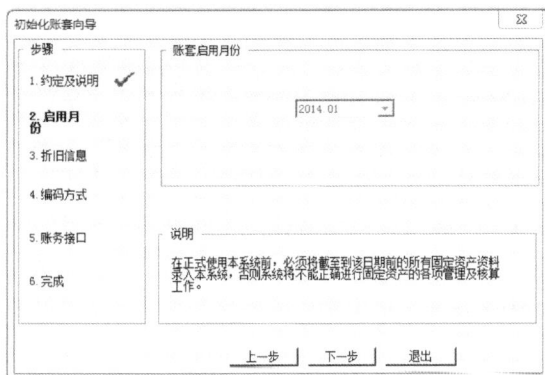

图5-3 初始化账套向导

在"初始化账套向导"中选择"完成"选项。如图5-7所示窗口,显示已经完成初始化设置。系统提示"是否确定所设置的信息完全正确并保存对新账套的所有设置",单击"是"按钮,系统提示"已成功初始化本固定资产账套",单击"确定",返回企业应用平台窗口。

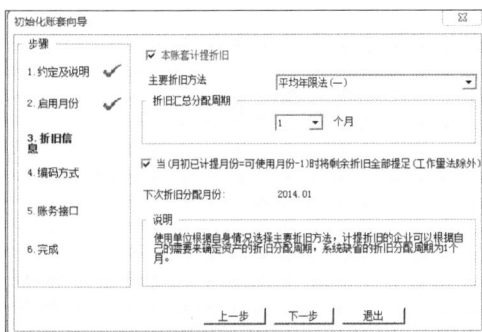

图5-4 折旧设置

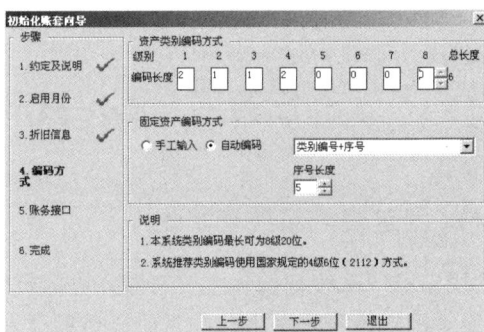

图5-5 编码方式

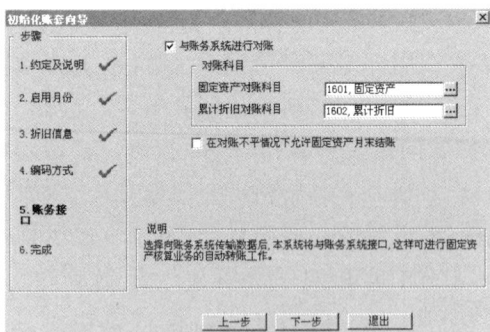

图5-6 账务接口

图5-7 初始化设置完成

(2)设置固定资产系统选项。

单击"固定资产"系统,选择"设置"——"选项"命令,打开"选项"对话框,单击"编辑"按钮,单击"与账务系统接口"页签,勾选"业务发生后立即制单",依次在"固定资产缺省入账科目"中输入"1601",在"累计折旧缺省入账科目"中输入"1602",在"减值准备缺省入账科目"中输入"1603",如图5-8所示。

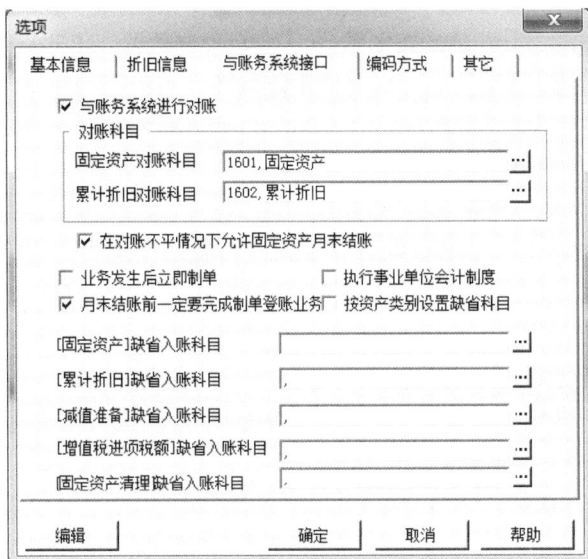

图5-8 设置固定资产系统选项

（3）设置部门对应折旧科目。

固定资产计提折旧后必须把折旧归入成本或费用,根据不同使用者的具体情况按部门或按类别归集。部门对应折旧科目的设置就是给部门选择一个比较固定的折旧科目,在录入卡片时,该科目自动显示在卡片中,不必一个一个输入,提高了工作效率,而后每一部门按折旧科目汇总生成部门折旧分配表,再生成记账凭证。在固定资产管理系统中,选择"设置"——"部门对应折旧科目"。在窗口左侧"固定资产部门编码目录"中选择要设置对应科目的部门,单击"修改"按钮或选择右键菜单中"编辑"项,在窗口右侧"单张视图"页签中,输入折旧科目编码或单击"参数"按钮参照选择折旧科目,单击"保存"按钮,则完成了设置。应注意:因本系统录入卡片时,只能选择明细级部门,所以设置折旧科目也只有给明细级设置才有意义。如果某一上级部门设置了对应的折旧科目,下级部门继承上级部门的设置。例如,当为生产部设置对应的折旧科目为"5101制造费用"时,系统会提示"是否将生产部的所有下级部门的折旧科目替换为'制造费用'? 如果选择是,请在成功保存后单击'刷新'按钮查看"。单击"是"按钮,即将生产部的三个下级部门的折旧科目一并设置完成。设置部门对应的折旧科目时,必须选择末级会计科目。设置上级部门的折旧科目,则下级部门可以自动继承,也可以选择不同的科目,即上下级部门的折旧科目可以相同,也可以不同。

（4）设置固定资产类别。

固定资产的种类繁多,规格不一,要强化固定资产管理,及时准确做好固定资产核算,必须科学地做好固定资产分类,为核算和统计管理提供依据。

在固定资产管理系统中,选择"设置"——"资产分类"命令,打开"资产类别"窗口,单击"增加"按钮,显示单张视图页签。类别编码自动给出,按要求输入类别名称,其他采用默认设置,单击"保存"按钮保存设置。

定义资产类别时,应先建立上级固定资产类别后再建立下级类别。由于在建立上级类别"房屋与建筑物"时就设置了使用年限、净残值率,其下级类别如果与上级类别设置相同,自动继承不用修改;如果下级类别与上级类别设置不同,可以修改。类别编码、名称、计提属性及卡片样式不能为空。非明细级类别编码不能修改和删除,明细级类别编码修改时只能修改本级的编码。使用过的类别的计提属性不能修改。系统已使用的类别不允许增加下级和删除。

(5)设置固定资产增减方式。

增减方式包括增加方式和减少方式两类。资产增加或减少方式用以确定资产计价和处理原则,同时可加强对固定资产增减的管理。系统内置的增加方式有六种:直接购买、投资者投入、捐赠、盘盈、在建工程转入、融资租入;减少方式有七种:出售、盘亏、投资转出、捐赠转出、报废、毁损、融资租出。

需要注意的是,此处设置的对应入账科目是为了生成凭证时缺省科目(即默认)。例如,资产增加时,以购入方式增加资产,该科目可设置为"银行存款";在投资者投入时,该科目可设置为"实收资本",该科目缺省在贷方。

系统缺省的增减方式中,"盘盈、盘亏、毁损"不能修改和删除,因为系统提供的报表中有固定资产盘盈盘亏报告表。非明细增减方式不能删除;已使用的增减方式不能删除。生成凭证时,如果入账科目发生了变化,可以即时修改。

设置固定资产增减方式的对应科目时,在固定资产管理系统中,选择"设置"——"增减方式"命令,打开"增减方式"窗口,在"增减方式目录表"中按要求进行选择后,单击"修改"按钮,在"对应入账科目"处输入相应科目,单击"保存"按钮,然后返回上一级窗口。用同样方法设置其他增减方式,全部完成后单击"退出"。如图5-9所示。

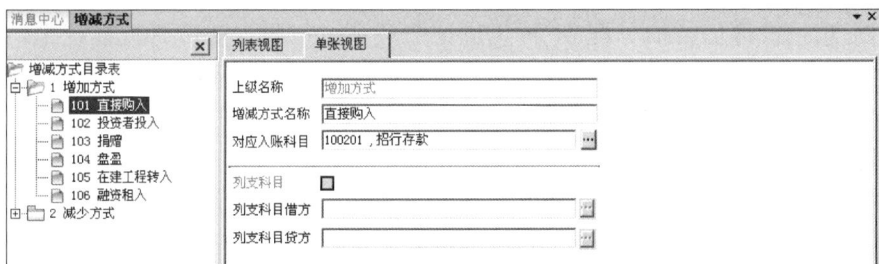

图5-9 设置固定资产增减方式

(6)录入固定资产原始卡片。

原始卡片是指所记录的资产的开始使用日期的月份先于固定资产系统的启用月份的固定资产卡片。

固定资产卡片是固定资产核算和管理的基础依据。为了保证固定资产资料的连续性,在使用固定资产管理系统进行核算前,除了必要的基础工作外,还必须将建账日期以前的数据录入系统,以保持历史数据的连续性。但是,原始卡片的录入不限制必须在第一个期间结账前,任何时候都可以录入原始卡片。例如,一台机器是2019年1月1日开始使用,固定资产管理系统是在2016年1月1日开始启用,则该卡片录入可以是启用日期后的任何时间。在执行原始卡片录入或资产增加功能时,可以为一个资产选择多个使用部门。当资产为多部门使用时,原值、累计折旧等数据可以在多部门间按设置的比例分摊。单个资产对应多个使用部门时,卡片上的对应折旧科目处不能输入,默认为选择使用部门时设置的折旧科目。

在固定资产卡片界面中,除"固定资产"主卡片外,还有若干的附属选项卡,附属选项卡上的信息只供参考,不参与计算也不回溯。主卡主要项目及附属页签包括以下项目内容:

① 卡片编号。由系统根据编码方案自动给出,不能修改。若删除最后一张外某张卡片,系统将保留该卡片号,并且不能再使用(会计制度规定删除的固定资产资料至少保存 5 年)。

② 固定资产名称。应为所录卡片的设备名称。

③ 类别编号及名称。应为类别设置中已定义的明细级编号和相对应的名称。

④ 开始使用日期。固定资产的开始使用日期直接影响到固定资产以哪种方式录入系统,也直接影响到录入系统当月的折旧计提。当开始使用日期中的月份小于录入月份,则卡片为原始卡片,只能通过原始卡片录入功能录入,录入当月如符合计提折旧条件则该月应计提折旧;当开始使用日期中的月份等于录入月份,则卡片为新卡片,只能通过资产增加功能录入系统,录入当月不计提折旧。

⑤ 已计提月份。已计提折旧月份数是由系统根据开始使用日期自动计算出。该项要正确填写,以后每计提折旧期间结账后,系统自动在该项加 1。

⑥ 累计工作量。每一期间结账后将该期间的工作量累加到期初的数量上,录入时输入的数应是录入当期期初的值,不包括录入当月的工作量。

⑦ 累计折旧。已计提的折旧额,不包括本期应计提的折旧额。

⑧ 原值。可以是原始价值,重置完全价值和评估价值。

⑨ 单位折旧。即每一单位工作量应计提的折旧额。当选择折旧方法为工作量法时卡片上才有该项。

⑩ 项目。资产服务或从属的项目,为企业按项目辅助核算归集费用或成本提供方便。

减少信息页签是在固定资产减少后,系统根据输入的清理信息自动生成"减少信息页签"表格,该表格中只有清理收入和费用可以手工输入,其他则不能手工输入。

大修理记录、资产转移记录、停启用记录、原值变动页签均以列表形式显示,第一次结账后或第一次做过相关的变动后根据变动单自动填写,不得手工输入,如图 5-10 所示。

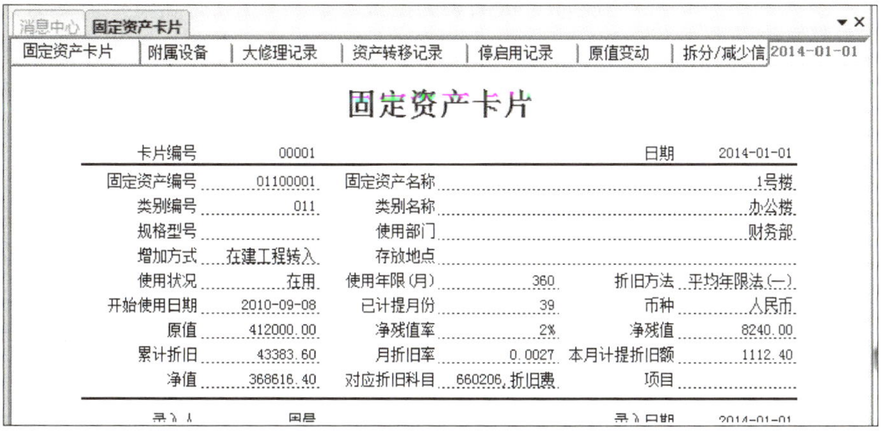

图 5-10　固定资产原始卡片录入

2. 固定资产管理系统日常业务

固定资产在日常管理过程中主要业务包括资产增减变动、折旧处理以及记账凭证填制。

(1) 新增固定资产。

固定资产增加是一种新卡片的录入，与原始卡片录入相对应。资产通过“原始卡片录入”还是通过“资产增加”录入，在于资产的开始使用日期，只有当开始使用日期的期间与录入期间一致时，才能通过“资产增加”录入。其录入过程与“原始卡片录入”相同，但卡片中“开始使用日期”栏的年份和月份不能修改。因为是资产增加，该资产需要入账，所以可执行制单功能。

录入时，在固定资产管理系统中，选择“卡片”→“资产增加”命令，打开“固定资产类别档案”窗口，选择要增加的类别名称，单击“确定”按钮。在打开的“固定资产卡片”录入窗口，依次录入固定资产名称、使用部门、增加方式、使用情况、折旧方法、原值、净残值率等，如图5-11所示。

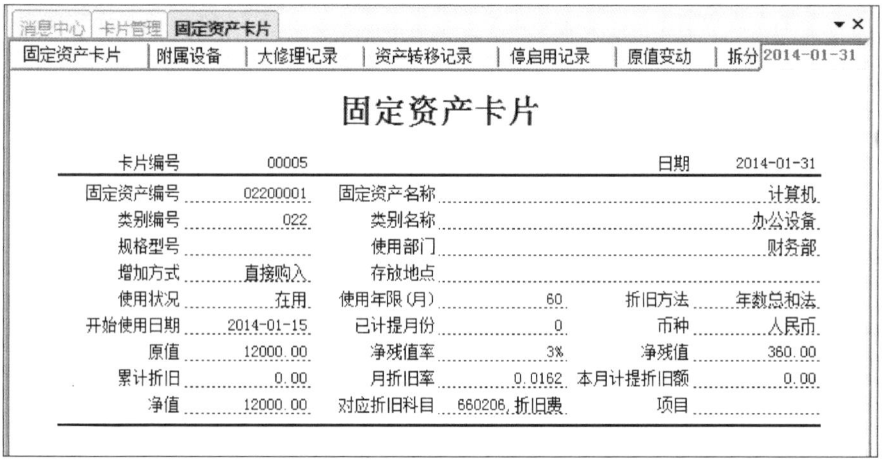
消息中心 | 卡片管理 | 固定资产卡片

固定资产卡片 | 附属设备 | 大修理记录 | 资产转移记录 | 停启用记录 | 原值变动 | 拆分 2014-01-31

固定资产卡片

卡片编号	00005			日期	2014-01-31
固定资产编号	02200001	固定资产名称	计算机		
类别编号	022	类别名称	办公设备		
规格型号		使用部门	财务部		
增加方式	直接购入	存放地点			
使用状况	在用	使用年限(月)	60	折旧方法	年数总和法
开始使用日期	2014-01-15	已计提月份	0	币种	人民币
原值	12000.00	净残值率	3%	净残值	360.00
累计折旧	0.00	月折旧率	0.0162	本月计提折旧额	0.00
净值	12000.00	对应折旧科目	660206, 折旧费	项目	

图5-11 新增固定资产录入卡片

新卡片录入的第一个月不提折旧，折旧额为空或零。另外，只有当资产开始计提折旧后才可以使用资产减少功能，否则，减少资产只有通过删除卡片来完成。若想恢复已减少的资产，可以在卡片管理界面中，选择“已减少的资产”，选中要恢复的资产，单击“卡片”菜单下面的“撤消减少”即可。通过资产减少的固定资产只有在减少的当月可以恢复，如果资产减少操作已制成凭证，必须删除凭证才可以恢复。

固定资产系统需要制作记账凭证的情况包括资产增加、资产减少、卡片修改(涉及原值和累计折旧时)、资产评估(涉及原值和累计折旧时)、原值变动、累计折旧调整及折旧分配等。

制作记账凭证有两种方法：立即制单和批量制单。当在“选项”设置中选择了“业务发生后立即制单”，则相关业务发生后，系统自动弹出不完整凭证供修改；如果未选择，则通过“批量制单”完成制单工作。批量制单的功能是可同时将一批需要制单的业务连续制作凭证并传递到总账系统，避免多次制单的烦琐；凡是业务发生时没有制单的，该业务将自动排列在批量制单表中。

（2）固定资产变动。

固定资产在使用过程中，可能会调整卡片上的某些项目，如原值的变动、部门转移、使用状况的变动、净残值（率）等的调整，这种变动要求留下原始凭证，为此制作的原始凭证称为"变动单"。以上项目变动在固定资产管理系统中通过变动单进行操作，其他项目，如名称、编号、自定义等的变动可直接在卡片上进行修改，如图 5－12 所示。

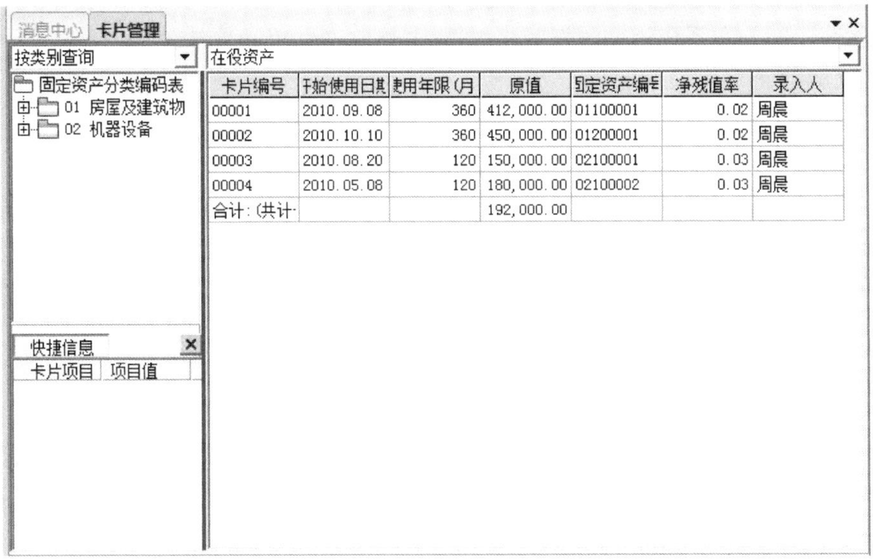

图 5－12　固定资产变动

注意：当发现卡片录入有错误，或资产使用过程中有必要修改卡片的一些内容时，可以通过卡片修改功能实现，这种修改为无痕迹修改。原始卡片的原值、使用部门、工作总量、使用状况、累计折旧、净残值（率）、折旧方法、使用年限、资产类别在没有做变动单或评估单的情况下，在录入当月可以无痕迹修改；如果做过变动单，只有删除变动单才能无痕迹修改；若各项目做过一次月末结账，只能通过变动单或评估单调整，不能通过卡片修改功能改变。通过资产增加录入系统的卡片如果没有制作凭证和变动单、评估单的情况下，录入当月可以无痕迹修改。

① 原值变动。固定资产在使用过程中有五种情况变动：一是重新估价；二是增加补充设备或改良设备；三是将固定资产的一部分拆除；四是根据实际价值调整原来暂估价值；五是发现原记录的固定资产价值是错误的。相关的变动单信息输入完毕后进行保存，此时卡片上相应项目（原值、净残值、净残值率）将根据变动单而改变。如果选项中选择了"业务发生后立即制单"，可制作成记账凭证。

② 部门转移。因内部调配而发生部门变动应及时处理，否则影响部门的折旧计算。可通过系统提供的"变动单"下的"部门转移"功能完成调整。部门转移和类别调整的资产当月计提的折旧分配到变动后的部门和类别。

③ 使用状况调整。固定资产使用状况分为在用、未使用、不需用、停用、封存五种。固定资产在使用状况改变时会影响到设备的折旧计算，因此应及时调整。可通过系统提供的"变动单"下的"使用状况变动"功能完成调整。

④ 使用年限调整。由于固定资产的重估、大修等原因调整固定资产的使用年限,可通过系统提供的"变动单"下的"使用年限调整"功能完成调整。进行使用年限调整的固定资产在调整当月就按调整后的使用年限计提折旧。

⑤ 折旧方法的调整。一般来说,固定资产折旧方法一年之内很少改变,但如有特殊情况需调整改变的,可通过系统提供的"变动单"下的"折旧方法调整"功能完成调整。

⑥ 变动单管理。变动单管理可以对系统制作的变动单进行综合管理,包括查询、修改、制单、删除等。因为本系统遵循严格的序时管理,删除变动单必须从该资产制作的编号最大的开始依次删除。

3. 固定资产期末业务处理

固定资产期末业务处理主要有计提折旧、批量制单、对账与结账、账表管理。固定资产系统生成凭证后,自动传递到总账管理系统。在总账管理系统中经凭证审核、主管签字、科目汇总后,进行记账。当总账记账完毕,固定资产系统才进行对账。若对账平衡,可以开始月末结账。

(1)计提固定资产折旧。

自动计提折旧是固定资产管理系统主要功能之一。即在固定资产使用寿命期内,按照确定方法对应计提的折旧额进行系统分摊,系统每期计提折旧一次,根据已记录入系统的资料计算固定资产折旧,并自动生成折旧分配表,然后制作记账凭证,自动录入本期的折旧费。

各种变动后折旧计算和分配汇总原则:

① 本系统发生与折旧计算有关的变动后,加速折旧法在变动生效的当期以净值作为计提原值,以剩余使用年限为计提年限计算折旧;直线法还以原公式计算(因公式中已考虑了价值变动和年限调整)。以前修改的月折旧额或单位折旧的继承值无效。

② 与折旧计算有关的变动是除了部门转移、类别调整外的由变动单引起的变动。

③ 原值调整、累计折旧调整、净残值(率)调整根据系统选项设置及变动单中的变动单生效期选项确定生效期间。

④ 折旧方法调整、使用年限调整当月生效。

⑤ 使用状况调整下月有效。

⑥ 折旧分配:部门转移和类别调整当月计提的折旧分配分配到变动后部门和类别。

⑦ 本系统各种变动后计算折旧采用未来适用法,不自动调整以前的累计折旧,采用追溯调整法的企业只能手工调整累计折旧。

⑧ 报表统计:当月折旧和计提原值的汇总,汇总到变动后部门和类别。

⑨ 如果选项中"当'月初使用月份=使用年限×12-1'时是否将折旧提足(工作量法除外)"的判断结果是"是",则除工作量法外,该月月折旧额=净值-净残值,并且不能手工修改;如果判断结果是"否",则该月不提足。并且可手工修改,但如以后各月按照公式计算的月折旧率或额是负数时,认为公式无效。令月折旧率=0,月折旧额=净值-计提折旧功能对各项资产每期计提一次折旧,并自动生成折旧分配表,然后制作记账凭证,将本期的折旧费用自动登账。

资产的使用部门和资产折旧要汇总的部门可能不同,为了加强资产管理,使用部门必须是明细部门,而折旧分配部门不一定分配到明细部门,不同的单位处理可能不同,因此要在计提折旧后,分配折旧费用时做出选择。

在固定资产管理系统中,选择"处理"——→"计提本月折旧"命令,系统弹出"是否要查看折旧清单?"对话框,单击"是",系统提示"本操作将计提本月折旧,并花费一定时间,是否继续?",单击"是",打开"折旧清单"窗口,检查后,单击"退出"按钮,系统提示计提折旧完成。在折旧费用分配表界面,可以单击"制单"按钮制单,也可以在以后利用"批量制单"功能进行制单。

注意:在一个期间内可以多次计提折旧,每次计提折旧后,只是将计提的折旧累加到月初的累计折旧上,不会重复累计。若上次计提折旧已制单并已传递到总账系统,则必须删除该凭证才能重新计提折旧。计提折旧后又对账套进行了影响折旧计算或分配的操作,必须重新计提折旧,否则系统不允许结账。

(2) 批量制单。

批量制单的目的是将固定资产增加、减少等业务,自动生成凭证。生成的凭证将会自动传递到账务处理系统中。通常制作记账凭证的情况主要包括资产增加、资产减少、卡片修改(涉及原值和累计折旧)、资产评估(涉及原值和累计折旧)、原值变动、累计折旧调整以及折旧分配等。固定资产管理系统实现制作记账凭证的方法有两种:一种是立即制单,另一种是批量制单。如果在选项中设置了业务发生后立即制单,则以上需要制单的相关业务发生后,系统自动调出凭证供修改;在选项中未设置业务发生后立即制单的,则可采用批量制单功能完成制单任务,批量制单功能可同时将一批需要制单的业务连续制作凭证并传输到账务系统,减少了制单工作量。在业务发生时没有制单的,业务自动排列在批量制单表中,表中列示应制单的业务发生日期、类型、原始单据号、缺省的借贷方科目和金额以及制单选择标志。

如果在选项中选择"业务发生时立即制单",摘要根据业务情况自动输入;如果使用批量制单方式,则摘要为空,需要手工输入。修改凭证时,能修改的内容仅限于摘要、用户自行增加的凭证分录、系统默认的分录的折旧科目,而系统默认的分录的金额与原始的不能修改。

在固定资产管理系统中,选择"处理"——→"批量制单"命令,打开"制单选择"对话框,双击"选择栏",选中要制单的记录。单击"制单设置"选项卡,通过"下张"按钮,查看制单科目设置,单击"制单",选中凭证类别,录入摘要,单击"保存",制单完成后,单击"退出",如图5-13、图5-14所示。

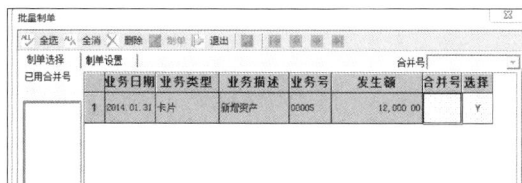

图5-13　固定资产制单设置

图5-14　固定资产批量制单

(3) 对账与结账。

只有在初始化或设置账套参数时选择了"与账务系统进行对账",才可以使用固定资产管理系统的对账功能。目的是为了保证固定资产管理系统价值与总账系统价值相一致。如果对账不平,需要根据初始化是否选中"在对账不平情况下允许固定资产月末结账"来判断是否可以进行结账处理。对账的操作不限制时间,系统在执行月末结账时自动对账一次,并给出对账结果。

当固定资产管理系统完成了本月全部制单业务后,可以进行月末结账。月末结账每月进行一次,结账后当期数据不能修改。本期不结账,将不能处理下期的数据;结账前一定要进行数据备份,否则数据一旦丢失,将造成无法挽回的后果。如果结账后发现有未处理的业务或者需要修改的事项,可以通过系统提供的"恢复月末结账前状态"功能进行反结账。但是,不能跨年度恢复数据,即本系统年末结转后,不能利用本功能恢复年末结转。恢复到某个月月末结账前状态后,本账套对该结账后所做的所有工作都可以无痕迹删除。

在固定资产管理系统中,选择"处理"——→"对账"命令,打开"与财务对账结果"对话框,单击"确定"按钮。同样,选择"月末结账"命令,出现"与总账对账结果"对话框,单击"确定"按钮,系统提示"月末结账成功";单击"确定"按钮,出现系统提示,单击"开始结账"按钮,完成固定资产结账工作。

任务五 固定资产管理业务实训

实训准备

引入项目三实训的账套备份数据。将系统时间修改为"2019 年 1 月 1 日",以账套主管身份注册进入企业应用平台,启用"固定资产管理"系统,启用日期为"2019 年 1 月 1 日"。

实训内容及要求

* 固定资产账套初始化　　　　　　* 固定资产账套参数设置
* 固定资产类别、增减方式设置　　* 固定资产原始卡片录入
* 固定资产系统日常业务处理　　　* 固定资产系统期末处理

掌握固定资产账套初始化操作,熟悉固定资产选项设置及部门折旧设置,能够进行固定资产日常业务处理和期末处理。

实训资料

1. 启用固定资产系统

账套启用月份:2019 年 1 月 1 日。

2. 固定资产账套初始化

(1) 主要折旧方法:年限平均法(一);折旧汇总分配周期:1 个月;当"月初已计提月份＝

可使用月份－1"时,将剩余折旧全部提足。

(2) 资产类别编码方式 2-1-1-2;固定资产编码方式:自动编码;编码方式:类别编号＋序号;序号长度:4。

(3) 与账务系统对账:固定资产对账科目 1601;累计折旧对账科目 1602;取消"在对账不平衡情况下允许固定资产月末结账"的选项。

3. 固定资产选项设置

(1) "与账务系统接口"选项卡:固定资产缺省入账科目为 1601 固定资产;累计折旧缺省入账科目为 1602 累计折旧;减值准备缺省入账科目为 6701 资产减值损失;增值税进项税额缺省入账科目为 22210101 进项税额;固定资产清理缺省入账科目为 1606 固定资产清理;月末结账前一定要完成制单登账业务。

(2) "编码方式"选项卡:将"固定资产编码方式"的序号长度修改为"2"。

(3) 部门对应折旧科目设置(见表 5-1)。

表 5-1　　　　　　　　　　　　　　部门对应折旧科目

部门名称	折旧科目
行政事务中心	
办公室	管理费用——折旧费(660204)
人力资源部	管理费用——折旧费(660204)
财务部	管理费用——折旧费(660204)
产品制造中心	
一车间	制造费用——折旧费(510101)
二车间	制造费用——折旧费(510101)
营销中心	
采购部	管理费用——折旧费(660204)
销售部	销售费用(6601)
质检部	管理费用——折旧费(660204)
离退休事务部	管理费用——折旧费(660204)

(4) 固定资产类别设置(见表 5-2)。

表 5-2　　　　　　　　　　　　　　资产类别

类别编码	类别名称	使用年限	净残值率	计提属性	折旧方法	卡片样式
01	房屋建筑物	30 年	1%	正常计提	年限平均法(一)	通用样式
011	行政楼	30 年	1%	正常计提	年限平均法(一)	通用样式
012	厂房	30 年	1%	正常计提	年限平均法(一)	通用样式

续　表

类别编码	类别名称	使用年限	净残值率	计提属性	折旧方法	卡片样式
02	生产线		3%	正常计提	年限平均法(一)	通用样式
021	1号生产线	10年	3%	正常计提	年限平均法(一)	通用样式
022	2号生产线	8年	3%	正常计提	年限平均法(一)	通用样式
03	设备			正常计提		通用样式
031	交通运输设备	10年	5%	正常计提	年限平均法(一)	通用样式
032	办公设备	5年	2%	正常计提	年限平均法(一)	通用样式

（5）固定资产增减方式设置（见表5-3）。

表5-3　　　　　　　　固定资产增减方式及对应入账科目

增加方式	对应入账科目	减少方式	对应入账科目
直接购入	银行存款——工行存款(100201)	出售	固定资产清理(1606)
投资者投入	实收资本(400101)	盘亏	待处理财产损溢(1901)
捐赠	营业外收入(6301)	投资转出	长期股权投资(1511)
盘盈	待处理财产损溢(1901)	捐赠转出	营业外支出(6711)
在建工程转入	在建工程—专用设备(160402)	报废	固定资产清理(1606)

4. 录入固定资产原始卡片

（1）录入多部门固定资产原始卡片（见表5-4）。

（2）录入单部门固定资产原始卡片（见表5-4）。

表5-4　　　　　　　　固定资产原始卡片

卡片编号	00001	00002	00003	00004	00005
固定资产编号	01101	01201	02101	02201	03101
固定资产名称	办公楼	区厂房	硬件生产线	主生产线	汽车
类别编号	011	012	021	022	031
类别名称	行政楼	厂房	1号生产线	2号生产线	交通运输设备
使用部门	办公室/人力资源部/销售部/财务部(各占20%),采购部/质检部(各占10%)	二车间	一车间	二车间	人力资源部
增加方式	在建工程转入	在建工程转入	在建工程转入	直接购入	直接购入
使用状况	在用	在用	在用	在用	在用

卡片编号	00001	00002	00003	00004	00005
使用年限	30 年	30 年	10 年	8 年	10 年
折旧方法	年限平均法（一）	年限平均法（一）	年限平均法（一）	年限平均法（一）	年限平均法（一）
开始使用日期	2017 年 3 月 10 日	2017 年 3 月 28 日	2018 年 5 月 30 日	2017 年 4 月 10 日	2018 年 3 月 10 日
原值	20 000	40 000	60 000	160 000	90 000
净残值率	1％	1％	3％	3％	5％
累计折旧	1 176	2 352	3 402	30 461.6	668.4
月折旧率	0.002 8	0.002 8	0.008 1	0.010 1	0.007 9
月折旧额	56	112	486	2 538.47	711

5. 固定资产日常业务处理

（1）修改固定资产卡片。

2019 年 1 月 18 日发现，将"00005"号固定资产的增加方式由"直接购入"修改为"投资者投入"。

（2）增加固定资产。

2019 年 1 月 20 日，直接购入并交付使用了以下设备：

① 电脑 2 台。其中销售部一台，采购部一台，预计使用年限为 5 年，原值为 5 950 元，净残值率为 2％，采用年限总和法计提折旧。

② 打印机一台，财务部使用，预计使用年限为 8 年，原值为 6 000 元，净残值率为 2％，采用双倍余额递减法（一）计提折旧。

③ 空调一台，人力资源部使用，预计使用年限为 8 年，原值为 6 000 元，净残值率为 2％，采用"年限平均法（一）"计提折旧。

6. 固定资产期末业务处理

（1）计提 2019 年 1 月固定资产折旧。

（2）批量制单：生成增加固定资产和计提折旧的凭证。

（3）删除凭证：删除计提折旧的凭证；重新计提折旧。

（4）将生成的凭证审核并记账。由出纳在总账系统中进行出纳签字；由账套主管在总账系统中进行主管审核签字、审核并记账。

（5）对账。

（6）结账。

（7）查看"固定资产及累计折旧表（一）"。

操作指导

1. 启用固定资产系统

（1）以账套主管"001 陈浩"身份注册进入企业应用平台，操作日期为"2019 年 1 月 1 日"。若已结账，先取消结账(Ctrl＋shift＋F6)。

（2）在企业应用平台的"基础设置"选项卡中，双击"基本信息/系统启用"，打开"系统启用"窗口。

（3）选择"固定资产"系统，启用日期为"2019 年 1 月 1 日"，单击"退出"按钮，退出"系统启用"窗口。

2. 固定资产账套初始化

（1）在企业应用平台的"业务工作"选项卡中，双击"财务会计/固定资产"，弹出提示信息。

（2）单击"是"按钮，打开"初始化账套向导"，弹出如图 5－15 所示对话框。第 1 步"约定及说明"，选中"我同意"。

（3）单击"下一步"，打开"启用月份"为"2019 年 1 月 1 日"。

（4）单击"下一步"，打开"折旧信息"窗口，选中"本账套计提折旧"复选框，选择主要折旧方法为"平均年限法(一)"，折旧汇总分配周期为"1 个月"，当"月初已计提月份＝可使用月份－1"时，将剩余折旧全部提足，如图 5－16 所示。

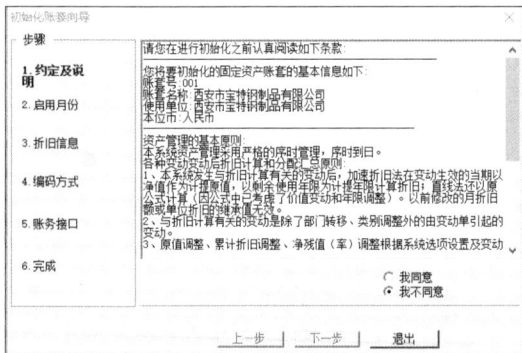

图 5－15　初始化向导

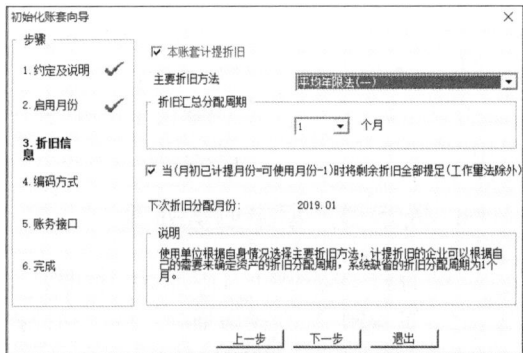

图 5－16　初始化向导—折旧信息

（5）单击"下一步"按钮，打开"编码方式"显示。设置资产类别编码方式为：2112；固定资产编码方式："自动编码"和"类别编号＋序号"；序号长度："4"。

（6）单击"下一步"按钮，打开"财务接口"窗口，选中"与财务系统进行对账"复选框，在"固定资产对账科目"栏选中或录入"1601，固定资产"，在"累计折旧对账科目"栏选中或录入"1602，累计折旧"，不选"在对账不平情况下允许固定资产月末结账"，如图 5－17所示。

（7）单击"下一步"，打开"初始化向导—完成"窗口，如图 5－18 所示。

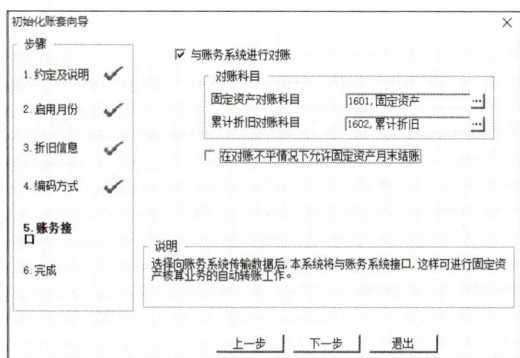

图 5‑17 初始化向导—账务接口

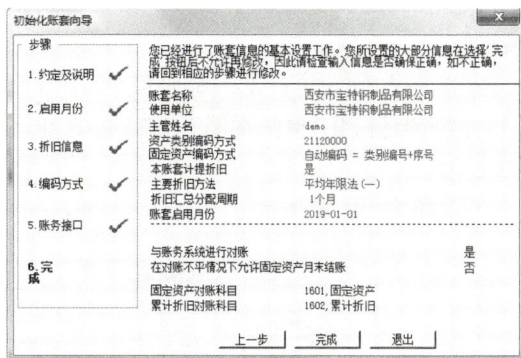

图 5‑18 初始化向导—完成

（8）单击"完成"按钮，单击"是"按钮。已成功初始化固定资产账套，单击"确定"按钮。

3. 固定资产基础设置

（1）固定资产选项设置。

① 在固定资产系统中，双击"设置/选项"，打开"选项"窗口。

② 单击"与账务系统接口"选项卡，单击"编辑"按钮，选中"月末结账前一定要完成制单登账业务"复选框，在"固定资产缺省入账科目"栏选中"1601,固定资产"；在"累计折旧缺省入账科目"栏选中"1602,累计折旧"；在"减值准备缺省入账科目"栏选中"6701,资产减值损失"；在"增值税进项税额缺省入账科目"栏选中"22210101,进项税额"；在"固定资产清理入账科目"栏选中"1606,固定资产清理"，如图 5‑19 所示。

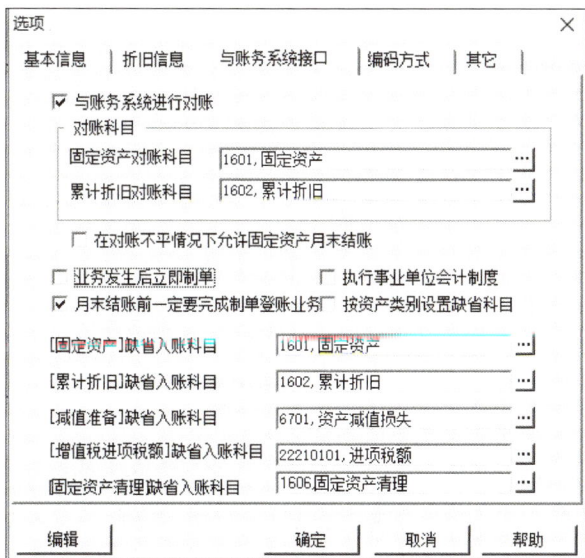

图 5‑19 固定资产选项设置

③ 单击"编码方式"选项卡，将"固定资产编码方式"的"序号长度"修改为"2"。

（2）部门对应折旧科目设置。

① 在固定资产系统中,双击"设置/部门对应折旧科目",打开"部门对应折旧科目—列表视图"。

② 选择"固定资产部门编码目录"中"行政事务中心/办公室",单击"修改"按钮,打开"部门对应折旧科目—单张视图"窗口,在"折旧科目"栏选择或录入"660204,折旧费",如图 5 - 20 所示。

③ 单击"保存"铵钮。

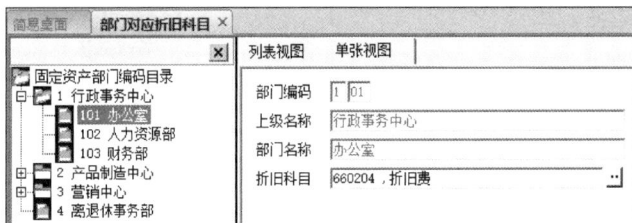

图 5 - 20　行政事务中心部门对应科目

④ 参照表 5 - 1,以此方法继续设置其他部门对应折旧科目。

(3) 固定资产类别设置。

① 在固定资产系统中,双击"设置/资产类别",打开"资产类别—列表视图"窗口。

② 单击"增加",打开"资产类别—单张视图"窗口。参照表 5 - 2,在"类别名称"栏录入"房屋建筑物",在"使用年限"的"年"一栏录入"30",在"净残值率"栏录入"1","计提属性"栏录入"正常计提","折旧方法"栏录入"平均年限法(一)","卡片样式"栏录入"通用样式",如图 5 - 21。

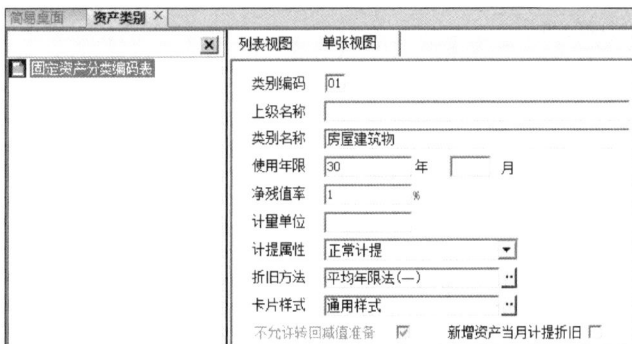

图 5 - 21　资产类别—单张视图

③ 单击"保存"按钮。

④ 以此方法,继续录入 02 号(生产线)、03 号(设备)资产类别信息并保存。

⑤ 选中"01 房屋建筑物"分类,单击"增加"按钮,在"类别名称"栏录入"行政楼",再"保存"。

⑥ 以此方法继续录入其他固定资产类别信息,如图 5 - 22 所示。

(4) 固定资产增减方式设置。

① 在固定资产系统中,双击"设置/增减方式",打开"增减方式—列表视图"窗口。

图 5 - 22　资产类别设置

②选中增加方式中的"直接购入",单击"修改"按钮,打开"增减方式—单张视图"窗口,在"对应入账科目"栏选择或录入"100201,工行存款",如图 5 - 23 所示。

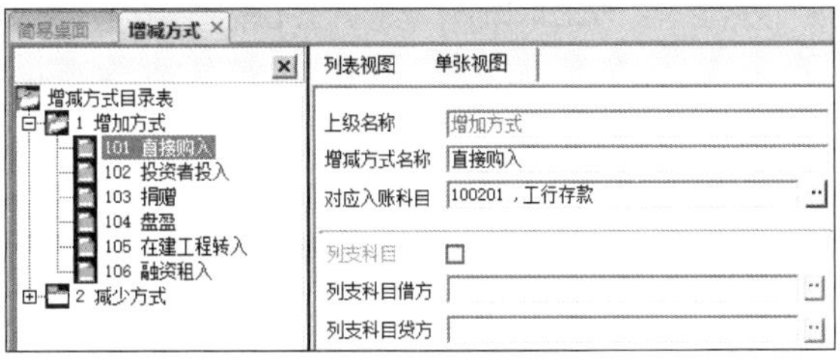

图 5 - 23　增减方式—单张视图

③单击"保存"按钮。

④参照表 5 - 3,以此方法继续设置其他增减方式的对应入账科目。

4. 录入固定资产原始卡片

(1)录入"多部门使用"的原始卡片。

①在固定资产系统中,双击"卡片/录入原始卡片",打开"固定资产类别档案"窗口,如图 5 - 24。

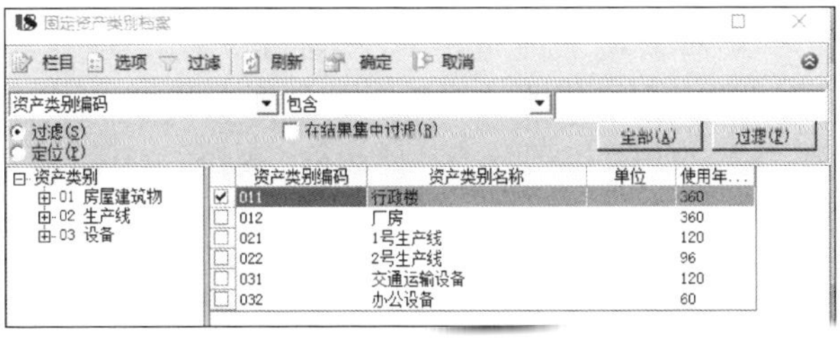

图 5 - 24　固定资产类别档案

②勾选"011 行政楼"复选框,单击"确定"按钮,打开"固定资产卡片"窗口,如图 5 - 25 所示。

③单击"使用部门"按钮,弹出"固定资产—本资产部门使用方式"对话框,选择"多部门使用",单击"确定"按钮,再弹出"使用部门"窗口。

④单击"增加"按钮,自动添加序号为"1"的一个空行,双击"1"行的使用部门,依据表 5 - 4,打开"部门基本参照"窗口,勾选"办公室"。

⑤单击"确定"按钮,返回"使用部门"窗口。在"使用比例"栏录入"20","对应折旧科目"选择"660204,折旧费"。

固定资产卡片

卡片编号	00001	日期	2019-01-01

固定资产编号	01101	固定资产名称	办公楼
类别编号	011	类别名称	行政楼
规格型号		使用部门	办公室/人力资源部/销售部/财务部/采购部/质检部
增加方式	在建工程转入	存放地点	
使用状况	在用	使用年限(月) 360	折旧方法 平均年限法(一)
开始使用日期	2017-03-10	已计提月份 21	币种 人民币
原值	20000.00	净残值率 1%	净残值 200.00
累计折旧	1176.00	月折旧率 0.0028	本月计提折旧额 56.00
净值	18824.00	对应折旧科目 (660204,折旧费)	项目

录入人	陈浩	录入日期	2019-01-01

图 5-25　固定资产卡片

⑥ 单击"增加"按钮,继续增加其他使用部门,如图 5-26 所示。

使用部门　　　　　　　　　　　　　　　　　　　　　　　　　×

使用部门有效数量范围:2 ~ 999个

序号	使用部门	使用比例%	对应折旧科目	项目大类	对应项目	部门编码
1	办公室	20.0000	660204,折旧费			101
2	人力资源部	20.0000	660204,折旧费			102
3	销售部	20.0000	6601,销售费用			302
4	财务部	20.0000	660204,折旧费			103
5	采购部	10.0000	660204,折旧费			301
6	质检部	10.0000	660204,折旧费			303

图 5-26　多部门使用设置

⑦ 单击"确定"按钮,返回录入"固定资产卡片"窗口。单击"增加方式"栏,打开"增加方式"对话框,选择"105 在建工程转入",单击"确定"按钮返回。

⑧ 单击"使用状况"栏,打开"使用状况"对话框,选择"1001 在用",单击"确定"按钮返回。

⑨ 在"开始使用日期"栏录入"2017-03-10",在"原值"栏录入"20 000",在"累计折旧"栏录入"1 176",如图 5-27 所示。核对其他自动计算或自动显示的数据,并单击"保存"按钮。系统显示"数据保存成功!"单击"确定"按钮,自动增加一张新的原始卡片。

(2) 录入"单部门使用"的原始卡片(第 00002~00005 号卡片)。

① 单击"类别编号"栏,删除原数据,单击"类别编码"按钮,打开"固定资产类别档案"窗口,选择"012,厂房",单击"确定"按钮返回。

② 在"固定资产名称"栏录入"区厂房"。

③ 单击"使用部门",选中"单部门使用",单击"确定"按钮,弹出"部门基本参照"窗口。

④ 选择"二车间",单击"确定"按钮。

⑤ 单击"增加方式"按钮,打开"增加方式"窗口,选择"105,在建工程转入",单击"确定"。

⑥ 单击"使用状况"按钮,选择"1001,在用",单击"确定"按钮返回。

固定资产卡片

卡片编号	00001			日期	2019-01-01

固定资产编号	01101	固定资产名称	办公楼
类别编号	011	类别名称	行政楼
规格型号		使用部门	办公室/人力资源部/销售部/财务部/采购部/质检部
增加方式	在建工程转入	存放地点	
使用状况	在用	使用年限(月) 360	折旧方法 平均年限法(一)
开始使用日期	2017-03-10	已计提月份 21	币种 人民币
原值	20000.00	净残值率 1%	净残值 200.00
累计折旧	1176.00	月折旧率 0.0028	本月计提折旧额 56.00
净值	18824.00	对应折旧科目(660204,折旧费)	项目

录入人	陈洁		录入日期	2019-01-01

图 5-27 录入 00001 号固定资产卡片

⑦ 开始使用日期栏录入"2017-03-28",在"原值"栏录入"40 000",在"累计折旧"栏录入"2 352",核对其他数据,单击"保存"按钮,系统提示"数据保存成功!",单击"确定"按钮,如图 5-28 所示。

⑧ 以此方法继续录入 00003~00005 号卡片。

固定资产卡片

卡片编号	00002			日期	2019-01-01

固定资产编号	01201	固定资产名称	区厂房
类别编号	012	类别名称	厂房
规格型号		使用部门	二车间
增加方式	在建工程转入	存放地点	
使用状况	在用	使用年限(月) 360	折旧方法 平均年限法(一)
开始使用日期	2017-03-28	已计提月份 21	币种 人民币
原值	40000.00	净残值率 1%	净残值 400.00
累计折旧	2352.00	月折旧率 0.0028	本月计提折旧额 112.00
净值	37648.00	对应折旧科目 510101,折旧	项目

录入人	陈洁		录入日期	2019-01-01

图 5-28 录入 00002 号固定资产卡片

5. 固定资产系统日常业务处理

首先给 002 张明设置"固定资产"权限,以会计 002 张明身份注册进入企业应用平台,操作日期为"2019 年 1 月 31 日"。

(1) 修改固定资产卡片。

① 在固定资产系统中,双击"卡片/卡片管理",弹出"查询条件选择—卡片管理"对话框,去掉"开始使用日期"前的勾,打开"卡片管理"窗口,如图 5-29 所示。

② 单击选中"00005"号卡片,单击"修改"按钮,打开"固定资产卡片"窗口。

③选中"增加方式"删除原有的增加方式内容。单击"增加方式",打开"固定资产增加方式"窗口。

④选中"102,投资者投入",单击"确定"按钮返回"固定资产卡片"窗口。

⑤单击"保存"按钮,系统提示"数据保存成功!",单击"确定"按钮。

按部门查询 ▼	在役资产						
固定资产部门编码目录	卡片编号	开始使用日期	使用年限(月)	原值	固定资产编号	净残值率	录入人
1 行政事务中心	00001	2017.03.10	360	20,000.00	01101	0.01	陈洁
2 产品制造中心	00002	2017.03.28	360	40,000.00	01201	0.01	陈洁
3 营销中心	00003	2018.05.30	120	60,000.00	02101	0.03	陈洁
4 离退休事务部	00004	2017.04.10	96	160,000.00	02201	0.03	陈洁
	00005	2018.03.10	120	90,000.00	03101	0.05	陈洁
	合计:(共计:			370,000.00			

图 5-29　卡片管理

(2) 增加固定资产。

①在固定资产系统中,双击"固定资产/卡片/资产增加",打开"固定资产类别档案"窗口。

②选择"032 办公设备",单击"确定"按钮,打开"固定资产卡片"窗口。

③在"固定资产名称"栏录入"电脑";选择使用部门为"销售部";增加方式为"直接购入";"使用状况"为"在用";在"原值"栏录入"5950";核对其他信息。

④单击"保存"按钮,系统提示"数据保存成功!",单击"确定"按钮。

⑤以此方法继续增加其他固定资产。

注意:卡片中开始使用日期的年份和月份不能修改;新卡片录入的第一个月不提折旧,折旧额为空或零;原值录入的必须是卡片录入月月初的价值,否则会出现计算错误;如果录入的累计折旧、累计工作量不是零,说明是旧的资产,该累计折旧或累计工作量是在进入本企业前的值,对于新增的固定资产,已计提月份必须严格按照该资产在其他单位已经计提或估计已计提的月份数,不包括使用期间停用等不计提折旧的月份,否则不能正确计算折旧。

6. 固定资产系统期末处理

以会计身份注册进入企业应用平台,操作日期为"2019 年 1 月 31 日"。

(1) 计提本月折旧。

①在固定资产系统中,双击"处理/计提本月折旧",弹出提示信息。

②单击"是"按钮,系统开始计提折旧。计提完毕,打开"折旧清单"窗口,如图 5-30 所示。

按部门查询 ▼	卡片编号	资产编号	资产名称	原值	计提原值	本月计提折旧额	累计折旧	本年计提折旧	减值准备	净值	净残值	折旧率	单位折旧	本月工作量	累计工作量
固定资产部门编码目录	00001	01101	办公楼	000.00	20,000.00	56.00	1,232.00	56.00	0.00	768.00	200.00	0.0028		0.000	0.000
1 行政事务中心	00002	01201	厂房	000.00	40,000.00	112.00	2,464.00	112.00	0.00	536.00	400.00	0.0028		0.000	0.000
2 产品制造中心	00003	02101	硬件生产线	000.00	60,000.00	486.00	3,888.00	486.00	0.00	112.00	1,800.00	0.0081		0.000	0.000
3 营销中心	00004	02201	主生产线	000.00	160,000.00	1,616.00	32,077.60	1,616.00	0.00	922.40	4,800.00	0.0101		0.000	0.000
4 离退休事务部	00005	03101	汽车	000.00	90,000.00	711.00	1,379.40	711.00	0.00	620.60	4,500.00	0.0079		0.000	0.000
	合计			000.00	370,000.00	2,981.00	41,041.00	2,981.00	0.00	959.00	1,700.00			0.000	0.000

图 5-30　折旧清单

③ 单击“退出”按钮，弹出“计提折旧完成!”信息，单击“确定”，弹出折旧分配表，如图5-31所示。

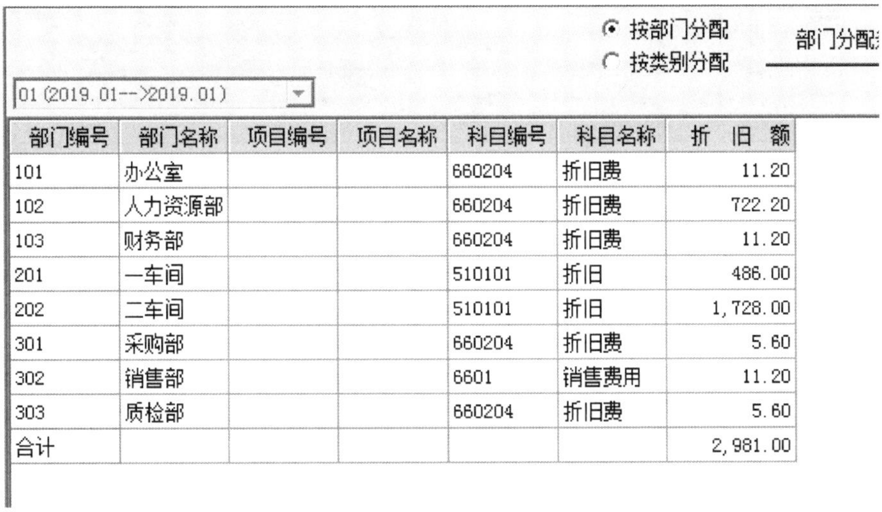

◉ 按部门分配
○ 按类别分配
部门分配
01 (2019.01-->2019.01)

部门编号	部门名称	项目编号	项目名称	科目编号	科目名称	折　旧　额
101	办公室			660204	折旧费	11.20
102	人力资源部			660204	折旧费	722.20
103	财务部			660204	折旧费	11.20
201	一车间			510101	折旧	486.00
202	二车间			510101	折旧	1,728.00
301	采购部			660204	折旧费	5.60
302	销售部			6601	销售费用	11.20
303	质检部			660204	折旧费	5.60
合计						2,981.00

图5-31　折旧分配表

④ 单击“凭证”按钮，生成一张凭证，如图5-32所示。选择凭证类别，单击“保存”按钮，该凭证传递到总账系统中。单击“退出”按钮。

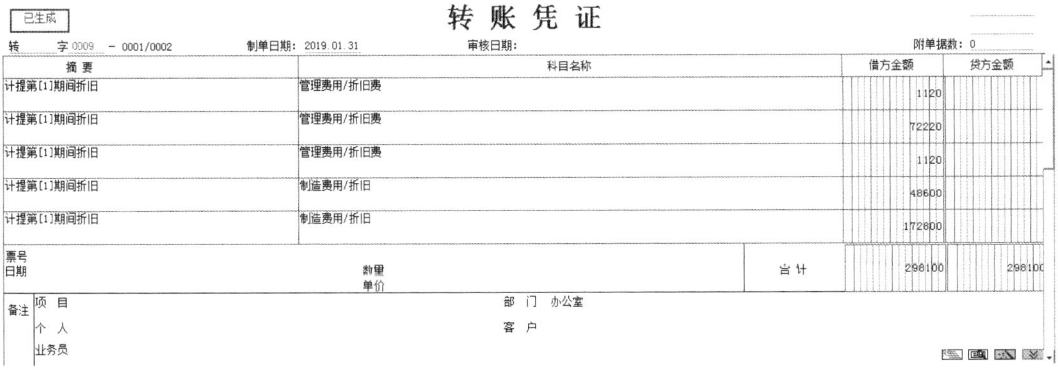

已生成

转 账 凭 证

转　字 0009 - 0001/0002　制单日期：2019.01.31　审核日期：　附单据数：0

摘 要	科目名称	借方金额	贷方金额
计提第[1]期间折旧	管理费用/折旧费	1120	
计提第[1]期间折旧	管理费用/折旧费	72220	
计提第[1]期间折旧	管理费用/折旧费	1120	
计提第[1]期间折旧	制造费用/折旧	48600	
计提第[1]期间折旧	制造费用/折旧	172800	
票号 日期	数量 单价 合计	298100	298100

备注　项　目　　部　门　办公室
　　　个　人　　客　户
　　　业务员

图5-32　计提折旧生成的记账凭证

(2) 批量制单。

① 在固定资产系统中，双击“处理/批量制单”，打开“查询条件选择—批量制单”窗口，单击“确定”按钮，打开“批量制单”窗口。

② 单击“确定”，弹出“批量制单”对话框。在“批量制单”选项卡中，双击第“00006～00009”号业务的“选择”栏，或单击“全选”按钮，如图5-33所示。

③ 单击“制单设置”选项卡，单击“凭证”按钮，弹出“填制凭证”窗口，选择凭证类别为“付款凭证”，修改摘要内容为“购入电脑”。

④ 单击“保存”按钮。再单击“下张凭证”按钮，依照上面的方法，保存其他生成的凭证。

⑤ 单击“退出”按钮。

图 5‐33 批量制单—制单选择

（3）删除凭证。

① 在固定资产系统中，双击"处理/凭证查询"，打开"凭证查询"窗口，如图 5‐34 所示。

② 选择"折旧计提"所在行，单击"删除"按钮，弹出如图 5‐35 所示的提示信息。

图 5‐34 凭证查询

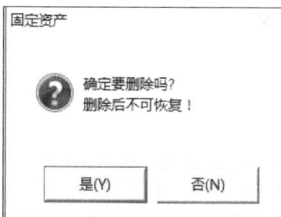

图 5‐35 删除凭证提示

③ 单击"是"按钮，删除转‐9（折旧计提）凭证。

④ 单击"退出"按钮。

（4）重新计提折旧。

① 按照前面所讲方法、重新计提折旧。

② 在"批量制单"功能中进行制单。

（5）凭证审核、记账。

① 由"001 陈浩"注册进入企业应用平台，在总账系统中进行审核、签字。

② 由"003 李娜"注册进入企业应用平台，在总账系统中进行出纳签字。

③ 由"001 陈浩"注册进入企业应用平台，在总账系统中进行记账。

（6）对账。

在固定资产系统中，双击"处理/对账"，弹出"与财务对账结果"窗口，如图 5‐36 所示。

（7）结账。

① 在固定资产系统中，双击"处理/月末结账"，弹出"月末结账"窗口，如图 5‐37 所示。

② 单击"开始结账"按钮，同样会出现"与财务对账结果"窗口。

③ 单击"确定"按钮，出现提示信息"月末结账成功完成！"，如图 5‐38 所示。

④ 单击"确定"按钮，弹出如图 5‐39 所示的提示信息。

（8）查看"固定资产及累计折旧表（一）"。

账表包括账簿、折旧表、统计表、分析表四类。

① 在固定资产系统中，双击"账表/我的账表"，打开"报表"窗口。

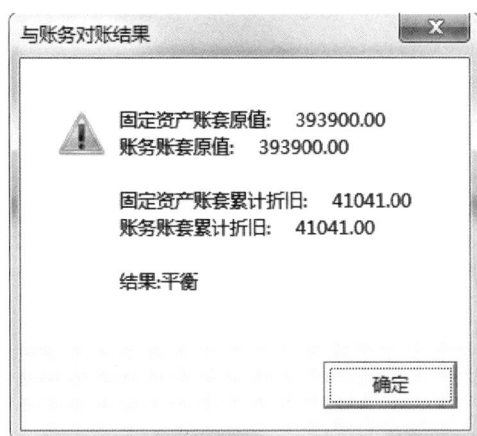

图 5-36　与账务对账结果

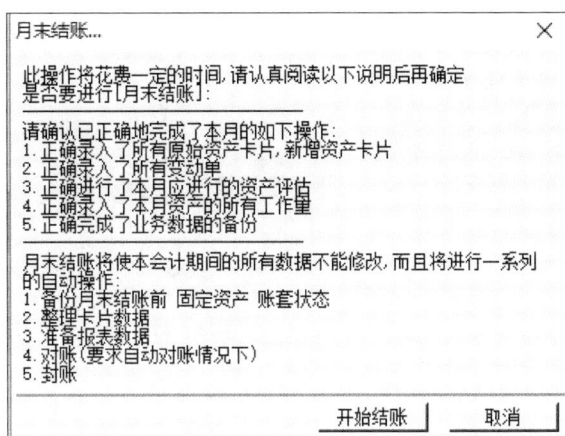

图 5-37　月末结账

图 5-38　"月末结账成功完成"提示信息

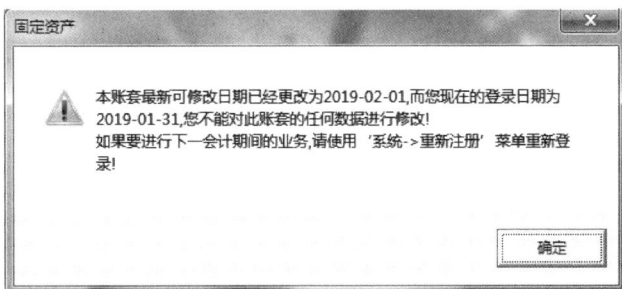

图 5-39　月末结账后提示信息

② 执行"折旧表/固定资产及累计折旧表(一)",弹出"条件—固定资产及累计折旧表(一)",如图 5-40 所示。

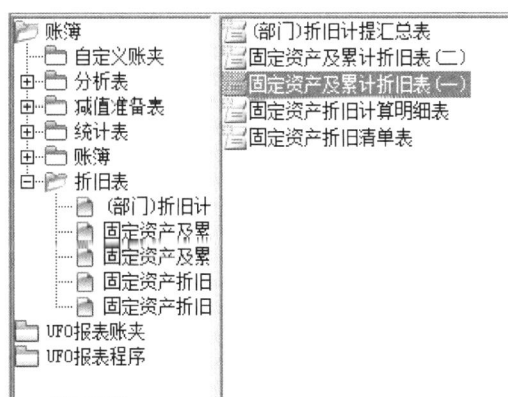

图 5-40　条件—固定资产及累计折旧表(一)

③ 期间选择"2019.01",单击"确定"按钮,打开"固定资产及累计折旧表(一)",如图 5-41 所示。

恢复缺省格式 保存格式 锁定格式 格式锁定状态:未锁定

固定资产及累计折旧表(一)

使用单位:西安市宝特钢制品有限公司　　期间: 2019.01

类别级次:1---1

资产类别	原值		可回收市值		累计折旧		减值准备		本月计提折旧额
	年初数	期末数	年初数	期末数	年初数	期末数	年初数	期末数	
房屋及建筑物(01)	60,000.00	60,000.00	56,472.00	56,304.00	3,528.00	3,696.00			168.00
生产线(02)	220,000.00	220,000.00	86,136.40	84,034.40	33,863.60	35,965.60			2,102.00
设备(03)	90,000.00	113,900.00	89,331.60	12,520.60	668.40	1,379.40			711.00
合计	370,000.00	393,900.00	31,940.00	52,859.00	38,060.00	41,041.00			2,981.00

图 5－41　固定资产及累计折旧表(一)

④ 查看完毕,单击“关闭”按钮退出。

项目六　薪资管理系统

学习目标

◆ 了解工资账套管理系统的功能。

◆ 熟悉薪资管理系统初始化设置。

◆ 掌握薪资管理系统人员档案、工资计算设置。

◆ 掌握工资分摊设置方法并生成转账凭证。

◆ 掌握薪资管理系统日常业务及期末业务处理。

任务一　薪资管理系统功能

在用友 ERP-U8 管理软件中,薪资管理系统是人力资源管理中的一个子系统。薪资管理系统主要任务是及时、准确地输入与职工工资核算和管理有关的原始数据,及时处理职工调入、调出、内部调动及工资调整数据,并以职工个人的工资原始数据为基础,按工资发放单位正确计算职工工资、个人所得税、各种代扣款和实发工资等,编制工资结算单,为及时发放工资提供准确的依据;按部门和人员类别进行汇总,进行个人所得税计算和扣缴;提供对工资相关数据的多种方式的查询和分析;打印薪资发放表、各种汇总表和个人工资条;按规定的比例计提福利费、工会经费和其他以工资为基数计提的各项费用,并根据工作部门和工作性质,进行工资费用、职工福利费的分配,输出工资分配表,并实现自动转账处理,将生成的转账凭证传输到总账管理系统和成本管理系统,以便汇总入账和计算产品成本;根据管理需要提供其他有关的工资统计分析,如图 6-1 所示。具体包括以下功能:

(1)薪资类别管理。薪资管理系统可同时处理多个工资类别,一个月多次发放薪资,或者单位中有多种不同类别(部门)的人员,薪资发放项目不同,计算公式也不同,但须进行统一的薪资核算管理,这就需要选择多个工资类别进行薪资核算。如果单位所有人员的工资统一管理,人员的工资项目、工资计算公式全部相同,那么只需建立单个工资类别即可。

(2)人员档案管理。薪资管理系统提供设置人员的基础信息,且对人员变动信息进行调整功能,同时系统还提供了设置人员附加信息。

(3)薪资业务数据管理。根据不同单位的薪资核算与管理的需要,按人员的不同类别分别设计工资项目和工资计算公式;管理所有人员的工资数据,并对平时发生的工资变动数据进行调整;自动计算扣缴个人所得税,如果以现金形式发放薪资可进行扣零处理,如果银行代发工资可向银行传输工资数据;系统自动计算、汇总工资数据;自动完成工资分摊、计提、转账业务。

(4)薪资报表管理。薪资管理系统提供多层次、多角度的工资数据查询,可以查询个人工资信息、部门工资信息、工资费用分配信息、工资变动信息和个人所得税信息等,并可打印输出查询结果。

(5)期末业务处理。薪资管理期末业务包括月末结转、年末结转和反结账等工作。月末处理是将当月数据经过处理后结转至下月,每月工资数据处理完毕后均可进行月末处理。工资项目中有些项目是变动项目,即每月的工资数据均不相同,每月工资在处理时,均可清零。只有当月工资数据处理完毕后才能进行月末处理,月末处理后系统不允许变动当月工资数据。年末结转是将当年工资数据处理完毕后结转至下年,进行年末结转后,本年数据将不允许变动。

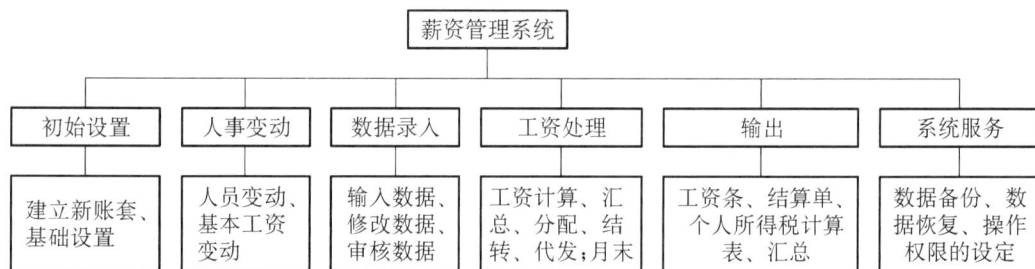

图 6-1　薪资管理系统

任务二　薪资管理系统的数据处理流程

薪资管理系统的原始数据量大,涉及部门较多,为了提高原始数据输入效率,可对输入数据进行分类。一般按工资数据变动频率的不同,可以将原始数据分为基本不变数据和变动数据两类。

基本不变的数据是指固定不变的数据和在较长时间很少变动的数据,如参加工作的时间、职工代码、姓名、基本工资等。变动数据是指每月都有可能发生变动的数据,这种变动可以是数值大小的变动,也可以是有无变动,如病假、事假时间,某种不固定的津贴和代扣款项等。

在规模较大、人数较多的企业,可以将以上两部分分别建立基本不变数据文件和变动数据文件。基本不变数据文件供系统长期使用,只有在人员调动或调资时更新此文件数据。每月核算都可以直接调用这些基本不变数据,不需重新输入。变动数据文件每月则需要在月初初始化后输入,如图 6-2 所示。

薪资管理系统数据处理流程主要内容如下:

(1)薪资管理系统参数设置。系统提供工资类别个数、工资核算比重、是否核算计件工资、个人所得税扣税处理、扣零处理等参数设置。

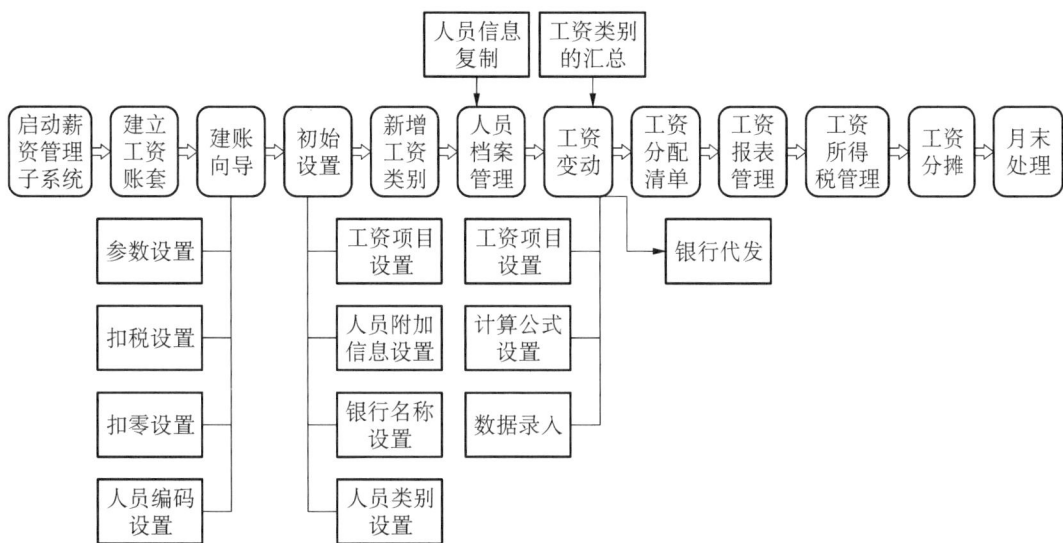

图 6-2 薪资管理系统数据处理流程

（2）基础档案设置。系统提供人员附加信息设置、人员类别设置、工资项目设置、银行名称设置、部门设置、人员档案设置、计件工资设置和计件工资方案设置（如需使用计件工资）等。

（3）业务处理。分别对人员增减、工资变动进行处理；自动计算、汇总工资数据；计算个人所得税；自动完成工资分摊和相关费用计提，并可直接把凭证传递到总账系统；提供对不同工资类别的数据进行汇总，实现统一工资核算。

（4）统计分析及报表。工资核算的结果最终是通过报表和凭证来体现，系统中可以进行各种工资表、工资分析表、汇总表、明细表等分析、查询。

任务三　薪资管理系统与其他系统的主要关系

1. 薪资管理系统与基础设置的关系

薪资管理系统与基础设置共享基础数据。薪资管理系统需要的基础数据可以在企业门户中统一设置，也可以在薪资管理系统中自行设定。

2. 薪资管理系统与总账管理系统的关系

薪资管理系统将工资费用的分配以及各种经费计提的结果自动生成转账凭证，传递到总账管理系统，并可以查询凭证。

3. 薪资管理系统与成本管理系统的关系

薪资管理系统向成本管理系统传送相关费用的合计数据，如图 6-3 所示。

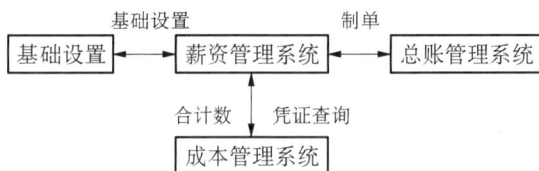

图 6 - 3　薪资管理系统与其他系统的关系

任务四　薪资管理系统业务处理

1. 薪资管理系统初始设置

在使用薪资管理系统之前,需要进行初始设置,其内容包括薪资管理系统初始设置、人员附加信息设置、人员档案设置、工资项目设置、公式定义、个人所得税设置、银行代发及相关表格设置等。

(1) 薪资系统启用设置。

使用薪资管理系统,首先应该在系统管理中建立账套,并且在建立账套后在企业门户中启用薪资管理系统。在薪资管理系统中,将工资分类别进行核算,方便了有些运用多套工资方案进行核算的企业和集团。满足企业按不同标准对工资进行分工处理与集权控制,薪资系统资料与其他财务系统相对独立,可根据不同权限操作不同类别,保证财务信息的安全性。如何把工资公式设置功能赋予人事部门,由人事部门来核算工资,但人事部门无权查看其他财务信息。为满足企业分工需要,可分类别录入数据,总账会计选择所有类别就可查看所有数据进行总控,达到集权和分权目的;也可对不同类别员工进行不同工资标准核算,如对正式职员、合同工、退休人员的工资分不同时期处理,计算标准可不同,同时可将一人按多类处理;还可对临时立项的工资项目进行核算。

在企业应用平台,选择“业务工作”——→“人力资源”,打开“薪资管理”,进入“建立工资套”。

① 参数设置。若核算单位对所有人员的工资集中管理,且人员工资项目、工资计算公式全部相同时,选“单个”(系统默认)类别;若核算单位每月多次发放工资,以及不同职工发放工资项目不同时,选“多个”类别。

② 扣税设置。选中“是否从工资中代扣个人所得税”,则工资中扣除项含个人所得税,将依据设置自动扣除。

③ 扣零设置。在发放现金工资时,将零头扣下,等到积累成整数时再补上。选择“扣零设置”后,系统自动在工资项目中生成工资项目“本月扣零”和“上月扣零”,用户不必在计算公式中设置有关扣零处理的计算公式,系统自动计算所扣零头。

④ 人员编码。点击“建立工资套—人员编码”,显示人员编码同公共平台人员编码保持一致,单击“完成”,则工资账套建立完成。

(2) 设置人员附加信息。

在薪资管理系统中,人员附加信息有人员代码、姓名、出生日期、入职日期、身份证号码、部门、类别等,这些信息除了方便人事管理外,有的信息关系到薪资管理系统分类、核算和费用分配。在薪资管理系统中,选择"设置"——→"人员附加信息设置"命令,打开"人员附加信息设置"对话框,单击"增加",输入"工龄",再单击"增加"按钮,即完成附加信息设置,其他附加信息依次类推。

若人员信息是从总账中引入的,可能有些信息没有设置,则用户要通过设置人员附加信息增加相关信息,如图 6-4 所示。

图 6-4　人员附加信息设置

(3) 设置人员档案。

人员档案的设置用于登记工资发放人员的姓名、职工编号、所在部门、人员类别等信息。此外,员工的增减变动都必须先在人员档案设置中进行处理。人员档案的操作是针对某个工资类别的,则应先打开相应的工资类别。

在工薪资管理系统中,选择"设置"——→"人员档案"命令,打开"人员档案"窗口。单击"批增"按钮,打开"人员批量增加"窗口,分别选择人员类别,如"行政管理人员""销售人员""生产人员"等,相关人员的档案即显示在"人员批量增加中"。单击"确定"按钮,则人员档案建立完成。单击"人员信息修改"按钮,打开要修改人员档案明细窗口,可按照要求进行修改选择。在"银行名称"列表中选择相应的银行,在"银行账号"中输入正确的账号,然后单击"附加信息"选项卡,修改相应内容,并单击"确定"按钮,系统提示"写入该人员档案信息吗?",单击"确定"按钮,系统自动调入下一人的档案,继续完成其他人员信息的修改。全部修改完成,单击"取消"退出。

在人员档案对话框中,单击"批增"按钮,可按人员类别批量增加人员档案,然后再进行修改;可以单击"数据档案"按钮,录入薪资数据。

① 增加与删除人员。通过此种方式增加或删除人员编号、人员姓名(此处姓名和总账中人员姓名不是一个信息库,不会反写入总账中)、部门编码、选择人员类别、进入日期、计税及个人所得税设置等信息。在工资变动情况下,即在未录入人员工资数据时,可删除光标所在行的人员。在年中,有人员调出时,当年调出人员不可删除,可打上"调出"标志,只能在进行年末处理后,在新的一年开始时将此人删除。

② 人员调离与停发。当某一人员调出、退休或离休后,在人员类别档案中,打上"调出"或"停发"标志,则此人将不参与工资的发放和汇总。已标示调出标志的人员,所有档案信息不可修改,其编号可以再次使用。调出人员可在当月月末做月末结算前,取消调出标志,但编号被其他人员使用时,则不可取消。有工资停发标志的人员以后可恢复发放。

③ 修改人员档案。当个别人员的档案需要修改时,可直接修改人员工资发放,但应保留人员档案的工资和姓名。人员编号一经确定,则不允许修改。当一批人员的某个工资项目同时需要修改时,可利用数据替换功能,即将符合条件人员的某个工资项目的内容统一替换为某个数据,以提高人员信息的修改速度。

④ 人员筛选与定位。人员筛选与定位是为缩小人员档案查询信息而设。人员筛选要求必须输入条件才能得到结果。人员定位时可以模糊定位,如查询姓李的人员,只输入一个"李"字,单击"确认",则光标定位于第一个姓李的人员处。

(4) 设置工资项目。

工资数据是由各个工资项目得以体现。薪资管理系统在工资项目设置中定义工资核算时所涉及的项目名称、类型、长度、小数位数、增减项和宽度等。系统提供了一些固定的工资项目,如"应发合计""扣款合计""实发合计"等。如果在工资建账时设置了"扣零处理",则系统在工资项目中自动生成"本月扣零"和"上月扣零"两个指定名称的项目,这些项目不能删除和重命名。其他项目可根据实际需要定义或参照增加,如基本工资和奖金等,还可修改、删除工资项目。系统提供若干常用工资项目供参考,可选择输入。对于参照中未提供的工资项目,可以直接输入。

当企业采用银行代发形式发放工资时,需要确定银行名称及账号长度。发放工资的银行可根据需要设置多个。如果同一工资类别中的人员由于在不同的工作地点,需要不同的银行代发工资,或者不同的工资类别由不同的银行代发,均需将相应的银行名称一并设置。

在薪资管理系统中,选择"设置"→"工资项目设置"命令,打开"工资项目设置"对话框,单击"增加"按钮,并在右侧"名称参照"下拉列表框中初步选择需要增加的工资项目内容或直接输入工资项目的名称以及设置类型、长度、小数、增减项等。设置完成后单击"上移"或"下移"按钮来排列工资项目的内容,最后单击"确定"按钮,如图 6-5 所示。

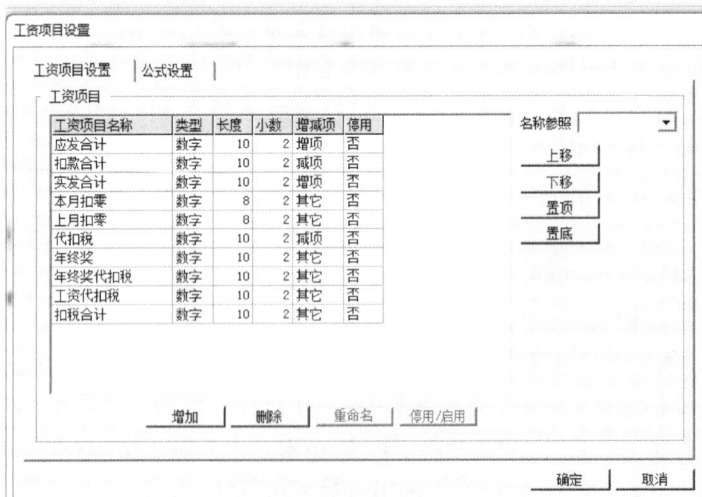

图 6-5 工资项目设置

　　注意：必须先对所有工资类别设置需要使用的全部工资项目以后，才能打开各个工资类别，再对各个工资类别分别增加它所需要的项目。前者为后者提供备选项，后者只能从工资项目设置的"名称参照"中选择工资项目，而不能增加工资项目。另外，工资项目不能重复选择，工资项目的顺序不影响计算结果。

　　（5）定义工资计算公式。

　　由于不同的工资类别的工资发放项目不尽相同，计算公式也不相同，因此在进入工资类别后，应选择工资类别所需要的工资项目，再设置工资项目对应的计算公式，定义某些工资项目的计算公式及工资项目之间的运算关系。例如，缺勤扣款＝基本工资÷月工作日×缺勤天数。定义公式可通过选择工资项目、运算符、关系符、函数等组合完成。对于固定的工资项目（如应发合计、扣款合计、实发合计等）计算公式，系统会根据工资项目设置的"增减项"自动给出计算公式，用户不需要再设置公式。用户可以对其他工资项目进行增加、修改、删除计算公式的操作。已经使用的工资项目、系统提供的固定工资项目不可以删除、修改，也不可以修改数据类型。"增项"类型的数据是工资的增加项目，计量单位是人民币"元"，"减项"正好相反。"其他"类型的数据是不直接参与工资项目计算的，它的单位不是人民币"元"，如"事假天数"。

　　函数向导法设置公式适用于那些能用公式直接表达的薪酬项目，如果套用不上系统自带的公式，就需要采用直接录入法。只有在打开工资类别之后，"工资项目设置"窗口才会出现"公式设置"选项卡。在定义公式时，可以使用函数公式向导输入、函数参照、工资项目参照、部门参照和人员类别参照编辑输入该工资项目的计算公式。工资项目没有的项目不允许在公式中出现，但可引用已设置公式的项目。

　　在工资项目计算公式中，函数的应用通过 iff 语句实现。例如，全勤奖计算公式设置：iff（人员类别＝"经理"，500，300），该公式表示人员类别是经理的人员的全勤奖是 500 元，经理之外的其他各类人员全勤奖是 300。岗位工资计算公式设置：iff（人员类别＝"经理"，1000，iff（人员类别＝"工程师"，600，iff（人员类别＝"会计"，700，500）））,该公式表示不同类别人员的岗位工资，其中经理岗位工资为 1000，工程师岗位工资为 600，会计岗位工资为 700，其他人员岗位工资为 500。病假扣款计算公式设置：iff（工龄≥10，病假天数×日工资×20％，iff（工龄＜10AND 工龄≥5，病假天数×日工资×30％，病假天数×日工资×50％））。该公式表示该单位病假扣款工龄分别为：工龄在 10 年以上（含 10 年）的，扣病假期间工资总额的 20％；工龄在 5～9 年的，扣病假期间工资总额的 30％；工龄未满 5 年的，扣病假期间工资总额的 50％。

　　在"工资项目设置"对话框中，单击"公式设置"选项卡，打开"工资项目设置—公式设置"对话框，单击"增加"按钮，从下拉列表中选择需要定义公式的项目。例如，"养老保险"，可单击"养老保险公式定义"区域，单击左下角的"公式输入参照"中的"左括号"按钮（或在英文状态下用键盘录入），在下方的"工资项目"列表中选择"基本工资"，再选择或录入"＋"，以此方法设置余下的项目，单击"公式确认"按钮，养老保险公式设置完成。单击"确定"按钮退出窗口，如图 6-6 所示。

　　（6）设置个人所得税计税基数。

　　个人所得税是根据《中华人民共和国个人所得税法》对个人所得征收的一种税。薪资管理系统只提供对工资薪金所得征收所得税的申报。用户只需定义所得税税率并设置扣税基数就可以由系统自动计算个人所得税。如果选择了在工资中代扣个人所得税，则在数据录入过程中，系统自动进行扣税计算。

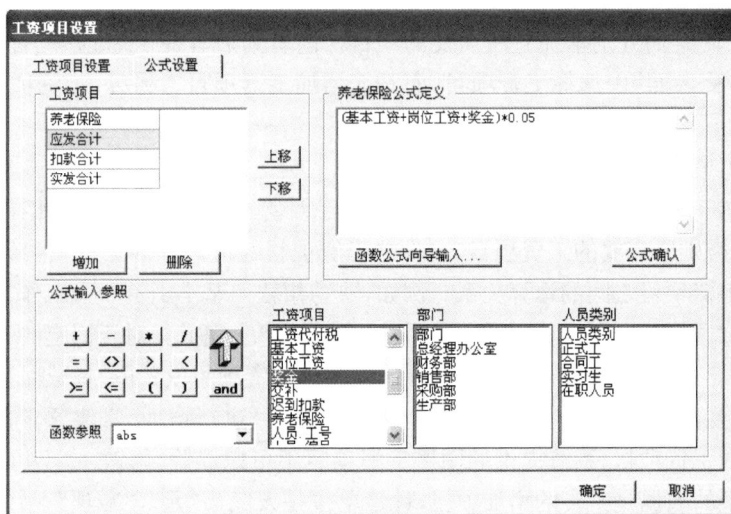

图 6-6　工资公式设置

在薪资管理系统中,在打开"在编人员"工资后,选择"薪资管理"——→"设置",打开"选项"窗口,单击"扣税设置"选项卡,单击"编辑"按钮,如图 6-7 所示。单击"税率设置"按钮,打开"个人所得税申报表——税率表"窗口,查看"基数"栏及其他信息,单击"确定"按钮退出,如图 6-8 所示。

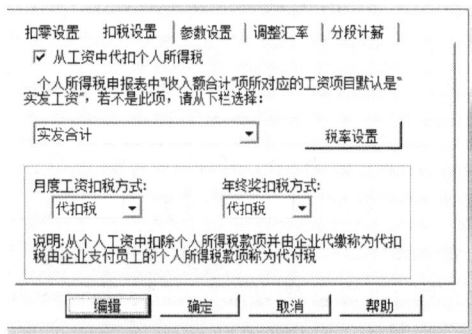

图 6-7　个人所得税扣税设置

图 6-8　个人所得税税率表

2. 工资业务处理

第一次使用薪资管理系统时,必须把所有人员基本工资数据录入系统,需要事先设置好工资项目及计算公式,进而对每月发生的工资数据变动进行调整,如奖金、扣款等信息的录入等,待工资数据录入以后,进行工资数据计算与汇总,系统会自动计算并产生每个人员的应发工资和实发工资。并且提供查看扣缴个人所得税报表,以及选择工资发放形式。

(1)工资变动管理。工资数据录入。工资数据录入方法较多,主要有以下方法:

① 替换。将符合条件的人员的某个工资项目的数据,统一替换成某个数据,如将生产工人工资上调。若进行数据替换的工资项目已设置了计算公式,则在重新计算时以计算公

式不准;如未输入替换条件而进行替换,则系统默认替换条件为本工资类别的全部人员。如果修改了某些数据,重新设置了计算公式,进行数据替换或在个人所得税中执行了自动扣税等操作,最好对个人工资数据重新计算,以保证数据正确。进行工资数据管理时需要注意的是:在退出"工资变动"时,若对数据做变动处理,系统会提示是否进行工资计算和汇总。

② 在薪资管理系统中,选择"业务处理"——"工资变动"命令,打开"工资变动"窗口,单击"过滤器"下拉列表框,在下拉列表中选"过滤设置"选项,打开"项目过滤"对话框,选择"工资项目"列表框中所需的工资项目,单击">"按钮,将所需的工资项目选入"已选项目"列表框中,单击"确定"按钮,返回"工资变动"窗口。

③ 录入各部门人员工资数据,单击工具栏中的"计算"按钮和"汇总"按钮,计算和汇总工资数据。单击"退出"按钮,退出"工资变动"窗口。

(2) 工资发放管理。工资业务完成后,需要输出相关工资报表数据,系统提供了多种形式的报表反映工资核算的结果。报表格式是工资项目按照一定格式由系统设定的。

① 工资表。工资表用于本月工资发放和统计。工资表包括一系列由系统提供的原始表,如工资卡、工资发放条、部门工资汇总表、工资发放签名表、人员类别汇总表、工资变动汇总表等。

② 工资分析表。工资分析表是以工资数据为基础,对部门、人员类别的工资数据进行分析和比较,产生各种分析表,以供决策使用。工资分析表包括工资增长分析表、按月分类统计表、部门分类统计表、工资项目分析表、员工工资汇总表、部门工资项目构成分析表等。

③ 工资类别汇总。在多个工资类别中,以部门编码、人员编码和人员姓名为标准,将此三项内容相同人员的工资数据操作合计。如果需要统计所有工资类别本月发放工资的合计数,或要求某些工资类别的人员工资都由一个银行代发,并生成一套完整的工资数据传递到银行,则可使用此项功能。

④ 设置银行代发的文件格式与输出格式。银行代发文件格式设置,是根据银行的要求设置提供给银行的数据中所包含的项目,以及项目的数据类型、长度和取值范围等。银行代发磁盘输出格式的设置有三种:txt 文件、dat 文件和 dbf 文件。

在薪资管理系统中,选择"业务处理"——"工资变动"命令,打开"工资变动"窗口,单击工具栏中"输出"按钮,输入另存文件名,如×年×月工资,选择保存的类别,导出工资数据,并单击"保存"按钮保存数据。

3. 薪资管理系统期末处理

工资是费用中最主要的部分,在月末需要对工资费用进行工资总额的汇总、分配及各种经费的计提,并编制会计凭证,供登账处理。

通过薪资管理系统,月末对企业各部门、各类人员的工资费用进行分配核算,并设置各项工资费用计提基数,计算应计提的应付福利费、工会经费、职工教育经费等,对各部门工资进行工资费用和其他费用的分配,编制会计分录。为便于采用多种工资类别的企业进行管理,系统提供了汇总工资类别功能,统计所有工资类别本月发放工资的合计数。

月末结账工作是将当月数据经过处理后结转下月。每月工资数据处理完毕后均需月末结账。结账后,保留每月工资明细表为不可修改状态,同时自动生成下月工资明细账,新增或删除人员将不会对本月数据产生影响。

（1）工资费用分配。工资费用是人工费用的主要部分，需要对工资费用计提分配，编制会计凭证，供总账处理之用。职工福利费、工会经费和职工教育经费分别按应发工资的14％、2％和1.5％计提，并按照部门类别分摊到相应成本费用类账户中。

企业月内发生的全部工资，不论是否当月领取，都应当按照工资用途进行分摊和计提。由于不同企业进行分摊和计提时对工资总额的计算方法不同，系统允许用户对工资总额进行设置。系统内置了应付福利费、工会经费、职工教育经费计提项目，若有其他项目，可以另行增加。系统提供的4个基本计提项目不能删除，已分摊计提的项目不能删除。计提项目最多为10个。其他月份进行工资分摊前，若需要对工资总额和计提基数进行调整，也在此进行。

① 工资分摊。每月月末分配工资费用时，根据工资汇总表贷记"应付职工薪酬"科目，借记各有关科目。确定相应的借贷科目后，可以制单，系统自动生成一张凭证。此凭证转入总账管理系统的未记账凭证库，记入总账。该凭证既可在薪资管理系统的"凭证查寻"中查询到，也可在总账管理系统的凭证库中查询到。

② 自定义分摊和计提。可以自定义的分摊、计提项目，如大病统筹基金等，这些项目的分摊和计提方法同工资分摊和费用计提的方法一样。

③ 凭证查寻。薪资管理系统传输到总账管理系统的凭证，只能在薪资管理系统中通过"凭证查询"功能来修改、删除和冲销。

④ 薪资数据统计分析。可通过薪资管理系统中"统计分析"──"账表"查看工资发放明细表、工资条、工资卡等信息，也可按部门查看"工资项目分析表"等。

在薪资管理系统中，选择"业务处理"──"工资分摊"命令，打开"工资分摊"窗口，单击"工资分摊设置"按钮，打开"分摊类型设置"对话框。单击"增加"按钮，输入"计提类型名称"和"分摊计提比例"，单击"下一步"按钮，打开"分摊设置构成"窗口。分别选择分摊构成的各项内容，单击"完成"按钮，返回到"分摊构成设置"窗口，单击"增加"按钮，继续完成应付福利费、工会经费等各项的凭证计提设置。完毕，单击"返回"按钮，返回到工资分摊窗口。分别选中"工资分摊""应付福利费""工会经费"复选框，并单击各个部门，选中"明细到工资项目"复选框，单击"确定"，打开"工资分摊明细"窗口，选中"合并科目相同、辅助项相同的分录"复选框。单击"制单"按钮，选择凭证为"转账凭证"，单击"保存"按钮，单击"退出"。至此，工资分摊凭证生成。同样，可生成计提福利费、工会经费的转账凭证。

（2）薪资管理系统结账。到了会计期末，工资核算需要进行相应的期末结账。通过期末结账，可以将本期的工资数据经过处理结转到下一期，并自动生成下期新的工资明细表。期末结转只有在会计年度的1—11月份才能进行。如果要对多个工资类别进行处理，则需要打开多个工资类别，逐个进行期末结算。如果本期的工资数据未汇总，系统将不允许期末结账。同时，如果进行了期末结账，就不能对数据进行修改和删除了。

① 月末结账。在进行月末处理后，如果发现还有一些业务或其他事项要在已进行月末处理的月份进行账务处理，需要使用反结账功能，取消已结账标志。由账套（类别）主管执行。下列情形不允许反结账：总账管理系统已结账；成本管理系统已经结账；汇总工资类别的会计月份等于反结账会计月，而且包括需要反结账的工资类别；薪资管理系统的凭证传到总账管理系统后，总账管理系统已签字、记账（需要做红字冲销凭证后，才能反结账）；薪资管理系统的凭证传到总账管理系统后，总账管理系统未做任何操作（只需要删除此凭证即可。

若凭证已经由出纳签字、审核或主管签字,需要取消相应签字并删除该张凭证,才能反结账)。

② 年末结账。年末结转是将工资数据经过处理后结转至下年。进行年末结转后,新年度账将自动建立。只有处理完所有工资类别的工资数据(对多个工资类别,应关闭所有工资类别),才能在系统管理中选择"年度账"菜单,进行上年数据结转。其他操作与月末结账相类似。

年末结转只有在当月工资数据处理完毕后才能进行。若当月工资数据未汇总,系统将不允许进行年末结转。进行年末结转后,本年各月数据将不允许变动。若用户跨月进行年末结转,系统将给予提示。年末处理功能只有主管人员才能执行。

在薪资管理系统中,选择"业务处理"——→"月末处理"命令,打开"月末处理"对话框,单击"确定"按钮,系统提示"月末处理后,本月工资将不允许变动!继续月末处理吗?",单击"是"按钮,系统提示"是否选择清零项?",单击"否",系统提示月末处理完毕,单击"确定"按钮。

若要反结账,以操作员身份注册进入企业平台,选择"薪资管理"——→"业务处理",双击"反结账",打开"反结账"窗口,选择工资类别,单击"确定"按钮,系统提示"执行本功能,系统将自动清空该月已完成的工资变动数据",单击"确定",弹出提示信息"反结账已成功完成",单击"确定"按钮。

任务五　薪资管理业务实训

实训准备

将系统日期改为 2019 年 1 月 1 日,引入总账系统的"项目三账套备份"数据。以账套主管"001 陈浩"身份进入企业应用平台,启用"薪资管理"系统,启用日期为"2019 年 1 月 1 日",并进行薪资管理的初始设置。

实训内容及要求

　　＊薪资管理系统初始设置　　　　　　＊工资项目设置及公式设置
　　＊工资分摊设置及转账凭证生成　　　＊薪资期末业务处理

要求掌握薪资管理系统功能与操作流程,熟悉工资项目设置及公式设置的方法,能根据要求进行薪资业务的账务处理。

实训资料

1. 建立工资账套

(1)工资类别个数:多个。核算币种:人民币。
(2)代扣个人所得税;进行扣零处理,扣零至元。

2. 人员附加信息

附加信息为:"性别""学历""职称""职务"。

3. 工资项目设置

工资项目见表6-1。

表6-1

工资项目

工资项目名称	类 型	长 度	小 数	增减项
基本工资	数字	8	2	增项
职务补贴	数字	8	2	增项
浮动工资	数字	8	2	增项
奖金	数字	8	2	增项
加班费	数字	8	2	增项
事假天数	数字	8	2	其他
事假扣款	数字	8	2	减项
养老保险	数字	8	2	减项
医疗保险	数字	8	2	减项
住房公积金	数字	8	2	减项

4. 银行档案与工资类别设置

(1)设置银行名称:"中国工商银行";账号长度:12;自动带出账号长度:8。

(2)工资类别设为:"在职人员",所属部门为所有部门;"临时人员",所属部门为"生产部";"离退休人员",所属部门为"离退休事务部"。

5. "在编人员"工资类别的人员档案设置

"在编人员"工资类别的人员档案见表6-2、表6-3。

表6-2

西安市宝特钢制品有限公司在职人员档案

编 号	姓 名	性 别	所属部门	人员类别	雇佣状态
101001	李立	男	办公室	管理人员	在职
101002	王文谦	男	人力资源部	管理人员	在职
103001	陈浩	男	财务部	管理人员	在职
103002	张明	男	财务部	管理人员	在职
103003	李娜	女	财务部	管理人员	在职
201001	赵斌	男	一车间	工人	在职
201002	张玉红	女	一车间	车间管理	在职

编　号	姓　名	性　别	所属部门	人员类别	雇佣状态
202001	孙小雁	女	二车间	工人	在职
202002	谢佳敏	女	二车间	车间管理	在职
301001	刘飞	男	采购部	采购人员	在职
302001	李小艳	女	销售部	销售人员	在职
303001	郑忠	男	质检部	质检人员	在职

表 6 - 3　　　**西安市宝特钢制品有限公司人员附加信息**

编　号	姓　名	银行账号	学　历	职　称	职　务
101001	李立	000000101001	本科	经济师	总经理
101002	王文谦	000000102002	研究生	经济师	人事主管
103001	陈浩	000000103001	研究生	会计师	会计主管
103002	张明	000000103002	本科	会计师	会计
103003	李娜	000000103003	本科	助理会计师	出纳
201001	赵斌	000000201001	大专	技工	生产人员
201002	张玉红	000000201002	大专	技师	生产主管
202001	孙小雁	000000202001	大专	技工	生产人员
202002	谢佳敏	000000202002	本科	工程师	生产主管
301001	刘飞	000000301001	本科	经济师	采购主管
302001	李小艳	000000302001	本科	经济师	销售主管
303001	郑忠	000000303001	本科	工程师	质检主管
400001	陈敏	000000400001	本科	经济师	科员
400002	沈静	000000400002	本科	经济师	科员

6. 在职人员工资项目及公式设置

（1）在职人员工资项目包括基本工资、工龄工资、职务补贴、浮动工资、交补、奖金、加班费、应发合计、养老保险、请假扣款、代扣税、扣款合计、实发合计、请假天数、计税工资。排列顺序同上。

（2）公式设置。

① 职务补贴：企业管理人员 600 元，车间管理人员 500 元，其他人员 300 元。

② 交补：企业管理人员和车间管理人员均为 300 元，其他人员 100 元。

③ 养老保险：养老保险＝基本工资×0.08。

④ 医疗保险：养老保险＝基本工资×0.02。

⑤ 住房公积金：应发工资×0.12。

⑥ 请假扣款：(基本工资＋工龄工资＋职务补贴＋交补＋奖金＋加班费)÷22×请假天数。

7. 个人所得税扣税设置

在职人员个税免征额为 5 000 元,修改计算公式为 7 级超额累进税率(见表 6-4)。

表 6-4　　　　　　　　　**超额累进个人所得税税率**

级　数	全月应纳税所得额	税率(%)	速算扣除数
1	不超过 3 000 元	3	0
2	超过 3 000 元至 12 000 元的部分	10	210
3	超过 12 000 元至 25 000 元的部分	20	1 410
4	超过 25 000 元至 35 000 元的部分	25	2 660
5	超过 35 000 元至 55 000 元的部分	30	4 410
6	超过 55 000 元至 80 000 元的部分	35	7 160
7	超过 80 000 元的部分	45	15 160

8. 临时人员工资类别相关资料

部门选择生产部。

(1) 人员档案

临时人员工资信息见表 6-5。

表 6-5　　　　　　　　　**临时人员工资信息**

编　号	姓　名	银行账号	人员类别	是否计税	计件工资
201003	李元	000000201003	生产工人	是	是
201004	陈丽平	000000201004	生产工人	是	是

(2) 工资项目:基本工资、应发合计、代扣税、扣款合计、实发合计。

假定临时人员工资计件工资,计件要素为工序,工序档案包括 01 组装;02 检验。计件工价:组装 30,检验 18。

(3) 个人所得税税率同在编职工工资类别。

9. 工资数据录入

正式人员 2019 年 1 月工资数据见表 6-6。

表 6-6　　　**西安市宝特钢制品有限公司正式人员 2019 年 1 月工资数据**

编　号	姓　名	基本工资	工龄工资	奖　金	加班费	请假天数
101001	李立	6 500	150	200	300	
101002	王文谦	5 000	230	200	200	
103001	陈浩	4 300	180	200	300	
103002	张明	3 700	120	200		

编　号	姓　名	基本工资	工龄工资	奖　金	加班费	请假天数
103003	李娜	3 300	100	200		
201001	赵斌	2 800	100	200		2
201002	张玉红	3 600	190	200	200	
202001	孙小雁	2 900	100	200		3
202002	谢佳敏	3 300	160	200		
301001	刘飞	3 400	120	200		
302001	李小艳	3 800	120	200	400	
303001	郑忠	3 500	130	200		
400001	陈敏	2 700				
400002	沈静	2 700				

注:本月工资变动情况:生产车间每人增加基本工资300元。

临时人员2019年1月工资数据见表6-7。

表6-7　西安市宝特钢制品有限公司临时人员2019年1月工资数据

编　号	姓　名	基本工资		奖　金	加班费	请假天数
201003	李元	2 500		1 000		
201004	陈丽平	2 500		1 000		

10. 工资分摊设置

工资分摊设置见表6-8。

表6-8　　　　　　　　　　工资分摊设置

分摊类型	部门名称	人员类别	借方科目	贷方科目
工资 (应发合计× 100%)	办公室、人力资源部、财务部	管理人员	管理费用/工资	应付职工薪酬/ 应付工资 (221101)
	一车间、二车间	车间管理	制造费用/工资	
	一车间、二车间	工人	生产成本/工资	
	采购部、质检部	营销人员	管理费用/工资	
	销售部	营销人员	销售费用	
职工福利费 (应发合计× 14%)	办公室、人力资源部、财务部	管理人员	管理费用/福利费	应付职工薪酬/ 应付福利费 (221102)
	一车间、二车间	车间管理	制造费用/福利费	
	一车间、二车间	工人	生产成本/福利费	
	采购部、质检部	营销人员	管理费用/福利费	
	销售部	营销人员	销售费用	

分摊类型	部门名称	人员类别	借方科目	贷方科目
工会经费 (应发合计× 2%)	办公室、人力资源部、财务部	管理人员	管理费用/工会经费	应付职工薪酬/应付工会经费 (221103)
	一车间、二车间	车间管理		
	一车间、二车间	工人		
	采购部、质检部、销售部	营销人员		
职工教育经费 (应发合计× 2.5%)	办公室、人力资源部、财务部	管理人员	管理费用/职工教育经费	应付职工薪酬/应付职工教育经费 (221104)
	一车间、二车间	车间管理		
	一车间、二车间	工人		
	采购部、质检部、销售部	营销人员		

任务要求

(1) 查看扣缴个人所得税表、银行代发工资表、查看工资项目分析表(按部门)。

(2) 工资分摊并生成转账凭证,进行月末处理。

(3) 清理处理的项目:加班费、事假天数。

(4) 进行反结账处理。

(5) 查看工资发放签名表、查看工资项目分析表。

操作指导

启用"薪资管理系统"

(1) 在企业应用平台的"基础设置"选项卡中,双击"基本信息/系统启用",打开"系统启用"窗口。

(2) 选择"薪资管理"系统,启用日期为"2019-01-01",确定启用"薪资管理"系统,单击"是",系统启用。

1. 建立工资账套

(1) 在企业应用平台的"业务工作"选项卡中,双击"人力资源/薪资管理",弹出系统提示信息"请先设置工资类别",单击"确定"按钮,打开"建立工资套"窗口,如图6-9所示。

(2) 在"建立工资套—参数设置"窗口,选择"多个",币种为"人民

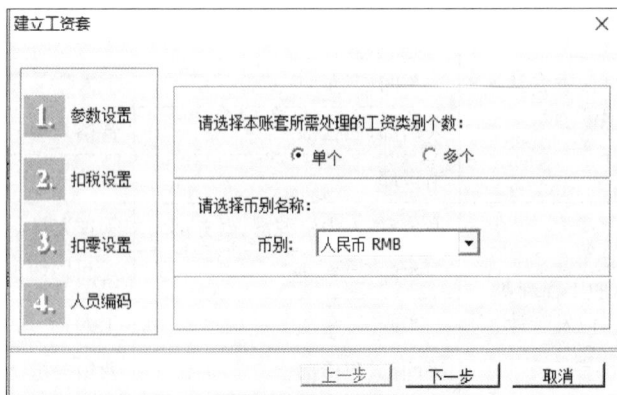

图6-9　建立工资套

币 RMB"。

（3）单击"下一步"按钮，进入"扣税设置"窗口，选中"是否从工资中代扣个人所得税"复选框。

（4）单击"下一步"按钮，再进入"扣零设置"窗口，在"扣零"复选框中打勾，单击"扣零至元"。

（5）单击"下一步"按钮，打开"人员编码"窗口，单击"完成"。完成建立工资套的过程。

2. 人员附加信息设置

（1）选择"薪资管理/设置"，双击"人员附加信息设置"，打开"人员附加信息设置"窗口。

（2）单击"增加"按钮，在"栏目参照"下拉框中选择"性别"或者在"信息名称"栏中录入"性别"，如图6-10所示。

（3）单击"增加"按钮。以同样方法，增加"学历""职称""职务"。

（4）单击"确定"退出。

图 6-10　人员附加信息设置

3. 工资项目设置

（1）选择"薪资管理/设置"，双击"工资项目设置"，打开"工资项目设置"窗口。

（2）单击"增加"按钮，从"名称参照"下拉表中选择工资项目，也可直接录入。选择"基本工资"项目，设置类型为"数值"型，长度为"8"，小数位"2"，增减项为"增项"，如图6-11所示。

（3）根据表6-1，继续增加其他工资项目。增加完毕后，单击"确定"按钮，弹出如图6-12所示的提示信息，单击"确定"按钮。

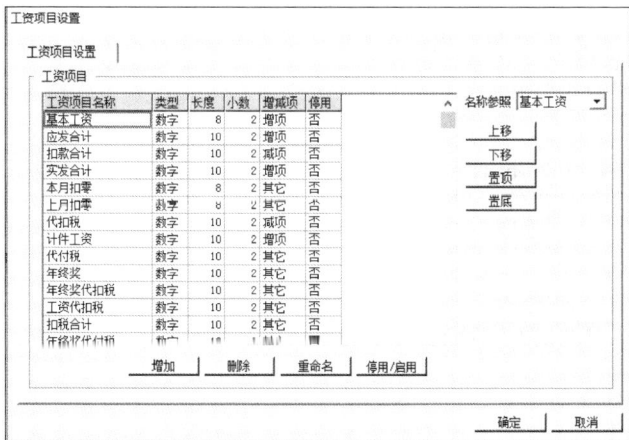

图 6-11　工资项目设置图　　　　　　6-12　工资项目设置提示

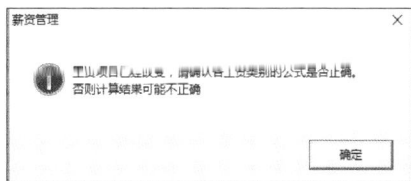

4. 银行档案与工资类别设置

（1）银行档案设置。

① 在企业应用平台的"基础设置"选项卡中，选择"基础档案/收付结算"，双击"银行档案"，打开"银行档案"。

②选择"中国工商银行",单击"修改"按钮,打开"修改银行档案"窗口,选中"个人账户规则"中的"定长"复选框,设置账户长度为"12",自动带出账号长度为"8",如图 6-13 所示。单击"保存"按钮,单击"退出"按钮退出。

(2) 工资类别设置。

①选择"薪资管理/工资类别",双击"新建工资类别",打开"新建工资类别"窗口。输入工资类别的名称"在职人员",如图 6-14 所示。

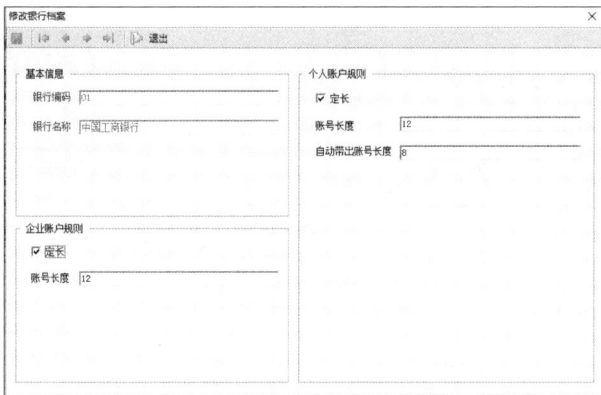

图 6-13　修改银行档案

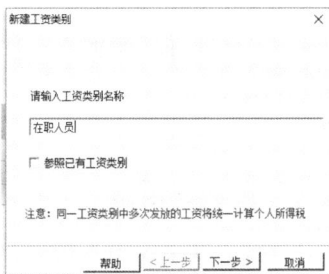

图 6-14　新建工资类别

②单击"下一步"按钮,打开"新建工资类别—选择部门"窗口,分别单击选中各个部门,或者单击"选定全部部门"按钮,单击"完成"按钮,弹出系统提示信息"是否以 2019-01-01 为当前工资类别的启用日期",单击"是"按钮返回。

③双击"工资类别/关闭工资类别",关闭"在职人员"工资类别。

④同样方法,建立"临时人员""退休人员"工资类别。

5. 在职人员档案设置

(1) 双击"薪资管理/工资类别/打开工资类别",打开"工资类别"窗口。选择"在职人员"工资类别,单击"确定"按钮,如图 6-15 所示。

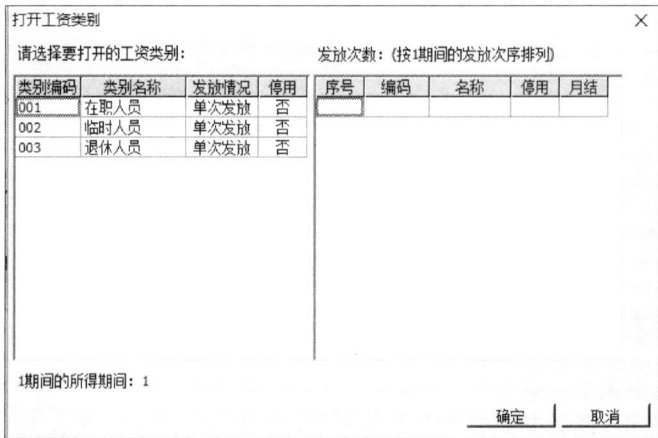

图 6-15　打开工资类别

（2）双击"薪资类别/设置/人员档案"，打开"人员档案"窗口。

（3）单击"批增"按钮，打开"人员批量增加"窗口，单击"在职人员"各个部门前的选择栏，单击右侧的"查询"按钮，单击"全选"按钮，即在人员所在部门前打勾，如图 6 - 16 所示。单击"确定"按钮，返回"人员档案"窗口。

图 6 - 16　人员批量增加

（4）在"人员档案"窗口，选定"400001"和"400002"号人员，在"选择"栏中打勾，单击"删除"，出现系统提示"是否删除所选人员信息？"，单击"是"，将离退休人员从在职人员中予以删除。

（5）选定"101001"号人员，单击"修改"按钮，修改人员基本信息和附加信息，如人员的账号、性别、学历、职称、职务信息，如图 6 - 17 和图 6 - 18 所示。

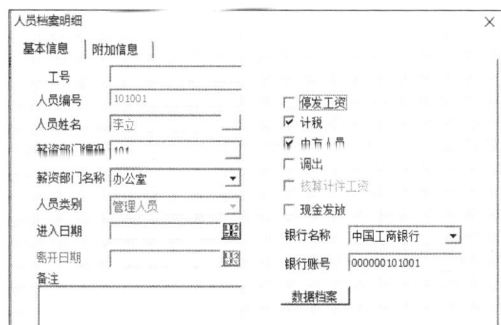

图 6 - 17　修改基本信息

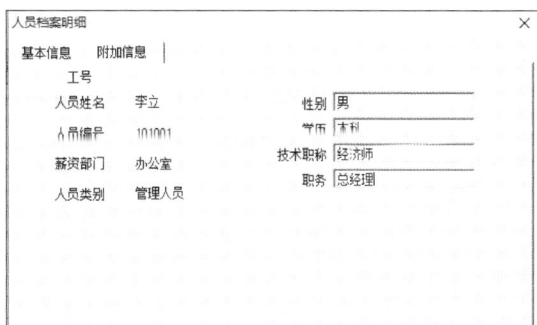

图 6 - 18　修改附加信息

（6）单击"确定"按钮，弹出系统提示信息"写入该人员档案信息吗？"，单击"确定"按钮。依此方法继续修改其他人员的信息。修改完后如图 6 - 19 所示。

（7）同样方法，建立临时人员档案、离退休人员档案。

图 6-19 在职人员档案

6. 在职人员工资项目及公式设置

（1）在职人员工资项目设置。

① 打开"在职人员"工资类别，双击"设置/工资项目设置"，打开"工资项目设置"窗口，如图 6-20 所示。

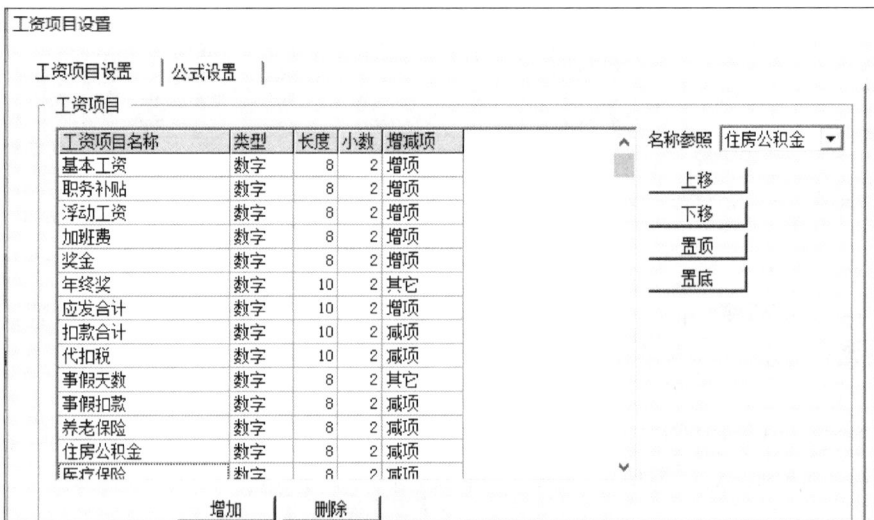

图 6-20 工资项目设置

② 单击"增加"按钮，从"名称参照"下拉列表中选择"基本工资""职务补贴""浮动工资"等工资项目。工资项目名称、类型、长度、小数、增减项都自动带出，不能修改。通过"上移"和"下移"按钮可调整工资项目的排列顺序。

③ 如果名称参照中没有相应的工资项目，应关闭"工资类别"，在打开的"工资项目"中，选择"增加"按钮，添加相应的工资项目。再打开工资类别，进行该工资类别的项目设置。

（2）在职人员公式设置。

职务补贴公式设置

① 在"工资项目设置"对话框中，单击"公式设置"选项卡。

② 单击"增加"按钮，在工资项目表中增加一空行，从下拉表中选择"职务补贴"，单击"函数公式向导输入"按钮，打开"函数向导——步骤之 1"窗口，单击"函数名"列表中的"iff"函数，如图 6-21 所示。

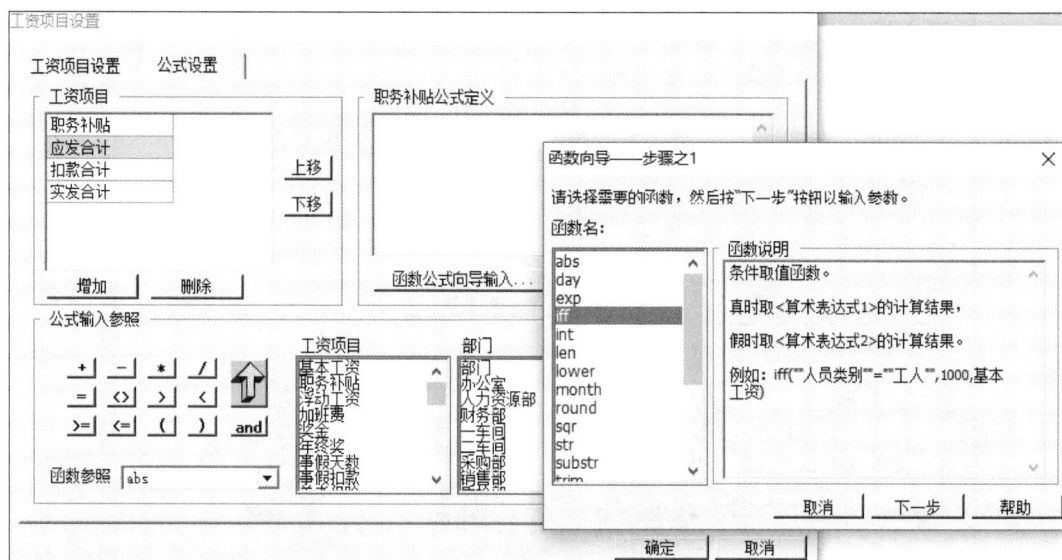

图 6‑21 函数向导——步骤之 1

③ 进行"职务补贴"公式设置:职务补贴=iff[人员类别="管理人员",600,iff(人员类别="车间管理人员",500,300)],单击"下一步"按钮,打开"函数向导——步骤之 2"窗口。

④ 单击"逻辑表达式"栏的参照按钮,单击"参照列表"栏的下三角按钮,选择"人员类别",再单击选中"管理人员",单击"确定"按钮返回"函数向导——步骤之 2"窗口。

⑤ 在"算术表达式 1"文本框中输入"600",如图 6‑22 所示。单击"完成"按钮,返回公式设置窗口。

⑥ 将光标定位到右括号之前,继续单击"函数公式向导输入"按钮,同前面操作相似,选择"车间管理",在"算术表达式 1"中输入"500",在"算术表达式 2"中输入"300",如图6‑23所示。

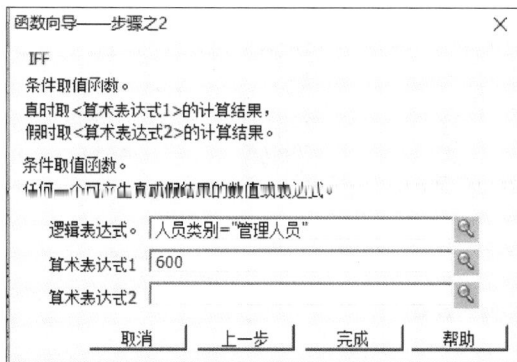

图 6‑22 逻辑表达式与算术表达式 1

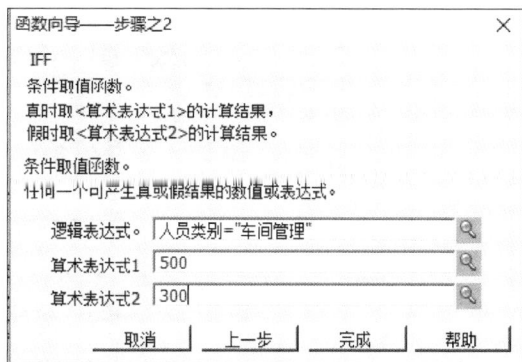

图 6‑23 嵌套的 iff 函数向导——步骤之二

⑦ 单击"公式确认",然后单击"完成"按钮返回公式设置界面,如图 6‑24 所示。

交补公式设置

在职人员工资项目中交补的设置同上,如图 6‑25 所示。

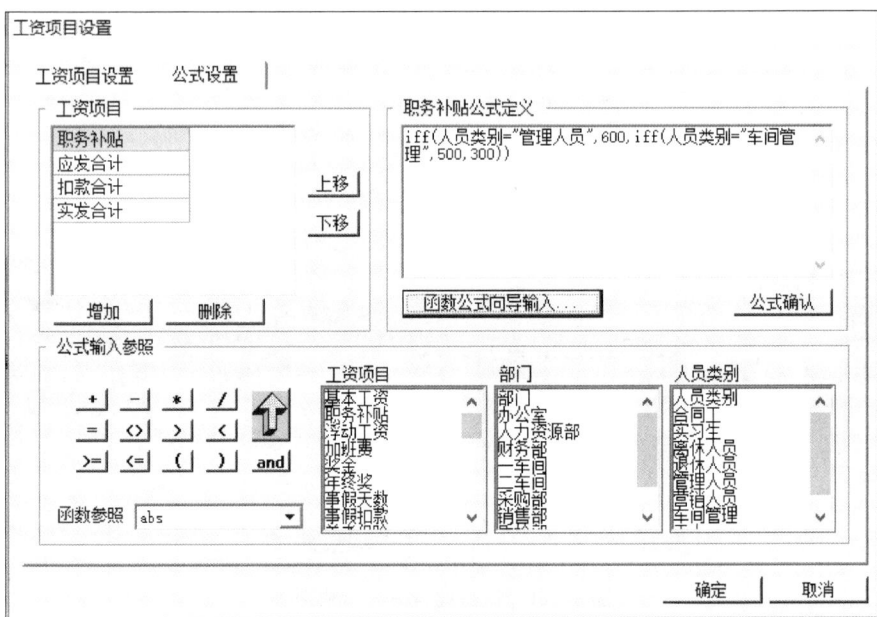

图 6‑24　职务补贴公式设置

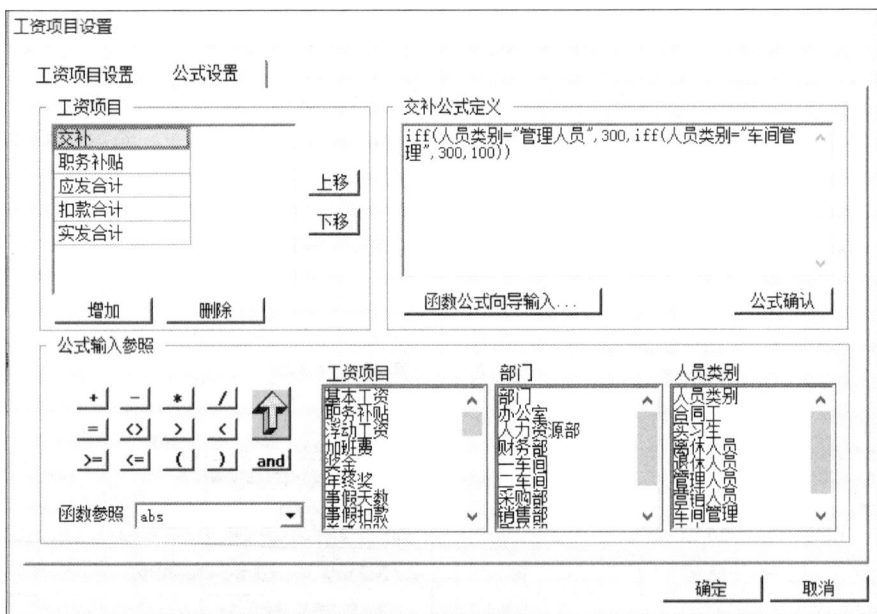

图 6‑25　交补公式设置

养老保险、医疗保险和住房公积公式设置

① 在"工资项目设置"对话框中，单击"公式设置"选项卡。

② 继续单击"增加"按钮，从下拉列表中选择"养老保险"。

③ 单击"养老保险公式定义"区域，单击右下方"工资项目"列表从中选择"基本工资"，再在左下角"公式输入参照"中选择"＊"，即完成"基本工资＊0.08"，单击"公式确认"。

④ 同样方法,完成"医疗保险"和"住房公积"的公式设置,如图6-26所示。

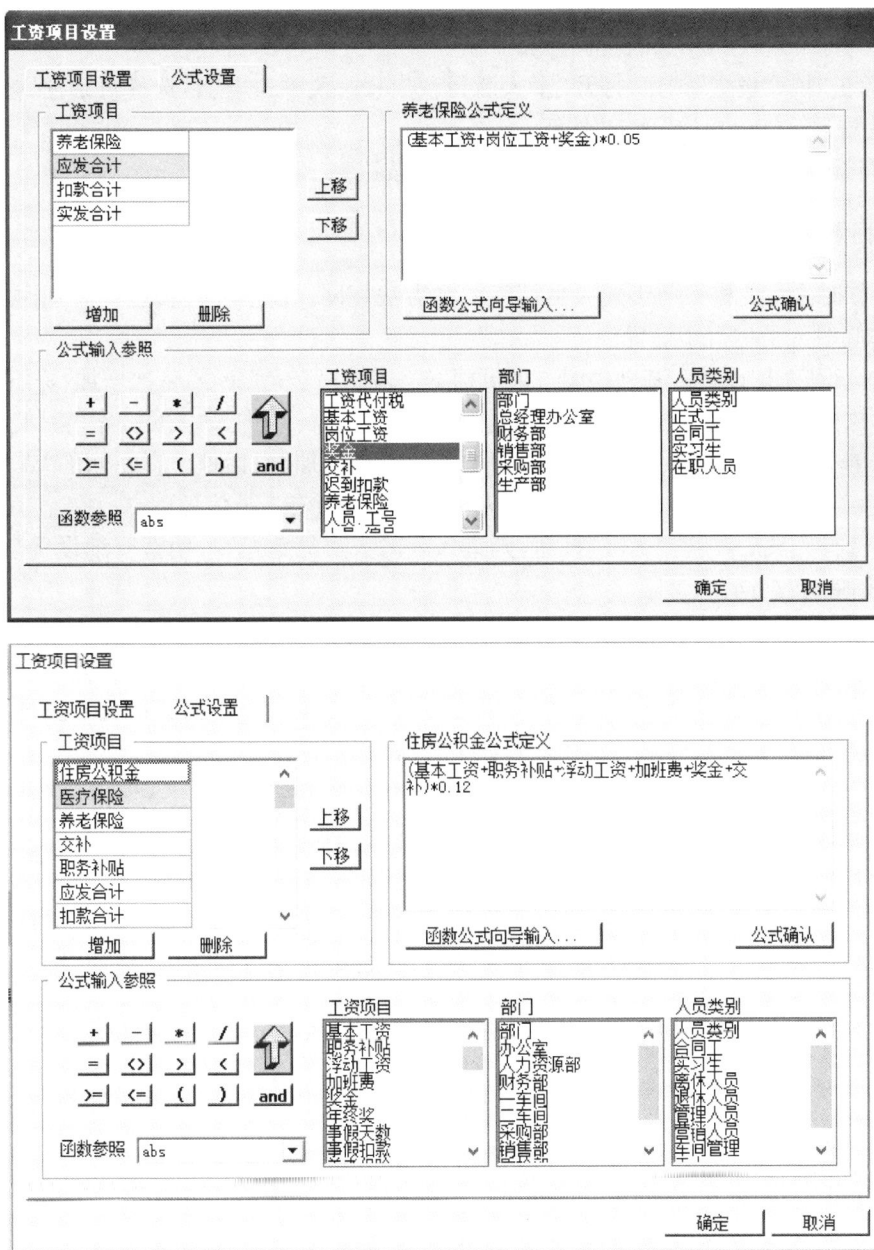

图6-26 养老保险、住房公积金公式设置

请假扣款公式设置

① 在"工资项目设置"对话框中打开"公式设置"选项卡。

② 单击"增加"按钮,在工资项目列表中增加一空行,单击该行,在下拉列表选择"事假扣款"。

③ 单击"事假扣款公式定义"文本框,单击工资项目列表中的"事假天数"。输入请假扣款公式:(基本工资+工龄工资+职务补贴+交补+奖金+加班费)÷22×请假天数。

个人所得税扣税设置

① 在"薪资管理"中,执行"设置—选项"命令,选择"扣税设置"编辑按钮,在"选项"窗口,"从工资中代扣个人所得税"前打勾。

② 单击"税率设置"按钮,打开"个人所得税申报—税率表"栏目选择对话框,修改所得税纳税基数为 5 000,单击"确定"按钮。

③ 在"选项—扣税设置"窗口中,单击"确定"按钮。

7. 临时人员工资设置

(1) 临时人员的档案与正式人员档案增加方法相同。前面在设置工资类别时,已将正式人员和临时人员进行了设置。

(2) 执行"基础设置—基础档案—人员档案—增加—李元"命令,依次增加"陈丽平"。

(3) 执行"业务工作—人力资源—设置—人员档案"命令,进入"人员档案"窗口。

(4) 单击工具栏上的"批增"按钮,打开"人员批量增加"对话框。在左侧的"人员类别"中选择"生产工人",在右侧就会显示这些人员类别下的所有人员信息。

(5) 选择完成后,单击"确定"按钮,则进入临时人员档案窗口,档案明细设置与正式人员档案明细设置相同。

(6) 临时人员工资项目设置时,执行"设置—工资项目设置"命令,打开"工资项目设置"对话框,在选项卡,单击"增加"按钮,工资项目列表中增加一空行。单击"名称参照"下拉列表框,从中选择"基本工资"选项,工资项目名称、类型、长度、小数、增减项都自动带出,不能修改。单击"增加"按钮,同样方法增加其他工资项目。

(7) 临时人员核算计件工资设置。在计件工资中,执行"设置"—→"计件要素设置"命令,打开"计件要素设置"对话框,查看是否包括"工序"计件要素,且为启用状态。工序设置时,进入"基础档案设置"中,执行"生产制造"—→"标准工序资料维护"命令,进入"标准工序资料维护"窗口,单击"增加"按钮,增加"01 组装"和"02 检验"两种工序。计件工价设置时,执行"设置"—→"计件工价设置"命令,进入"计件工价设置"窗口,单击"增加"按钮,按实验资料输入计价工价。

(8) 临时人员计税设置时,执行"设置"—→"选项",打开"选项"对话框,单击"编辑"按钮,在"扣税设置"选项卡中选择个人所得税申报表中收入额合计对应的工资项目为"应发合计"。

8. 工资数据录入

录入正式人员基本工资数据:

(1) 执行"业务处理"—→"工资变动"命令,进入"工资变动"窗口。

(2) 在"过滤器"下拉列表中选择"过滤设置",打开"项目过滤"对话框。

(3) 选择工资项目列表中的"基本工资""工龄工资""奖金""加班费",分别单击">"按钮,单击"确定"按钮,返回"工资变动"窗口。此时每个人的工资项目只显示这四个项目。

(4) 根据资料,输入正式人员工资类别的工资数据。注:只输入没有进行公式设定的项目,其余项目由系统根据计算公式自动计算生成。

(5) 录入正式人员工资变动情况。分别录入"赵斌""孙小雁"请假天数。

（6）在工资变动窗口,单击工具栏上的"替换"按钮,选择"工资项目"下拉列表中的"基本工资",在"替换成"文本框中,输入"基本工资＋300",并将替换条件设置为"部门＝生产部"。单击"确定"按钮,系统弹出"数据替换后将不可恢复,是否继续?",单击"是"按钮,返回工资变动窗口。

注意：只能替换没有公式设置的工资项目。

（7）数据计算与汇总。在"工资变动"窗口中,单击工具栏上的"计算"按钮,计算工资数据。单击工具栏上的"汇总"按钮,汇总工资数据。

（8）查看个人所得税。执行"业务处理—扣缴所得税"命令,打开"栏目选择"对话框。点击"确认"按钮,进入"个人所得税扣缴申报表"窗口。

（9）银行代发业务。在进行银行代发操作时,点击"薪资管理"下"业务处理",执行"银行代发"命令,在"请选择部门范围"对话框中选中所有部门,打开"银行文件格式设置"对话框,（第一次进入银行代发功能时,系统自动显示"银行文件格式设置"。）在"银行模板"下拉列表中选择对应发放银行,将所需信息设置完毕后,单击"确认"按钮,打开"银行代发"窗口,得到"银行代发一览表"。

注意：在"银行文件格式设置"中,可以查询、修改代发格式;单击"插入行"或"删除行"按钮,可以增加或删除代发项目;新增栏目数据来源只能通过选择录入,不能手工输入;在银行代发数据标志行,可以通过单击右侧的选择按钮来进行某些标准的设置,也可以手工录入特殊的数据,但只能设置一行。

9. 工资分摊设置

（1）正式人员工资分摊设置。

① 执行"业务处理—工资分摊"命令,打开"工资分摊"对话框,单击"工资分摊设置"按钮,打开"分摊类型设置"对话框,单击"增加"按钮,打开"分摊计提比例设置"对话框。

② 输入计提类型名称"应付职工薪酬"、分摊比例100％,单击"下一步"按钮,打开"分摊构成设置"对话框,按资料内容进行设置,设置完毕后,单击"完成"按钮,返回"分摊类型设置"对话框。

③ 用同样方法设置应付福利费、工会经费分摊计提项目。

（2）正式人员分摊工资费用。

① 执行"业务处理—工资分摊"命令,打开"工资分摊对话框"。选择需要分摊计提费用类型,确定计提会计月份。本例中选择"应付职工薪酬"。

② 选择核算部门:办公室、人力资源部、财务部、生产部、销售部、采购部、质检部;选中"明细到工资项目"复选框,单击"确定"按钮,打开"应付职工薪酬一览表"对话框。

③ 选中"合并科目相同、辅助项相同的分录"复选框,单击工具栏上的"制单"按钮,即可生成凭证。

④ 单击凭证左上角的"字"位置,选择"转账凭证",单击"保存"按钮,凭证左上角出现"已生成"标志,代表该凭证已传递到总账。用同样的方法对"应付福利费""工会经费"进行分摊处理。

（3）临时人员工资分摊。

① 先进入"临时人员"工资类别,进行工资变动处理。执行"设置—选项"命令,选择"扣

税设置"编辑按钮,单击"税率设置",打开"个人所得税申报—税率表栏目选择"对话框,修改所得税税率基数为 5 000 元,单击"确定"按钮。

② 在"业务处理—工资变动"中进行工资变动处理。

③ 在"业务处理—工资分摊"中进行工资分摊设置及工资分摊处理。

10. 月末处理

每月工资数据处理完毕后均可进行月末结转。月末结转只有在会计年度的 1—11 月进行。如需要处理多个工资类别,则需要打开工资类别,分别进行月末结算。如果本月工资数据未汇总,系统将不允许进行结转,进行期末处理后,当月数据将不再变动(月末处理功能只有主管人员才能执行)。

(1)汇总工资类别。

① 执行"工资类别—关闭工资类别"命令。

② 执行"维护—工资类别汇总"命令,打开"选择工资类别"对话框,选择要汇总的工资类别,单击"确认"按钮,完成工资类别汇总。

③ 执行"工资类别—打开工资类别"命令,打开"选择工资类别"对话框,选择需要查看的工资类别,单击"确认"按钮,即可查看工资类别汇总后的各项数据。

(2)月末处理。

① 在工资管理系统中,单击"业务处理"中的"月末处理",单击"确认"按钮,弹出系统提示框,"月末处理后,本月工资将不许变动!继续月末处理吗?"。

② 单击"否"按钮,则退回工资管理主界面;单击"是"按钮,系统继续提示:"是否选择清零项?"如果单击"否"按钮,则下月项目完全继承当前月数据;如单击"是"按钮,则打开"选择清零项目"对话框。单击"确认"按钮,系统提示:"月末处理完毕!"并已按用户设置将清零项目数据清空,其他项目继承当月数据,如果选中"保存本次选择结果",则本次选择的需清零的工资项系统将予以保存,每月不必再重新选择。

(3)反结账。

在工资管理系统中进行结账后,如果发现需要在已结账月进行处理的事项,此时就需要使用反结账功能取消已结账标志。

注意:总账系统已结账或本管理系统上月已结账,系统将不允许反结账。

单击"业务处理"中的反结账,选择需要反结账的工资类别,在列表中选择需要进行反结账操作的账套,单击"确定"按钮,系统进行反结账处理。

(4)我的账表。

"我的账表"主要对工资管理系统中所有报表进行管理,包括工资表和工资分析表两种类型。

① 选择"薪资管理—统计分析"菜单中的"账表"命令项,选择"我的账表",进入"账表管理"。

② 如果想要修改工资表,则可首先选中需要修改的账表,然后单击"修改表"进入"修改表"窗口。可以修改栏目名称、宽度,也可增加或删除栏目,并为选中的栏目设置计算公式。

③ 如果还要重建工资表,则可点击"重建表",选择重建表界面。选择"重新生成系统原始表,单击"确认"按钮,即可生成。

（5）工资表。

"工资表"用于本月工资的发放和统计,本功能主要完成查询和打印各种工资表。选择"薪资管理—统计分析"中"账表"命令项,然后选择"工资表",打开"工资表"对话框。选择要查看的表,单击"查看"按钮,在弹出的对话框中输入查询条件,即可得到查询结果。

（6）工资分析表。

"工资分析表"是以工资数据为基础,对部门、人员类别的工资数据进行分析和比较,产生各种分析表,供决策人员使用。选择"薪资管理—统计分析"中"账表"命令项,然后选择"工资分析表"。选择相应的分析表,单击"确认"按钮,输入条件,再单击"确认"按钮,即可进入相应界面。

项目七 应收款管理系统

学习目标

◆ 了解应收款管理系统的功能。
◆ 熟悉应收款管理系统参数设置的主要内容。
◆ 掌握应收款管理系统初始化设置。
◆ 掌握应收款管理系统日常业务处理方法。
◆ 掌握应收款坏账及期末业务处理。

应收账款是指企业因销售商品、提供劳务等经营活动收取的款项。一方面是通过销售实现商品或劳务转移的过程；另一方面是赊销货款回收的过程，即应收款项的计算、催收、回款、应收账款分析和客户信用等级评定等环节。应收账款的核算主要包括应收账款入账时间的确认、入账金额的确认、应收账款回收的确认、坏账准备的提取及坏账的确认等内容。

任务一 应收款管理系统功能

应收款管理系统主要实现企业与客户之间业务往来账款的核算与管理，在应收款管理系统中，以销售发票、费用单、其他应收单等原始单据为依据，记录销售业务及其他业务所形成的往来款项，处理应收款项的收回、坏账、转账等情况，提供票据处理的功能，实现对应收款的管理。

1. 系统初始设置功能

初始设置的作用是建立应收管理的基础数据，确定使用哪些单据处理应收业务，确定需要进行账龄管理的账龄区间，确定各个业务类型的凭证科目。只有正确地进行相关设置，用户才可以选择使用自己定义的单据类型，进行单据的录入、处理、统计分析；根据设置的凭证科目生成记账凭证，使应收账款管理符合用户的需要。

（1）凭证科目设置。凭证科目设置功能包括基本科目设置、控制科目设置、产品科目设置、结算方式科目设置，每种设置对应不同的单据类型。其目的是依据用户定义的科目，依据不同的业务类型，在生成凭证时自动带出设置的对应科目。

① 基本科目设置。用以定义应收系统凭证制单所需的基本科目，如应收科目、预收科

目、销售收入科目、税金科目等。如果输入单据时未指定科目，且控制科目设置与产品科目设置中没有明细科目的设置，则系统制单时，依据制单规则取基本科目设置中的科目。应收控制科目指所有客户往来辅助核算并受控于应收系统的科目，在会计科目中进行设置。如不进行此项设置，制单时需要手工录入。

② 控制科目设置。控制科目设置为用户提供了对客户的个性化管理，可对客户分类设置控制科目。该设置由此前的两项设置决定：一是控制科目由"总账"会计科目设置了"客户往来"并"受控"于应收系统的科目；二是对客户分类的依据是客户档案，依据在系统初始中的客户分类进行。如对受控于应收系统的科目，都设置了客户辅助核算。该项可不设置，制单时取基本科目。

③ 产品科目设置。产品科目设置提供了销售收入科目分产品进行核算，如销售收入科目设置了存货辅助核算，该项目无须设置。

④ 结算方式科目设置。该设置是指进行结算方式、币种、科目的设置。对于现结的发票、收付款单，系统依据单据上的结算方式查找对应的结算科目，系统制单时自动带出。

（2）账龄区间设置。账龄区间设置定义功能，提供了应收账款的个性化管理，可根据企业对应收账款或应收时间管理的需要，定义账款时间间隔，其作用是便于进行应收账款或收款的账龄查询和账龄分析，掌握在一定期间内所发生的应收账款、收款情况。

（3）坏账初始设置。首先要选择计提坏账的方法、定义本系统内计提坏账准备的比率，设置坏账准备期初余额功能，它的作用是系统根据用户的应收账款计提坏账准备。系统提供两种坏账处理方法，即备抵法和直接转销法。但《企业会计准则》不允许采用直接转销法。选择备抵法时，系统提供了三种备抵的方法，即应收账款余额百分比法、销售收入百分比法、账龄分析法。这三种方法在初始设置中录入坏账准备期初和计提比例或输入账龄区间等，并在坏账处理中进行后续处理。

（4）付款条件设置。付款条件设置即现金折扣，这是企业为鼓励客户早日偿还货款而承诺在一定时期内给予的规定折扣优惠。付款条件可在采购订单、销售订单、采购结算、销售结算、客户目录、供应商目录中引用。

2. 日常处理功能

日常处理主要完成企业应收账款、收入业务录入、收款业务核销、应收账款并账、汇总损益以及坏账处理，及时记录应收账款、收款的发生。为查询和分析往来业务提供完整、正确的资料，加强对往来款项的监督管理。

（1）单据处理功能。应收单及收款单的录入、修改、删除和审核管理工作。如果同时使用应收款管理系统和销售管理系统，则发票和代垫费用产生的应收单据由销售系统录入，在本系统可以对这些单据进行审核、查询、核销、制单等。在本系统需要录入的单据仅限应收单。如果没有使用销售系统，则各类发票和应收单均应在本系统录入。

（2）单据核销功能。单据核销功能是收回客商款项后核销该客户应收款，建立收款与应收款的核销记录，监督应收款及时核销，加强往来款项的管理。

（3）应收转账功能。转账业务是处理应收账款经常遇到的业务，用于处理客户与供应商之间、客户与客户之间进行的应收冲应收、预收冲应收、应收冲应付、红票对冲等业务。

（4）汇兑损益功能。该功能主要解决外币核算时的汇兑损益处理工作。

（5）坏账处理功能。坏账处理功能提供了计提应收坏账准备处理、坏账发生后的处理、坏账收回后的处理等功能。

（6）制单处理功能。应收款管理系统针对不同的单据类型提供编制记账凭证的功能，并将编制的记账凭证传递到总账系统，实现账务处理一体化。对应收款每一类原始单据都提供了实时制单的功能；除此之外，系统提供了一个统一制单的平台，可以在此快速、成批生成凭证，并可依据规则进行合并制单等处理。

（7）票据管理功能。该功能对银行承兑汇票和商业承兑汇票进行管理。先将收到的票据输入，根据输入信息制作收款凭证。还可对票据的计息、贴现、转出、结算、背书等业务进行处理和制单。

（8）付款单导出功能。该功能完成付款单与网上银行的相互导入、导出处理。

3. 其他功能

（1）单据查询功能。应收款管理系统提供对应收单、结算单、凭证等的查询，包括对各类单据、详细核销信息、报警信息、凭证等内容的查询。

（2）账表管理功能。账表管理功能主要有账表自定义、业务账表查询、统计分析等。其中，自定义功能是根据用户管理要求，提供的内部管理分析报表工具，可以设置报表标题、表头、表体、定义报表数据来源，灵活定义过滤条件和显示、打印方式的自定义报表查询工具。业务账表查询可及时了解一定期间内或各个客户期初应收款结存汇总情况、应收款发生及收款发生的汇总情况、累计情况及期末应收款结存汇总、结存明细情况，及时发现问题，加强对往来款项监督管理，提供对业务总账表、业务余额表、业务明细账、对账单的查询。统计分析可以按初始定义的账龄区间进行一定期间内应收款账龄分析、收款账龄分析、往来账龄分析，了解各个客户应收款周转天数、周转率，了解各个账龄区间内应收款、收款及往来情况，加强往来款项动态监督管理。

（3）期末处理功能。期末处理指用户进行的期末结账工作。如果当月业务已全部处理完毕，就需要执行月末结账功能，只有月末结账后，才可以开始下个月工作。

任务二　应收款管理系统操作流程

如果是第一次使用应收款管理系统，可按如图 7－1 所示操作流程进行。具体说明如下：

初次进入应收款管理系统，要进行账套参数和基础信息的设置；在进入正常业务处理之前，还应录入期初余额；日常处理包括票据的处理、单据的结算、票据的管理、凭证的处理、坏账和转账处理以及制单、查询统计等；期末处理包括汇兑损益的处理和期末结账的处理。

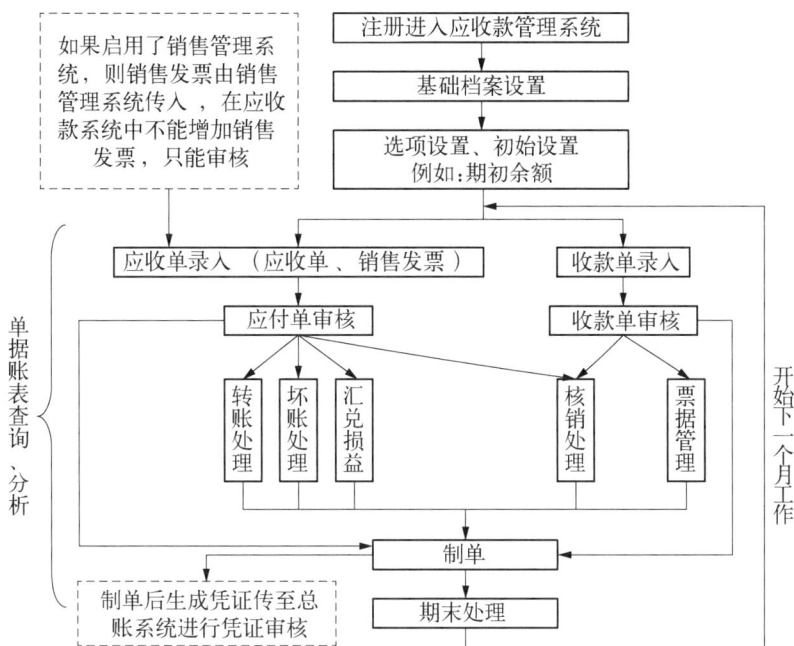

图 7-1　应收款管理系统操作流程

任务三　应收款管理系统与其他系统的主要关系

在会计信息系统中,应收款管理系统与其他系统存在关系。应收款管理系统生成收入凭证、收款凭证,并将这些凭证传递到总账凭证库;应收账款系统与应付账款系统转账对冲,解决了客户同时又是供应商对销售发票与采购发票的核销问题,以定期清理债权债务;应收款系统为企业提供了客户的欠款偿还情况、账龄分析表等数据,作为制定信用政策、计算应收款周转率和周转期的依据。根据实际应用,应收款管理系统分详细核算和简单核算,其数据关联相应有所不同,满足用户不同管理的需要。

1. 应收款管理系统详细核算

在详细核算下,应收账款主要在应收系统核算,与总账系统、销售系统、合同管理系统、应付系统、UFO、网上银行等系统接口,如图 7-2 所示。

(1) 合同管理。生效以后的应收类合同结算单可以将余额转入应收系统,在应收系统进行审核、收款、核销;应收系统可查询合同管理系统中生效的应收类合同结算单。

(2) 销售管理。为应收款管理系统提供已审核的销售发票、销售调拨单以及代垫运费单。复核以后的销售发票在应收系统进行审核并录入应收账款、收款、核销;已经现收的销售发票可以在应收系统进行记账、制单;在销售管理系统中生成凭证,并提供销售发票、销售调拨单的收款结算情况以及代垫费用的核销情况。应收系统可以查寻出销售系统中已经出库但还没有开票的实际应收信息和未复核的发票。

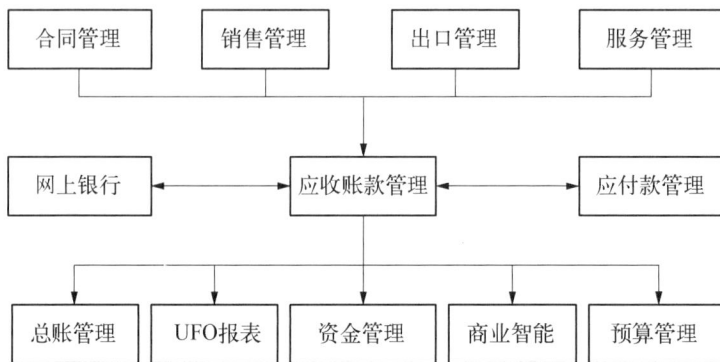

图 7-2 详细核算方案下应收管理系统与其他系统的数据关联

（3）出口管理。审批后的出口发票传入应收系统，在应收系统审核应收账款、收款、核销、制单等操作。审批后的信用证可以在应收系统做押汇和结汇处理，押汇结汇生成的收款单审核后，如果有手续费和利息，则同时形成出口的费用单传递给出口系统。

（4）服务管理。服务结算单保存后自动传入应收系统，在应收系统进行审核记账、收款、核销、制单等后续处理，应收系统可对已经保存的服务结算单进行查询。

（5）网上银行。网上银行系统可向应收款管理系统导出已经确认支付标记但未制单的付款单；应收款管理系统也可向网上银行系统导出未审核的付款单。所有相关单据全部由应收系统生成凭证到总账。

（6）总账。所有凭证均应传递到总账之中；可以将结算方式为票据管理的付款单登记到总账系统的支票登记簿中。

（7）应付款管理。应收应付之间可以相互对冲；应收票据背书时可以冲应付账款。

（8）商业智能。应收款管理系统为 U8 商业智能分析系统提供各种分析数据。

（9）UFO 报表。应收款管理系统向 UFO 系统提供各种应用函数。

（10）资金管理。应收款管理系统为资金管理系统提供各种分析数据。

2. 应收款管理系统简单核算

简单核算方案下，应收账款主要在总账系统核算，与总账接口，所有凭证均应传递到总账系统中。

（1）销售管理。在销售管理系统录入的发票可以在应收款管理系统中进行审核登记应收账款，已经现结的发票可以在应收系统中进行记账、制单。应收款管理系统为销售管理系统生成凭证，并提供销售发票、销售调拨单的收款结算情况以及代垫费用的核销情况。

（2）出口管理。在出口管理系统录入的发票可以在应收款管理系统中进行审核登记应收款、制单。

（3）总账。销售发票和出口发票生成的凭证都传递到总账系统，并能够查询其所生成的凭证。

（4）应收应付对冲。应收款管理系统和应付款管理系统之间可以进行转账处理，如应收冲应付。

（5）财务分析。应收款管理系统向财务分析系统提供各种分析数据。

任务四 应收款管理系统业务处理

应收款管理系统提供应收单据、收款单据的录入、审核、核销、转账、汇兑损益、制单等处理，提供各类应收和收款单据的详细核销信息、报警信息、凭证等内容的查询，提供总账表、余额表、明细账等多种账表查询功能，提供应收账款分析、账龄分析、欠款分析等分析功能。应收款管理系统按操作流程和其内容不同，可分为初始设置、日常业务处理、坏账处理和期末业务处理四个方面。

1. 应收款管理系统初始设置

初始化主要包括账套参数设置、初始设置、基础信息设置及期初数据录入等。

在进行初始设置之前，应做好各项准备工作。一是业务往来所有客户的详细资料，如客户名称、地址、联系电话、开户银行、所属总公司、信用额度、最后交易情况；二是根据存货目录中的内容，准备好存货的名称、规格型号、价格、成本等数据；三是定义好发票、应收单格式。

（1）应收款管理系统参数设置。

在应收款管理系统中，选择"设置"——"选项"命令，打开"选项"对话框。单击"编辑"，打开"账套参数设置"对话框，进行相应设置。

单击"常规"选项卡，可对"单据审核日期依据""汇兑损益方式""坏账处理方式"等选项依据情况选择。在没要求的情况下，有些选项可选择默认，如图7-3所示。

单击"凭证"选项卡，相应内容可按需要做出选择。如果"受控科目制单方式选择""明细到单据"，则在总账系统中查询时，依每笔业务进行查询；如果"控制科目依据"选择"按客户分类"，则在控制科目设置时只显示客户分类，而不显示所有客户；"销售科目依据"同样。如果勾选"月结前全部生成凭证"，则月末进行结账时，必须所有业务都已经生成凭证，否则不能结账；如果勾选"核销生成凭证"和"预收冲应收生成凭证"，则在核销和预收冲应收转账处理后生成凭证。

图7-3 常规选项卡

单击"权限与预警"选项卡，在"启用客户权限"处打勾，选择"信用方式"，根据企业情况，选择信用天数和信用额度，其他部分可默认。选择后单击"确定"。如果在"提前比率"栏设置20％，则对每个客户来说，其信用比率小于等于20％时，系统自动弹出信用报警单（信用比率＝信用余额÷信用额度），如图7-4所示。

核销设置时，应收款核销设置可根据需要按单据或产品核销，若按单据核销，则系统将满足条件的未结算单据全部列出，由用户选择要结算的单据，并根据所选择的单据进行

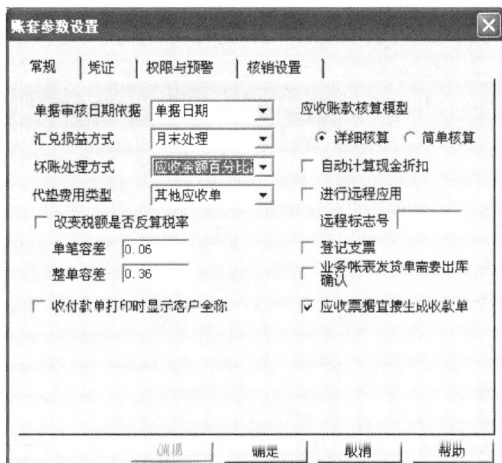

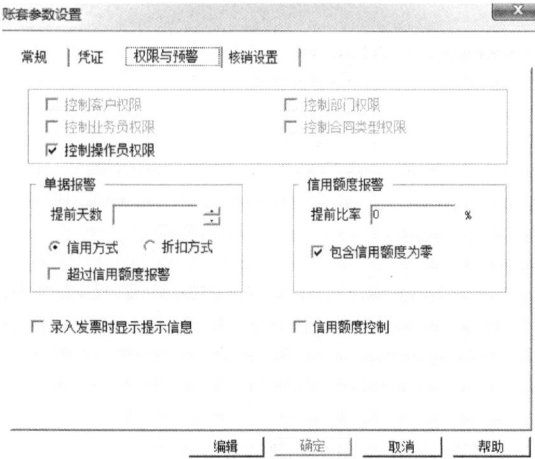

图 7-4 权限与预警设置选项卡

核销;若按产品核销,则系统将满足条件的未结算单据按存货列出,由用户选择要结算的存货,并根据选择的存货进行核销。

注意:账套使用过程中可以随时修改账套参数;如果选择单据日期为审核日期,则月末结账时单据必须全部审核;如果当年已经计提过坏账准备,则坏账处理方式不能修改,只能下一年度修改。关于应收账款核算模型,在系统启用时或者还没有进行任何业务处理的情况下才允许从简单核算改为详细核算;从详细核算改为简单核算,随时都可以进行;账套参数修改后需要重新登录才能生效。

(2) 设置应收款管理系统会计科目。

为了简化凭证生成操作,在应收款管理系统中可将各业务类型凭证中的常用科目预先设置好。其中基本科目设置是定义应收款系统凭证制单所需要的基本科目,如应收科目1122、预收科目2203、销售收入6001、税金科目22210102等;控制科目设置是进行应收、预收科目的设置,结算方式科目设置是进行结算方式、币种、科目的设置。不同业务类型生成时自动带出科目,如图7-5所示。

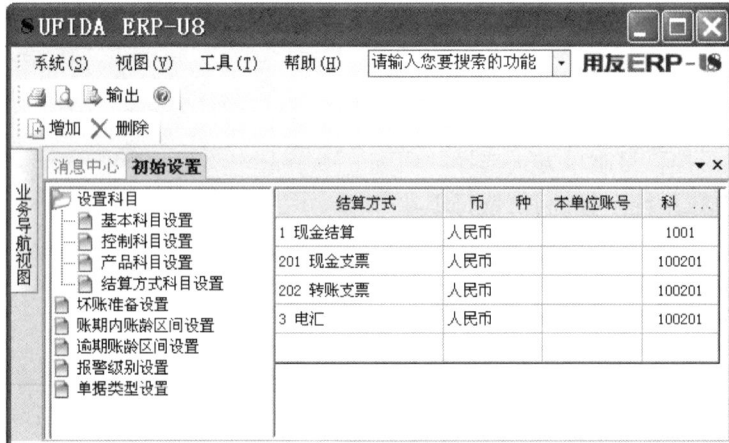

图 7-5 设置科目

结算方式科目设置是针对已经设置的结算方式设置相应的结算科目,即在收款或付款时只要告诉系统结算时使用的结算方式,系统自动生成该种结算方式所使用的会计科目。如果在此不设置结算方式科目,则在收款或付款时可以手工输入不同结算方式对应的会计科目。

注意:在基本科目中所设置的应收科目"应收账款"、预收科目"预收账款"及"应收票据",应在总账系统中设置其辅助核算内容为"客户往来",并且其受控系统为"应收系统",否则在应收款管理系统中不能被选中;只有在此设置了基本科目,在生成凭证时才能直接生成凭证中的会计科目,否则凭证中将没有会计科目,生意人会计科目只能手工录入;如果应收科目、预收科目按不同客户或客户分类分别设置,则可在"控制科目设置"中设置,在此可以不设置;如果针对不同的存货分别设置销售收入核算科目,则在此不用设置,可以在"产品科目设置"中进行设置。

（3）设置坏账准备。

坏账初始设置是指用户定义系统内计提坏账准备率和设置坏账准备期初余额的功能。如果在选项中并未选中坏账处理的方式为"应收余额百分比法",则在此处就不能录入"应收余额百分比法"所需要的初始设置,即此处的初始设置是与选项中所选择的坏账处理方式相对应的,如图 7-6 所示。

坏账准备的期初余额应与总账系统中所录入的坏账准备的期初余额相一致,但是,系统没有坏账准备期初余额的自动对账功能,只能人工核对。坏账准备的期初余额如果在借方,则用"—"号表示。如果没有期初余额,应将期初余额录入"0",否则,系统将不予确认。

坏账准备期初余额被确认后,只要进行了坏账准备的日常业务处理就不允许再修改。下一年度使用本系统时,可以修改提取比率、区间和科目。如果在系统选项中默认坏账处理方式为直接转销,则不用进行坏账准备设置。

（4）设置账期内账龄区间。

账龄区间设置是指用户定义账期内应收款时间间隔的功能。进行应收款账龄查询和账龄分析,有助于了解一定期间内所发生的应收款和收款情况。设置时,序号由系统自动生成,不能修改和删除。总天数直接输入截止该区间的账龄总天数。最后一个区间不能修改和删除,如图 7-7 所示。

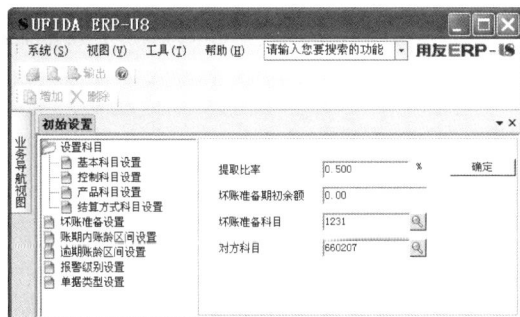

图 7-6 坏账准备设置

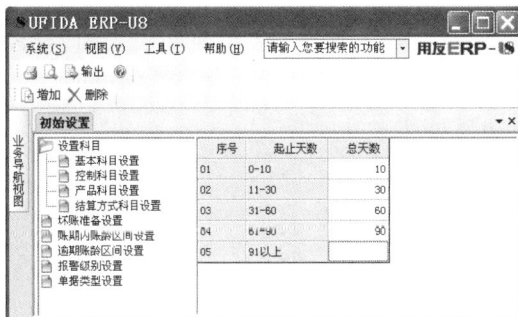

图 7-7 账龄区间设置

（5）设置报警级别。

操作人员可将客户欠款余额与其授信额度的比例分为不同类型,以便掌握客户信用情况,如图 7-8 所示。

设置报警级别时应注意:

① 序号由系统自动生成,不能修改、删除。应直接输入该区间的最大比率及级别名称。

② 系统会根据输入的比率自动生成相应的区间。

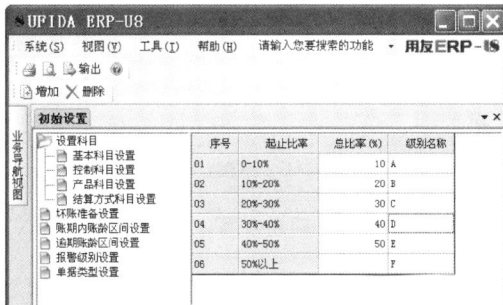

图 7-8 报警级别设置

③ 单击"增加"按钮,可以在当前级别之前插入一个级别。插入一个级别后,该级别后的各级别比率会自动调整。删除一个级别后,该级别后的各级比率会自动调整。

④ 最后一个级别为某一比率之上,所以在"总比率"栏不能录入比率,否则将不能退出。

⑤ 最后一个比率不能删除,如果录入错误则应先删除上一级比率,再修改最后一级比率。

(6) 设置单据号。

用户可将自己往来业务与数据类型建立对应关系,达到快速处理业务以及进行分类汇总、查询、分析的效果,如图 7-9 所示。

如果不在"单据编号设置"中设置"手工改动,重号时自动重取",则在填制这一单据时其编号由系统自动生成而不允许手工修改。在单据编号设置中还可以设置"完全手工编号"及"按收发标志流水"等。

(7) 录入期初余额。

在初次使用应收款系统时,应将启用应收款系统时未处理完的所有客户的应收账款、预收账款、应收票据等数据录入到本系统。当进入第二年度时,系统自动将上年度未处理完的单据转为下一年度的期初余额。在下一年度的第一会计期间里,可以进行期初余额的调整,如图 7-10 所示。如果退出了录入期初余额的单据,在"期初余额明细表"对话框中并没有看到新录入的期初余额,应单击"刷新"按钮,就可以列示所有的期初余额的内容。操作员可通过选择单据类型(收款单、付款单)来达到增加预收款、预付款的目的,如图 7-11 所示。

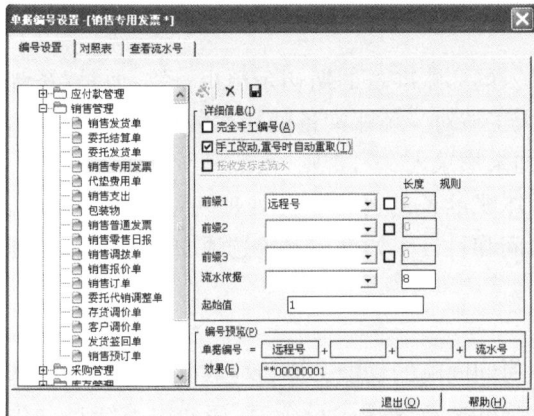

图 7-9 单据编号设置

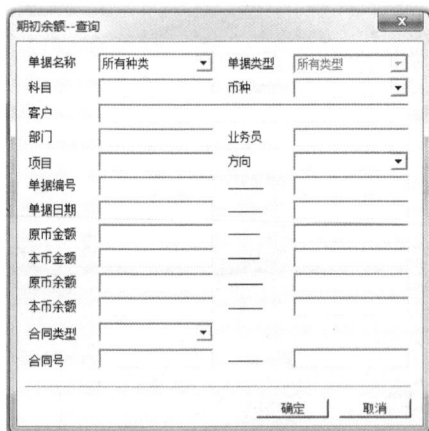

图 7-10 期初余额查询

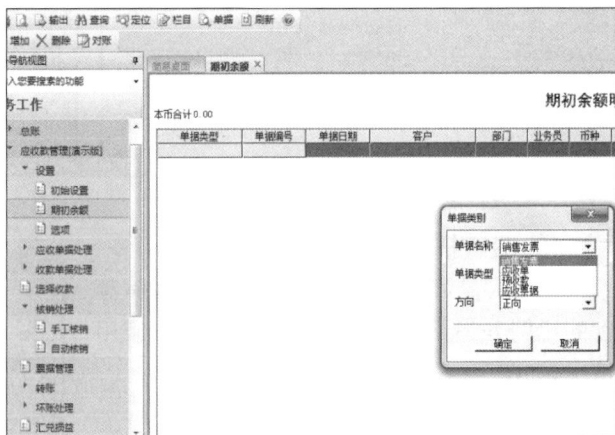

图 7-11 设置单据类别

在录入期初余额时一定要注意期初余额的会计科目。应收款系统的期初余额应与总账进行对账,如果科目错误将会导致对账错误。如果并未设置允许修改销售专用发票的编号,则在填制销售专用发票时不允许修改销售专用发票的编号。其他单据的编号也一样,系统默认的状态为不允许修改。

单据中科目栏目,用于输入该笔业务的入账科目,该科目可以为空。录入期初单据时最好录入科目信息,不仅可以执行与总账的对账功能,且可以查询正确的科目明细账与总账。

发票和应收单的方向包括正向和负向,类型包括系统预置的各类型以及用户定义的类型。期初发票中表头、表体中均可输入科目项目,且必须是应收系统的受控科目。

当完成全部应收款期初余额录入后,应通过对账功能将应收系统期初余额与总账系统期初余额进行核对。应收款系统与总账系统对账,必须要在总账与应收系统同时启用后才可以进行。在日常业务中,可对期初发票、应收单、预收单、票据、合同结算单进行后续核销、转账处理。

2. 应收款管理系统日常业务处理

应收款日常业务处理工作主要包括应收单据处理、收款单据处理、核销处理、票据处理、转账处理以及制单处理、单据查询等。

(1)应收单据处理。

应收单据包括销售发票和其他应收单,都是应收款日常核算的原始单据,单据处理是应收款管理的起点。单据处理工作包括应收单据录入和应收单据审核。

在填制应收单时,只需录入上半部分的内容,下半部分的内容除"科目"外均由系统自动生成。下半部分的"科目"如果不录入可以在生成凭证后再手工录入。

应收单和销售发票一样可以在保存后直接审核,也可以在"应收单据审核"功能中审核。如果直接审核,系统会提示是否制单;如果在审核功能中审核,则只能到制单功能中制单。

如果同时使用销售系统,在应收款系统中只能录入应收单而不能录入销售发票。

销售发票的填写与期初销售发票相同,打开"应收款管理",单击"应收单据录入",弹出"单据类别"对话框,如图 7-12 所示。如果选择单据名称为销售发票,则单据类型则为销售专用发票或普通发票,方向为止向。点击"确定"。系统打开一张空白销售专用发票或普通发票,按照表 7-1 具体参数说明所示填写,填写完毕单击"保存"按扭。如果选择单据名称为"应收单",则单据类型为"其他应收单",其他应收单据填写如表 7-2 所示。

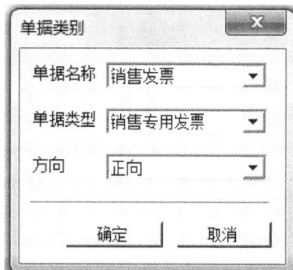

图 7-12 应收单类别选择

表 7-1 **销售发票参数说明**

数据项	说　　明
开票日期	业务发生日期,而非录入日期
客户名称	根据客户档案选择,自动带出客户地址、电话、开户银行、账号及税号
科目	受控于应收系统科目,包括应收账款、预收账款、应收票据、其他应收款
销售部门	根据部门档案选择
业务员	根据职员档案选择

续　表

数据项	说　明
备注	录入备注后,生成凭证时,将之记入"摘要"栏
货物编号	根据存货档案选择,自动带出货物名称、规格型号、主计量单位和税率
数量	输入销售数量
含税单价	输入含税单价,自动计算不含税单价和税额

表 7－2　　　　　　　　　　**其他应收单据参数说明**

数据项	说　明
日期	业务发生日期
客户	根据客户档案选择
科目	受控于应收系统科目,包括应收账款、预收账款、应收票据、其他应收款
表头金额	输入表头金额,自动带出表体金额
摘要	输入摘要内容,则生成凭证时,自动记入摘要栏
部门	根据部门档案选择
业务员	根据职员档案选择
方向	选择贷方
对应科目	根据业务选择

在填写应收单时,只需录入上半部分的内容,下半部分的内容除对方科目外,均由系统自动生成。下半部分的对方科目如果不录入可以在生成凭证后再手工录入;应收单和销售发票一样,可以保存后直接审核,也可以在"应收单据审核"功能中审核。如果直接审核,系统会问是否制单;如果在审核功能中审核,则只能在制单功能中制单。

录入应收单据后,只有经过审核的应收单据才可以被系统确认有效,填制的应收单据都需要审核。应收单据在保存后可立即审核,也可在应收单据审核中进行处理。在进入销售专用发票对话框时,系统默认处在增加状态,如果想查找某一张销售专用发票,则应放弃当前的增加操作,进入查询状态,否则将不能翻页。销售发票被修改后必须保存,保存的销售发票在审核后才能制单。

单击"应收款管理"下的"应收单处理",单击"应收单据审核",单据名称选择"销售发票"或"应收单",选择对应客户、部门、单据编号等信息,单击"确认",弹出"应收单据列表",在应收单据列表中双击记录选择栏,出现"Y",单击"审核"即可完成,如图 7－13 所示。

应收单据列表

选择	审核人	单据日期	单据类型	单据号	客户名称	部门	业务员	制单人	币种	汇率	原币金额
合计											

图 7－13　应收单据列表

注意:

① 如果应收款系统与销售系统集成使用,销售发票和代垫费用在销售管理系统中录入,

在应收系统中可以对这些单据进行查询、核销、制单等操作。此时应收系统需要录入的只限于应收单。

② 如果没有使用销售系统,则所有发票和应收单均需在应收系统中录入。

③ 在不启用供应链的情况下,在应收款系统中只能对销售业务的资金流进行会计核算,即可以进行应收、已收款以及收入实现情况的核算,而其物流的核算,即存货出库成本的核算还需在总账系统中手工进行结转。

④ 已审核的单据不能修改或删除,已生成凭证或进行过核销的单据在单据界面不再显示。

⑤ 在录入销售发票后可以直接进行审核,在直接审核后系统会提示"是否立即制单",此时可以直接制单。如果录入销售发票后不直接审核,可以在审核功能中审核,再到制单功能中制单。

⑥ 已审核的单据在未进行其他处理之前,可以取消审核后再修改。

(2) 收款单据处理。

收款单据处理包括收款单的录入与审核。

收款单是用来记录企业收到客户款项,包括收款单和付款单。标明是收款的业务都需要录入收款单。单击"收款单据处理",点击"收款单据录入",弹出一张空白"收款单",点击"增加",按表 7-3 参数说明,将数据录入相应的栏目,单击"保存"。在单击收款单的"保存"按钮后,系统会自动生成收款单表体的内容。表体中的款项类型系统默认为"应收款",可以修改。款项类型还包括"预收款"和"其他费用"。若一张收款单中,表头客户与表体客户不同,则视表体客户的款项为代付款。在填制收款单后,可以直接单击"核销"按钮进行单据核销的操作。如果是退款给客户,则可以单击"切换"按钮,填制红字收款单。

表 7-3 **收款单参数说明**

数据项	说 明
日期	业务发生日期,而非录入日期
客户	根据客户档案选择,自动弹出客户银行及账号
结算方式	选择结算方式,自动弹出结算科目
表头金额	输入表头金额,自动带出表体金额
部门	根据部门档案选择,自动带出表体部门
业务员	根据职员档案选择,自动带出表体业务员
摘要	输入摘要内容,则生成凭证时,自动记入"摘要"栏
款项类型	包括应收款、预收款和其他费用,自动弹出科目

收款单录入完成后,可以直接点击"审核",也可以在"收款单据审核"中完成。与上述应收单据审核类似。

(3) 核销处理。

应收款核销是指收回客户款项后,确定收款单与销售发票之间对应关系的操作。核销有两种方式:"手工核销"和"自动核销"。审核后的应收单据和收款单据才能进行核销。打开"选择收款",按收款条件填写相应内容,单击"确定",如图 7 – 14 所示。再点击"核销处理",根据需要单击"手工核销"或者"自动核销"。

如果手工核销,一次只能对一个客户进行核销处理,如图 7 – 15 所示。选择客户,客户所有应收单和收款单列出,如果"本次结算金额"合计与"本次结算"合计相等,只单击"保存"即可核销。如果两者不等,则可以双击记录对应的"本次结算金额"与"本次结算"栏,修改金额,进行部分核销。

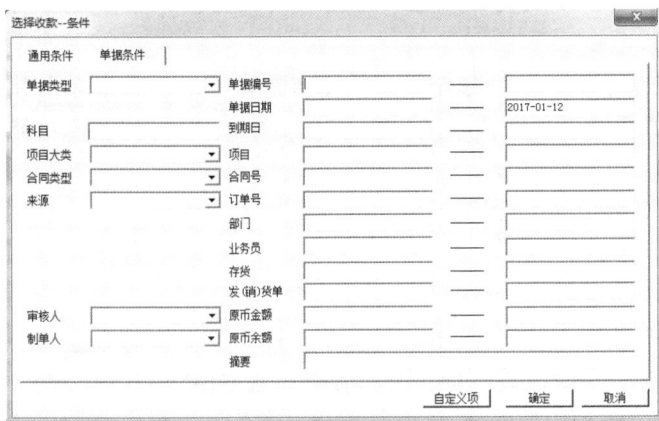

| 图 7 – 14 | 选择收款条件 | 图 7 – 15 | 选择核销条件 |

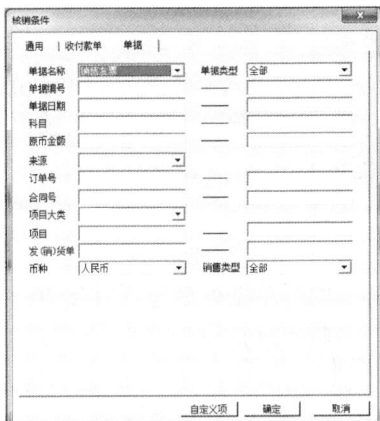

如果自动核销,可以对多个客户进行核销处理。单击"自动核销",在弹出的"核销条件"窗口输入过滤信息,单击"确定"。系统显示核销进度条,可以知道核销进程。核销完成后,提交自动核销报告,显示已核销的情况和未核销情况的原因。

注意:

① 在保存核销内容后,单据核销对话框中将不再显示已被核销的内容。

② 结算单列表显示的是款项类型为应收款和预收款的记录,而款项类型为其他费用的记录不允许在此作为核销记录。

③ 核销时,结算单列表中款项类型为应收款的记录默认本次结算金额为该记录上的原币金额;款项类型为预收款的记录默认的本次结算金额为空。核销时可以修改本次结算金额,但是不能大于该记录的原币金额。

④ 在结算单列表中,单击"分摊"按钮,系统将当前结算单列表中的本次结算金额合计自动分摊到被核销单据列表的本次结算栏中。核销顺序依据被核销单据的排序顺序。

⑤ 手工核销时一次只能显示一个客户的单据记录,且结算单列表根据表体记录明细显示。当结算单有代付处理时,只显示当前所选客户的记录。若需要对代付款进行处理,则需要在过滤条件中输入该代付单位,进行核销。

⑥ 一次只能对一种结算单类型进行核销,即手工核销的情况下需要将收款单和付款单分开核销。

⑦ 手工核销保存时,若结算单列表的本次结算金额大于或小于被核销单据列表的本次结算金额合计,系统将提示结算金额不相等,不能保存。

⑧ 若发票中同时存在红蓝记录,则核销时先进行单据的内部对冲。

⑨ 如果核销后未进行其他处理,可以在期末处理中"取消操作"功能中取消核销操作。

（4）票据处理。

在票据管理界面,既可查询票据登记情况,也可进行票据增加操作。票据管理包括票据查询、填制商业承兑汇票、制单（或暂不制单）、结算商业承兑汇票并制单、商业承兑汇票贴现并制单。

在实际工作中,可以根据需要随时增加需要的结算方式。保存一张商业票据之后,系统会自动生成一张收款单,由票据生成的收款单不能修改。这张收款单还需经过审核之后才能生成记账凭证。

在票据管理功能中可以对商业承兑汇票和银行承兑汇票进行日常业务处理,包括票据的收入、结算、贴现、背书、转出、计息等。增加尚未结算的商业汇票,如图 7－16 所示,票据内容依据表 7－4 填写。

图 7－16　增加商业票据

表 7－4　　　　　　　　　　　　应收票据参数说明

数据项	说　　明
票据编号	手工输入
承兑银行承兑单位	选择银行承兑汇票时,填写承兑银行名称;选择商业承兑汇票时,填写承兑单位名称
背书单位	票据是经过背书转让的,填写背书单位名称
票据面值	票据的票面价值
票据余额	还未结算票据余额
科目	选择"应收票据"
签发日期	开票单位实际签发票据的日期
收到日期	实际收到票据的日期
到期日	应大于或等于签发日期

当票据到期持票收款时,执行票据结算处理;进行票据结算时,结算金额应是通过结算实际收到的金额。结算金额减去利息加上费用的金额要小于等于票据余额。票据结算后,不能再进行其他与票据相关的处理,如图 7-17 所示。

商业承兑汇票不能有承兑银行,银行承兑汇票必须有承兑银行。如果贴现净额大于余额,系统自动将其差额作为利息,不能修改;如果贴现净额小于票据余额,系统自动将其差额作为费用,不能修改。票据贴现后,将不能对其进行其他处理,如图 7-18 所示。

图 7-17 票据结算

图 7-18 票据贴现

(5)转账处理。

转账类型包括应收冲应收、预收冲应收、应收冲应付和红票对冲。

应收冲应收,是将一家客户的应收款转入另一家客户。单击"应收款管理",在"转账"下单击"应收冲应收",在图 7-19 所示窗口,勾选"货款"、转入"客户"等,并选择对冲依据的单据记录,在金额栏填写并账金额,点击"保存",系统弹出"是否立即制单",点击"是",则自动生成转账凭证。

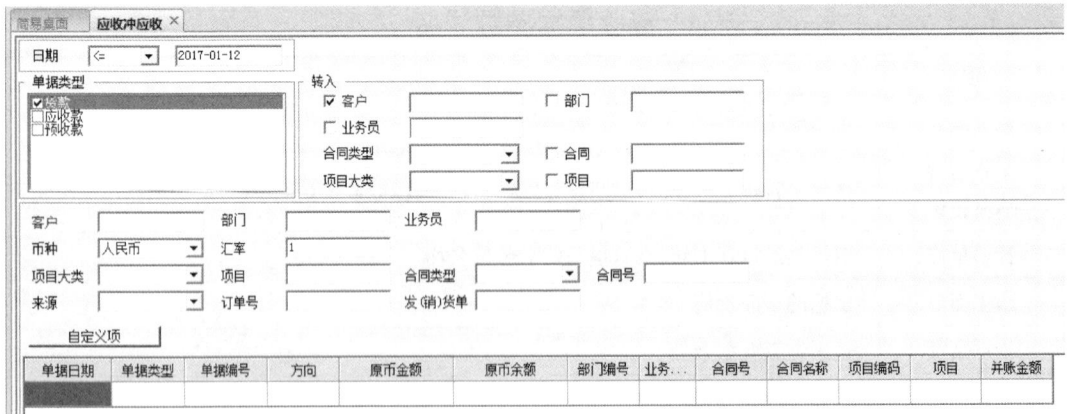

图 7-19 应收冲应收

预收冲应收,是处理客户的预收款和客户应收款的转账核销业务。单击"预收冲应收",选择预收和应收的"客户",单据日期、类型、编号等,"过滤",填写转账"金额",点击"确定"即可生成转账凭证,如图 7 - 20 所示。

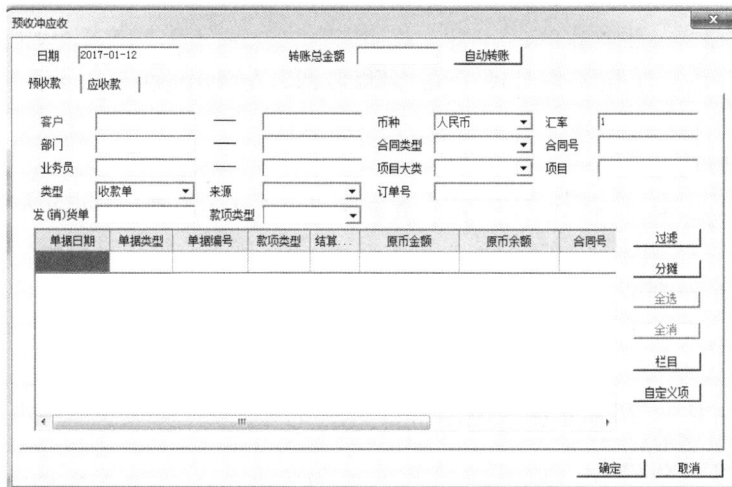

图 7 - 20　预收冲应收

应收冲应付,是将指定客户的应收款冲抵指定供应商的应付款。选择"客户""款项类型""转账金额"等,点击"确定",根据提示,可自动生成转账凭证,如图 7 - 21 所示。

红票对冲,可以实现某客户红字应收单与其蓝字应收单、收款单与付款单冲抵操作。红票对冲分为手工对冲和自动对冲。在图 7 - 22 所示界面,选择"客户",点击"确定",系统弹出对话框,分上下两部分,上半部分为红票,下半部分为蓝票,输入金额后,点击"保存",红票蓝票对冲金额应相等。

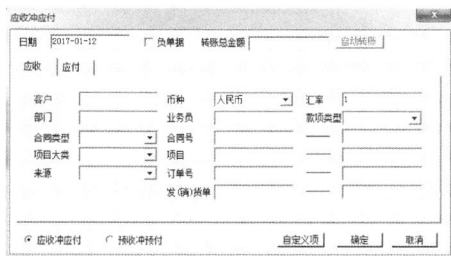

图 7 - 21　应收冲应付

图 7 - 22　红票对冲

(6) 坏账处理。

坏账处理包括计提坏账准备、坏账发生、坏账收回和坏账查询的处理。

计提坏账准备时,应先进行坏账初始设置。系统根据选项的坏账处理方式,坏账准备设置的参数,自动计提坏账准备,并产生相应的凭证。坏账准备可以一年一次,也可以随时计提。根据前述设置,单击工具栏"OK",系统弹出"是否立即制单"提示框,选择"是",将自动生成计提坏账的转账凭证。

发生坏账处理,是指用户确定某些应收款为坏账,所进行的处理。在"坏账处理"下,打开"坏账发生",如图 7 - 23 所示窗口中,选择"客户",点击"确定",弹出"坏账发生单据明细",在"本次发生坏账金额"栏填入坏账金额,单击"确定",根据提示,可自动生成转账凭证。

坏账收回是指已被确定为坏账的应收款又收回的业务处理。进行坏账收回处理的单据只能是期初坏账或已进行坏账损失处理的销售发票、其他应收单。在做坏账收回处理前,收回坏账时,首先录入一张收款单,金额即为收回坏账的金额,不审核收款单,则此收款单就是坏账收回中结算单。点击"坏账处理"下的"坏账收回",在弹出的窗口中选择"客户"和"结算单",单击"确定"。

(7)制单处理。

制单处理就是对应收款系统发生的业务生成记账凭证的处理。将已审核的应收单和收款单通过制单处理把单据生成凭证传入总账系统,并在总账系统中进行审核。每笔业务审核后可以立即制单,在转账处理和坏账处理时,可采用"立即制单"方式,也可在"制单处理"中统一制单。

在"应收款管理"下的"制单处理"中,如图 7-24 所示,勾选制单类型,选择"客户",单击"确定"。弹出如图 7-25 所示窗口,选择凭证类型"转账凭证",单击工具栏中"制单"即可完成凭证生成,最后单击"保存"。

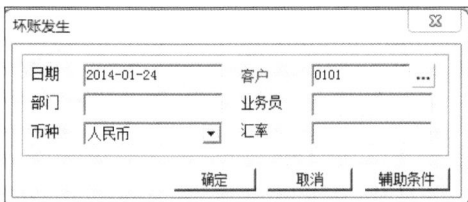

图 7-23 坏账发生处理

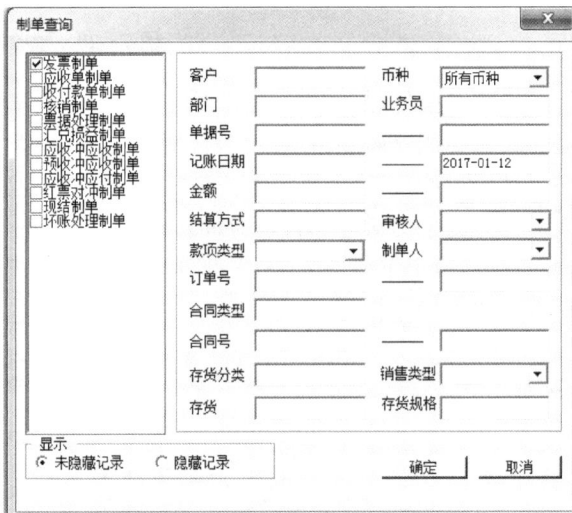

图 7-24 制单查询

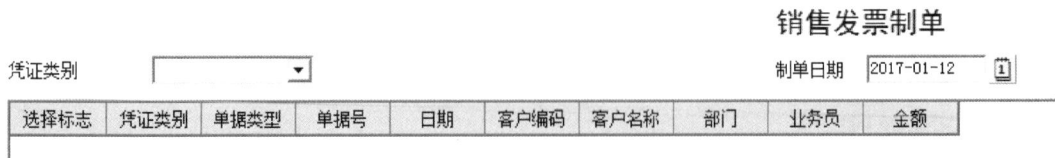

图 7-25 销售发票制单

(8)单据查询。

在单据查询功能中可以分别查询发票、应收单、收付款单、凭证、应收核销明细表、单据和信用报警查询。例如,发票查询,可以查询"已审核""未审核""已核销"及"未核销"的发票;还可以按"发票号""单据日期""金额范围"或"余额范围"等条件进行查询。在"发票查询"对话框中,单击"查询"按钮,可以重新输入查询条件;单击"单据"按钮,可以调出原始单据卡片;单击"详细"按钮,可以查看当前单据的详细结算情况;单击"凭证"按钮,可以查询单据所对应的凭证;单击"栏目"按钮,可以设置当前查询列表的显示栏目、栏目顺序、栏目名称、排序方式,可以保存设置内容。

3. 应收款期末处理

在对所有单据进行了审核、核销处理,且相关单据已生成了凭证,同时与总账系统进行对账。如果对账平衡,并且当月业务已经全部处理完毕,应进行月末结账。进行月末处理时,一次只能选择一个月进行结账。前一个月未结账,则本月不能结账。只有当月结账后,才能开始下个月的工作。

在执行了月末结账后,该月将不能再进行任何处理。数据资料已核对完毕,即可进行期末结账工作,如图 7 - 26 所示。如果发现已结账期间有问题,可通过"期末处理"下"取消月结"来恢复结账前工作。

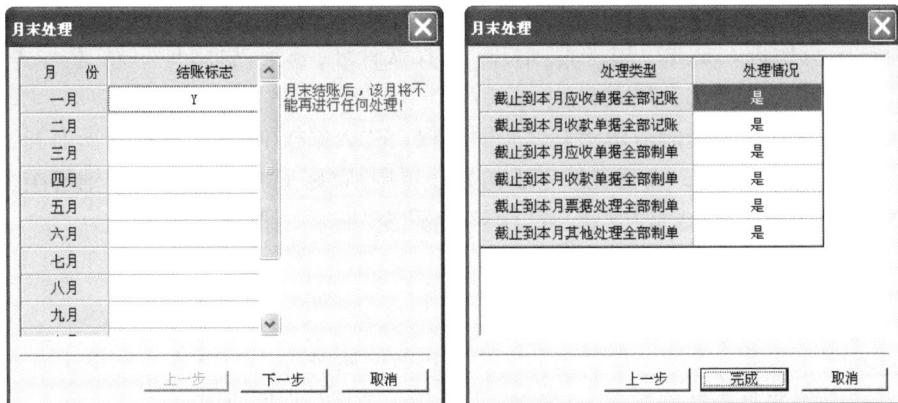

图 7 - 26 月末结账

4. 账表管理

应收款管理的账表包括业务账表、统计分析和科目账查询。通过业务账表查询,可以了解一定期间内应收款期初数、发生额和期末数,以及款项的收回,还可了解每个客户应收款的明细情况。

在"账表管理"下,打开"业务账表",可以查询应收总账、应收余额、应收款明细账、对账单以及与总账对账。在"统计分析"功能中,可以按定义的账龄区间,进行一定期间内应收款账龄分析、收款账龄分析、往来账龄分析,了解各个客户应收款周转天数、周转率,了解各个账龄区间内应收款、收款及往来情况,能及时发现问题,加强对往来款项动态的监督管理。

欠款分析是分析截至一定日期,客户、部门或业务员的欠款金额,以及欠款情况,如图 7 - 27 所示。

科目账查询,可以看科目余额表和科目明细账。科目

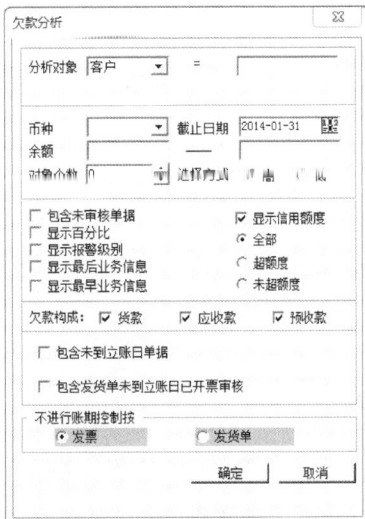

图 7 - 27 欠款分析

余额表查询可以查询应收受控科目各个客户的期初余额、本期借方发生额合计、本期贷方发生额合计、期末余额。细分为科目余额表、客户余额表、三栏余额表、部门余额表、项目余额表、业务员余额表、客户分类余额表及地区分类余额表。

所有应收款管理系统账表不仅能在应收款系统查看,而且都能在总账系统中查询。在总账账表菜单下,客户往来辅助账提供应收款的查询。

任务五 应收款管理业务实训

实训准备

将系统日期改为 2019 年 1 月 1 日,引入总账系统的"项目三账套备份"数据。以账套主管"001 陈浩"身份进入企业应用平台,启用"应收款管理"系统,启用日期为"2019 年 1 月 1 日",并进行应收款管理的初始设置。

以账套主管 001 陈浩的身份给 002 张明授权,在"数据权限分配"中授予所有科目的"查账"和"制单"权限。以 002 张明身份完成初始设置中从"账套参数设置"到"销售类型"的设置,以 001 陈浩的身份完成从初始设置"期初余额"至"期末处理"的操作。

实训内容及要求

* 设置账套参数   * 进行初始设置
* 日常应收款业务处理   * 应收款期末业务处理

要求掌握应收款管理系统功能与操作流程,熟悉应收款设置及日常业务处理方法,能根据要求进行应收款业务的账务处理。

实训资料

1. 设置应收款管理系统参数

(1)应收款管理系统的参数设置。

应收款核销方式:按单据;单据审核日期依据:单据日期;坏账处理方式:应收余额百分比法;代垫费用类型:其他应收单;应收款核算类型:详细核算;受控科目制单依据:明细到客户;非受控科目制单方式:汇总方式;单据报警:按信用方式提前 5 天进行报警;其他选项:系统默认。

(2)基本科目。

应收科目:应收账款;预收科目:预收账款;销售收入科目:主营业务收入;应交增值税科目:应交税费——应交增值税——销项税;商业承兑、银行承兑科目:应收票据;现金折扣科目:财务费用;现金结算方式科目:库存现金;现金支票、转账支票、银行汇票结算方式科目:100201 工行存款;银行、商业承兑汇票结算方式科目:100201 工行存款。

(3)坏账准备。

提取比率为"0.5%",坏账准备期初余额为"0",坏账准备科目为坏账准备,对方科目为资产减值损失。

（4）账龄区间。

账期内账龄区间设置总天数：10 天、30 天、60 天、90 天；逾期账龄区间设置总天数：30 天、60 天、90 天、120 天。

（5）单据编号。

发票有 2 种：销售专用发票和销售普通发票。编号改为手工改动，重号时重取。

（6）销售期初数据。

表 7 - 5
销售期初余额

单据名称	开票日期	客户名称	科目编码	货物名称	数 量	价税合计
销售普通发票	2018.12.31	利康公司	1121	A 产品	13	54 756
其他应收单	2018.12.31	利康公司	1121	运费		3 744
销售专用发票	2018.12.31	利康公司	1122	A 产品	25	105 300
销售专用发票	2018.12.31	北京红星公司	1122	B 产品	12	58 500

要求：依据资料，完成设置；查看应收款管理系统与总账管理系统的期初余额是否平衡。

2. 2019 年 1 月销售业务资料

（1）2019 年 1 月 8 日，向北京红星有限公司销售 A 产品 20 台，不含税单价为 3 600 元，增值税税率为 13%。（销售专用发票，发票号 1112）

（2）2019 年 1 月 10 日，向河南天达有限公司销售 B 产品 30 台，不含税单价为 4 166.67 元，增值税税率为 13%（销售专用发票，发票号 1113）。以转账支票代垫运费 380 元。

（3）2019 年 1 月 12 日，发现本月 10 日给河南天达有限公司的 B 产品不含税单价应为 4 200 元。

（4）2019 年 1 月 22 日，收到银行通知，河南天达公司转账支票，金额为 147 800 元（货款及代垫运费）。

（5）2019 年 1 月 26 日，收到北京红星公司转账支票，金额为 200 000 元，归还前欠货款 142 740 元，剩余款 57 260 元转为预收账款。

（6）2019 年 1 月 28 日收到西安红星制钢有限公司商业承兑汇票一张（NO.31245），面值为 50 000 元，到期日为 2019 年 3 月 28 日。

（7）2019 年 1 月 29 日，向西安红星制钢有限公司销售 A 产品 10 台，不含税单价 3 600 元，运费 7 880 元。（销售专用发票号 1114）

（8）2019 年 1 月 29 日，用西安利康有限公司交来的 200 000 元定金，冲抵期初应收款项。

（9）2019 年 1 月 30 日，确认月初为利康公司代垫运费 3 744 元收不回来，作为坏账处理。

要求：以 002 张明身份批量制单生成凭证，以 001 陈浩身份进行凭证审核和记账，最后完成结账。

操作指导

1. 应收款管理系统参数设置

（1）账套参数设置。

① 在企业应用平台，打开"业务工作"选项卡，执行"财务会计—应收款管理—设置—选项"命令，打开"账套参数设置"对话框。

② 执行"编辑"命令，单击"坏账处理方式"栏的下三角按钮，选择"应收余额百分比法"。依据资料，在应收款核算类型中，点击"详细核算"，勾选"应收票据直接生成应收款单"，代垫费用类型选择"其他应收单"。

③ 打开"权限与预警"选项卡，单据报警选择"信用方式"，选择提前天数"5"，单击"确定"按钮。

（2）设置基本科目。

① 在应收款管理系统中，执行"设置—初始设置"命令，打开"初始设置"对话框。

② 执行"设置科目—基本科目设置"命令，录入或选择应收科目"应收账款"及其他的基本科目，单击"确定"。

（3）设置坏账准备。

① 在应收款管理系统中，执行"设置—初始设置"命令，打开"坏账准备设置"窗口，录入提取比率"0.5"，坏账准备期初余额"0"，坏账准备科目"1231"，坏账准备对方科目"6701"。

② 单击"确定"按钮，弹出"存储完毕"信息提示对话框，单击"确定"按钮。

（4）设置账龄区间。

① 在应收款管理系统中，执行"设置—初始设置—账期内账龄区间设置"命令，打开"账期内账龄区间设置"窗口。在总天数栏录入"10"，再依次录入"30""60""90"。

② 同样方法录入逾期账龄区间设置，单击"确定"按钮。

（5）单据编号设置。

① 在企业应用平台，执行"基础设置—单据设置—单据编号设置"命令，进入"单据编号设置"窗口。

② 单击左侧"单据类型"中的"销售管理—销售专用发票"，打开"单据编号设置—销货专用发票"。

③ 在"单据编号设置—销货专用发票"窗口中，单击"修改"按钮，选中"手工改动，重号时自动重取"前的复选框。单击"保存"按钮，单击"退出"按钮退出。

④ 同样方法，设置对应收款系统"其他应收单""收款单"，编号允许修改。

（6）录入期初销售发票。

① 在应收款管理系统中，执行"设置—期初余额"命令，进入"期初余额—查询"窗口，单击"确定"按钮，进入"期初余额明细表"窗口。

② 单据类型为"销售普通发票"。单击"确定"按钮，进入"销售普通发票"窗口。

③ 单击工具栏的"增加"按钮，输入"开票日期""开户名称"，通过单击"参照"按钮选择"利康公司"，单击"货物名称"栏右侧的"参照"选择"A 产品"，录入数量、含税单价，按 Enter

键,系统自动计算"价税合计"。录入完毕,单击"保存"按钮,系统自动在"审核人"栏签上账套主管名字。

④ 同理,可增加第3、第4张销售专用发票。

(7) 录入期初其他应收单。

① 在应收款管理系统中,执行"设置—期初余额"命令,进入"期初余额—查询"窗口,单击"确定"按钮,进入"期初余额明细表"窗口。

② 单击"增加"按钮,打开"单据类别"对话框,选择单据名称为"其他应收单",单击"确定"按钮,打开"应收单"窗口。

③ 修改单据日期为"2018.12.31",单击"客户"的参照按钮,选择"利康公司",系统自动带出相关信息,在本币金额栏录入"3 744",在"摘要"栏录入"代垫运费",单击"保存"按钮。

2. 销售业务单据处理

(1) 第1笔业务。

① 在应收款管理系统中,执行"应收单据处理—应收单据录入"命令,打开"单据类型"窗口。

② 确认"单据名称"栏为"销售发票",类型为"销售专用发票"后,单击"确定",打开"销售发票"。

③ 修改日期为"2019 - 01 - 08",录入发票号"1112",单击"客户简称"栏的参照按钮,选择"北京红星",单击"存货名称"栏的参照按钮,选择"A产品",在"数量"栏录入"20",在"无税单价"栏录入"3 600"。

(2) 第2笔业务。

① 填制销售专用发票(发票号1113),与第一笔业务相同。填制运费单据时,需在应收款管理系统中,执行"应收单据处理—应收单据录入"命令,打开"单据类型"窗口。

② 单击"单据名称"栏的下三角按钮,选择"应收单",单击"确定"按钮,打开"应收单"窗口。

③ 修改日期为"2019 - 01 - 10",单击"客户"栏的参照按钮,选择"河南天达",在"本币金额"录入"380",在"摘要"栏录入"代垫运费",单击"保存"按钮。单击"退出",继续录入其他单据。

(3) 第3笔业务(修改销售专用发票)。

① 在应收款管理系统中,执行"应收单据处理—应收单据录入"命令,打开"单据类型"窗口。

② 单击"确定"按钮,打开"销售专用发票"窗口,单击"放弃"按钮,再单击"上张"按钮,找到"1113"号销售专用发票。单击"修改"按钮,将无税单价修改为"4 200"。

③ 同理,可依此方法删除已录入的销售发票。

(4) 审核应收单据及制单业务。

① 应收款管理系统中,执行"应收单据处理—应收单据审核"命令,打开"单据过滤条件"窗口。

② 单击"确定"按钮,打开"应收单据列表"窗口。在"应收单据列表"窗口中,单击"全选"。

③单击"审核",系统提示"本次审核成功单据3张",单击"确定",再单击"退出"按钮退出。

④执行"制单处理"命令,打开"制单查询"窗口,单击"应收单制单"和"发票制单"。

⑤单击"确定"按钮,进入"应收单",单击"全选",单击"制单",生成第一张转账凭证,单击"保存"按钮。

⑥同理,单击"下张"按钮,再单击"保存"按钮。

（5）第4笔业务。

①在应收款管理系统中,执行"收款单据处理—收款单据录入"命令,打开"收款单"窗口。

②单击"增加"按钮,修改发票日期为"2019-01-22",单击"客户"栏参照按钮,选择"河南天达",单击在"结算方式"栏下的三角按钮,选择"转账支票",在"金额"栏录入"147 800",在"摘要"栏录入"收到货款及运费"。

③单击"保存"按钮,系统自动生成收款单表体的内容。

④单击"审核"按钮,系统弹出"是否立即制单"信息提示框,单击"是",生成收款凭证。

⑤关闭凭证界面,在收付款单录入界面,单击"核销"按钮,打开"核销条件"对话框。单击"确定"按钮,进入"单据核销"窗口。

⑥在"单据核销"窗口,上方显示收款信息,下方显示应收信息。收款单本次结算金额为147 800,在窗口下方的其他应收单本次结算栏输入"380",在销售专用发票本次结算栏输入"147 420"。单击"保存"按钮,核销完成的单据不再显示。

（6）第5笔业务（应收、预收）。

①在应收款管理系统中,执行"收款单据处理—收款单据录入",打开"收款单"。填制收款单。

②在"收款单"窗口,单击"增加",同第4笔业务,依次录入日期、客户、结算方式,本币金额为"200 000",在表体"款项类型"一列中,第一行将"款项类型"选择为"应收款",金额修改为"142 740",第二行将"款项类型"选择为"预收款",金额为"57 260",单击"保存"按钮。

③审核收款单,生成收款凭证。在收付款单录入界面,单击"核销"按钮,核销上月和本月应收款项142 740元。（同5第4笔业务）

（7）第6笔业务（票据管理）。

①在应收款管理系统中,执行"票据管理"命令,打开"查询条件选择"对话框,单击"确定"按钮,进入"票据管理"窗口。

②单击"增加"按钮,输入票据各项信息。单击"保存"按钮,系统自动生成一张收款单。（由票据生成的收款单不能修改）。

③审核收款单。执行"收款单处理—收款单据审核"命令,打开"收款单查询条件"对话框。单击"确定"按钮,进入"收付款单列表"窗口。对应收票据生成的收款单进行审核。（收款单需经过审核之后才能生成记账凭证）

④执行"制单处理"命令,打开"制单查询"对话框,选中"收付款单制单"复选框,单击"确定"按钮,进入"应收制单"窗口,对收款单制单,生成凭证。

（8）第7笔业务。

依照前述方法,根据销售业务填制销售专用发票,审核销售专用发票生成应收凭证;代垫运费填制应收单,审核应收单生成付款凭证。

第6笔收到的商业承兑汇票用于支付第7笔销售货款和运费,故在制单处理中执行核销处理。

① 在应收款管理系统中,单击"收款单据处理—收款单据审核",打开"结算单过滤条件"对话框,单击"确定"按钮,打开"结算单列表"窗口。单击"全选",单击"审核"按钮。系统提示"本次审核成功单据1张",单击"确定"按钮,再单击"退出"按钮退出。

② 执行"核销处理—手工核销"命令,打开"核销条件"对话框,选择客户"西安红星制钢",单击"确定"按钮,进入"单据核销"窗口,核销本月29日货款及运费。

(9) 第8笔业务(转账业务)。

① 先填制收款单(款项类型:预收款),再冲应收。

应收款管理系统中,执行"转账—预收冲应收"命令,进入"预收冲应收"窗口。

② 单击"预收款"选项卡,选择客户"利康公司",单击"过滤"按钮,系统列出该客户的预收款,输入转账金额"54 756"。

③ 单击"应收款"选项卡,单击"过滤"按钮,系统列出该客户的应收款,在期初销售普通发票一行,输入应收转账金额"54 756",销售专用发票一行输入应收转账金额"105 300",应收单一行输入应收转账金额"3 744"。单击"确定"按钮,系统弹出"是否立即制单?",单击"是"按钮,生成凭证。

(10) 第9笔业务。

① 在应收款管理系统中,执行"坏账处理—坏账发生"命令,打开"坏账发生"对话框。选择客户"利康公司";单击"确定",进入"坏账发生单据明细"窗口,系统列出该客户所有未核销的应收单据。

② 在2019年1月30日,"本次发生坏账金额"处输入"3 744"。单击"OK"确认按钮,系统弹出"是否立即制单?",单击"是"按钮,生成凭证。

3. 应收款管理期末业务

(1) 信息查询。

① 在应收款管理系统中,执行"单据查询—应收核销明细表"命令,打开"查询条件选择"对话框。

② 单击"确定"按钮,进入"应收核销明细表"查看。

(2) 欠款分析。

① 在应收款管理系统中,执行"账表管理—统计分析—欠款分析"命令,打开"欠款分析"对话框。

② 单击"确定"按钮,打开"欠款分析"对话框。

(3) 月末结账。

① 执行"期末处理—月末结账"命令,打开"月末处理"对话框。

② 双击1月的结账标志栏,单击"下一步"按钮,系统显示各处理类型的处理情况。

③ 在处理情况都是"是"的情况下,单击"完成"按钮,结账后,系统提示"1月份结账成功"。

④ 单击"确定"按钮,系统在1月份的"结账标志"栏中标识"已结账"字样。

图书在版编目(CIP)数据

会计综合模拟实训 / 王琳主编. — 南京：南京大学出版社，2020.7

ISBN 978 - 7 - 305 - 23253 - 4

Ⅰ. ①会… Ⅱ. ①王… Ⅲ. ①会计学－高等学校－教材 Ⅳ. ①F230

中国版本图书馆 CIP 数据核字(2020)第 079822 号

出版发行　南京大学出版社
社　　址　南京市汉口路 22 号　　　　邮编　210093
出 版 人　金鑫荣

书　　名　**会计综合模拟实训**
主　　编　王　琳
责任编辑　武　坦　　　　　　　　编辑热线　025 - 83592315
助理编辑　李素梅

照　　排　南京开卷文化传媒有限公司
印　　刷　扬州皓宇图文印刷有限公司
开　　本　787×1092　1/16　印张　17.5　字数　426 千
版　　次　2020 年 7 月第 1 版　2020 年 7 月第 1 次印刷
ISBN 978 - 7 - 305 - 23253 - 4
定　　价　44.00 元

网　　址:http://www.njupco.com
官方微博:http://weibo.com/njupco
微信服务号:njuyuexue
销售咨询热线:(025)83594756